Toon Horsten

Der Pater und der Philosoph

Toon Horsten

Der Pater und der Philosoph

Die abenteuerliche Rettung von
Husserls Vermächtnis

Aus dem Niederländischen von
Marlene Müller-Haas

Galiani Berlin

Die niederländische Originalausgabe »De pater en de filosoof.
De redding van het Husserl-archief« erschien 2018 bei
Uitgeverij Vrijdag in Antwerpen. Die Übersetzung folgt der
3. Auflage, ergänzt um Änderungen des Autors.

Dieses Buch wurde mit Unterstützung der Flanders Literature
herausgegeben. (flandersliterature.be)

»Tradition means giving votes to the most obscure of all classes, our ancestors. It is the democracy of the dead. Tradition refuses to submit to the small and arrogant oligarchy of those who merely happen to be walking about.«

– G. K. Chesterton in Orthodoxy (1908)

Inhalt

Pater Van Breda und Theresia Van Breda

Es fing an, wie es meistens anfängt. Mit einer Erinnerung. Einem Erinnerungsfetzen. In diesem Fall mit einem Foto.

Das Bild muss Ende der Sechzigerjahre in Wortel, einem Kirchdorf bei Hoogstraten, im Garten meiner Großeltern entstanden sein. Innerhalb weniger Jahre haben mein Vater und all seine Geschwister in großem Stil geheiratet, was jedes Mal mit einem Empfang im Garten hinter dem Haus gefeiert wurde, in dem sie alle aufgewachsen waren. Auf dem Bild ist meine bereits betagte Großmutter Theresia Van Breda im bunten geblümten Kleid bei einem dieser Feste zu sehen, wie sie gerade etwas aus ihrer Tasche holt. Offensichtlich amüsiert, sogar ein wenig schelmisch wirft sie dem Mann neben ihr einen Blick zu. Einem lachenden Pater mit gestärktem Kollar, eine Zigarette zwischen den Fingern, der alles sehr locker zu nehmen scheint. Diesen Mann hatte ich schon einmal gesehen. In einem verwackelten Super-8-Film von einer dieser sommerlichen Hochzeiten sieht man ihn einen Moment lang, wie er gerade lachend den Kopf um eine Ecke streckt. Erst als ich ihn auf dem Foto wiedersah, fragte ich meinen Vater, wer denn dieser Mann sei. Offenbar war es der Lieblingscousin meiner Großmutter. Ihre Vertrauensperson. Hatte meine Großmutter ein Problem, wurde der Pater geholt. Es kam nicht oft vor, aber wenn es brannte, war er zur Stelle. Auch wenn es etwas zu feiern gab, war er immer dabei.

Wo dieser Pater genau tätig war, wusste mein Vater nicht so genau. Irgendetwas mit Philosophie an der Universität Leuven (dt. Löwen). Dann stand er aber auf, ging zu einem Schrank und begann, in einer großen Kiste zu kramen. Mein Vater ist nämlich, neben seinen vielen anderen Besonderheiten, auch ein begeisterter Sammler. Wenige Minuten später lag die Trauerkarte vor mir auf dem Tisch. Damit bekam der Pater auch einen Namen: Herman Leo Van Breda. Er hatte meine Großmutter nur knapp drei Jahre überlebt. Die Zeitungsanzeige enthielt eine beeindruckende Aufzählung seiner offiziellen Auszeichnungen durch die Staaten Bundesrepublik Deutschland, Niederlande, Belgien und Israel. Außerdem noch die Ehrendoktorwürde und ein Orden als »Widerstandskämpfer« im Zweiten Weltkrieg.

Anscheinend hatte meine Familie einen Helden hervorgebracht, den Eindruck konnte man wenigstens bekommen. Was er allerdings getan hatte, um diese große Anerkennung zu verdienen, das wusste keiner genau zu sagen. So blieb es bei der Feststellung, dass es ihn einst gegeben hatte.

I Drei Koffer für Berlin

1 Es sind Juden. Drei Juden. Juden, die in einer Zeit leben, in der man um diese Bezeichnung nicht herumkommt, selbst wenn man es möchte. Stundenlang sitzen sie da, diskutieren und trinken. Es geht um Hitler. Darum, welche Rolle Österreich noch spielen kann. Was England tun wird, sollte es zu einem großen europäischen Krieg kommen. Um Literatur. Um den Zionismus und was es bedeutet, Jude zu sein. Und um Geld. Und dabei vernichten sie Unmengen Alkohol.

Der erste, Stefan Zweig, ist einer der beliebtesten österreichischen Schriftsteller seiner Zeit. Sein erzählerisches Werk verkauft sich in astronomisch hohen Auflagen, Novellen, Romane, historische Porträts und Biographien. Er ist ein »Jude aus Zufall«, Nachkomme einer gut situierten Familie, in der er nicht religiös erzogen wurde. Als die Nationalsozialisten in Deutschland an die Macht kommen und auch in Österreich immer mehr Einfluss gewinnen, sieht er sich gezwungen, sein Haus in Salzburg zu verlassen und nach London zu emigrieren. Die Frage, ob er sich als Jude fühlt oder nicht, hat sich erledigt; die Politik hat für ihn entschieden, dass er einer ist. Jetzt, im Herbst 1937, ist er wieder in seiner Heimatstadt Wien, zu einem letzten Besuch, wie sich zeigen wird.

Auch Joseph Roth ist für kurze Zeit zurückgekehrt. Er lebt und arbeitet inzwischen im Exil, in Paris. Eine Lesereise führt ihn zu einem Abschiedsbesuch in die Stadt, in der er einst studiert hatte und in den Jahren gleich nach dem Ersten Weltkrieg als Journalist mit Artikeln, die er mit »Der rote Joseph« zeichnete, als Journalist debütierte. Wien war die Hauptstadt von Österreich-Ungarn, die Hauptstadt der 1918 untergegangenen Doppelmonarchie, nach der Roth großes Heimweh hatte. Zu der Zeit ist er einer der bestbezahlten deutschsprachigen Journalisten und hat bereits eine Reihe von Romanen publiziert, die sich, vor allem nach seinem Tod, zu Klassikern entwickeln. *Hiob* und *Radetzkymarsch* haben ihn zu einem weithin anerkannten Schriftsteller gemacht, aber in Sachen Popularität muss er sich Zweig doch geschlagen geben. Seit Jahren lebt er im Hotel, zahlt für seine Frau in der Nervenheilanstalt und trinkt viel mehr, als ihm guttut. Die Vorschüsse seiner Verleger und Auftraggeber reichen schon längst nicht mehr aus, um seinen Lebensstil zu gewährleisten. Stefan Zweig ist voller Bewunderung für den dreizehn Jahre jüngeren Freund Roth und hilft ihm regelmäßig finanziell aus der Klemme.

Jetzt, wo beide noch einmal in Wien sind, haben sie sich im Hotel Bristol, in der American Bar, verabredet. Zweig hat auch Soma Morgenstern angerufen, Roths ältesten Freund. Beide sind in Galizien aufgewachsen – haben sich aber erst in Wien kennengelernt. Auch Morgenstern verbindet Literatur mit Journalismus. Er lebt noch immer mit Frau und Kind in Wien. Seit einem Streit im Oktober 1934 (Morgenstern hatte Roth des Plagiats beschuldigt) haben sie sich nicht mehr geschrieben oder getroffen. Mit nur einem Anruf bringt Zweig die beiden Freunde wieder an einen Tisch; das Treffen führt am Ende zur Aussöhnung.

In diesen Herbsttagen des Jahres 1937 ziehen die drei Freunde durch die Stadt, durch Bars und Restaurants, um ihre Ratlosigkeit und Verzweiflung zu betäuben. Als Zweig im Taxi auf dem Weg zu einem Restaurant erzählt, er habe auch seinem Freund Sigmund Freud einen kurzen Besuch abgestattet, zeigt Roth dafür nur wenig Verständnis. Er schätzt den berühmten

Wiener Psychiater nicht besonders, findet ihn humorlos. Zweig argumentiert überzeugt, Freud habe sehr wohl Humor, sehr viel sogar. Der Freund solle doch einmal Freuds Studien zum Humor lesen. Allein schon die Witzsammlung lohne. Für Roth beweist das noch gar nichts. Es gehe nicht darum, einen Witz zu begreifen, sondern man müsse auch etwas zum Wesen des Humors sagen können. Als der Name des französischen Philosophen Henri Bergson fällt, der 1901 mit *Le rire* (dt. *Das Lachen*) ein einflussreiches Buch zur Bedeutung des Komischen vorgelegt hat, wird auch Zweig philosophisch: Er vergleicht die Diskussion mit der Situation, in der sich alle drei befinden. Bietet es etwa keinen Trost, dass auch prominente Zeitgenossen wie Bergson und Freud, zwei der bedeutendsten Denker der Zeit, Juden sind, fragt er sich laut. Morgenstern, der sich bis dahin zurückgehalten hat, mischt sich in die Diskussion ein: »Wenn das ein Trost sein kann, möchte ich noch zwei gute Namen hinzufügen: Husserl und Georg Simmel; es sind also vier, nicht zwei.« Zweig denkt kurz über das Gesagte nach und überlegt, ob der Soziologe und Philosoph Georg Simmel wirklich so wichtig ist. Er meint, eher nicht. Und dann sagt er: »Ich verstehe nicht, wie ich Husserl vergessen konnte.«

* * *

Es sind Juden. Drei Juden.

Bergson, ein Philosoph, der 1927 mit dem Nobelpreis für Literatur ausgezeichnet wurde. Freud, der Begründer der Psychoanalyse, der mit größter Leichtigkeit ebenso viele begeisterte Anhänger wie leidenschaftliche Gegner gefunden hat. Und Husserl, der Philosoph, dessentwegen sich Stefan Zweig an den Kopf fassen wollte, weil er nicht gleich an ihn gedacht hatte.

Wie kommt Edmund Husserl zu dieser Ehre? Wie Friedrich Nietzsche bringt Husserl beim Übergang vom neunzehnten zum zwanzigsten Jahrhundert alle philosophischen Gewissheiten der vergangenen Jahrhunderte ins Wanken. Nietzsche, indem er eine Splitterbombe wirft, einen Cocktail, gemixt aus Philosophie, Rhetorik und literarischem Talent. Und er löst damit eine wilde Stichflamme aus, die vorläufig der Unterscheidung zwischen Körper und Geist ein Ende macht, der Unterscheidung, an der die Philosophie seit Jahrhunderten festhielt. In einem Aufwasch erklärt er auch gleich Gott für tot. Husserl dagegen wählt einen völlig anderen Weg: Er will nichts Geringeres als die Philosophie (und damit die Welt) retten.

Friedrich Nietzsche und Edmund Husserl. Der Unterschied zwischen zwei Philosophen könnte kaum größer sein. Nietzsche ist ein Philosoph, dessen Werk vor allem eine große Wirkung hat (die von ihm ausgelöste Explosion im Denken hallt noch lange nach), Husserl dagegen hat großen Einfluss. Husserl ist ein Philosoph, der zahlreiche Schüler findet und Nachfolger aufbaut, der eine eigene Schule entwickelt und auf dessen Werk mehrere Philosophengenerationen weiter aufbauen werden. Beide stehen gegen Ende des neunzehnten Jahrhunderts im Fokus der Öffentlichkeit, einem Jahrhundert, in dem sich die Naturwissenschaften rasend schnell entwickeln. Die Sprache der Mathematik und der Naturwissenschaften regiert und dominiert den Diskurs. Die Philosophie ist dabei, sich neu zu definieren, sie sucht nach einem Platz in der sich noch immer verändernden Welt. Nietzsche versucht diesen Ort zu finden, indem er eine sehr subjektive Weltanschauung entwickelt, eingebettet in die Zeit, in der er lebt. Die Person, die Individualität des Philosophen, steht im Mittelpunkt. Der Grat zwischen Literatur und Philosophie wird bei Nietzsche schmaler denn je zuvor. Husserl ist das genaue Gegenteil. Er versucht, die Grundlagen für die Philosophie als strenge Wissenschaft zu legen, und er will ihr – ganz anders als Nietzsche – eine allgemeine und absolute Gültigkeit zuerkennen. Husserls Ehrgeiz ist enorm. Er will mit seiner *Phänomenologie* den Brückenschlag zwischen Geist und Welt für die Philosophie möglich machen.

Dass Husserl zunächst in Mathematik promovierte, bevor er sich der Philosophie zuwandte, erwies sich von entscheidender Bedeutung für sein Denken. Für Husserl ist die Mathematik ganz selbstverständlich der Maßstab einer jeden logisch aufgebauten Theorie. Dass sich die Naturwissenschaften zu exakten erklärenden Wissenschaften entwickelten, im vergangenen Jahrhundert enorme Fortschritte gemacht und ihren Einfluss auf so gut wie alle Bereiche der Wirklichkeit ausgedehnt haben, verdanken sie ihrer engen Verbindung mit der Mathematik und dem mathematischen Denken. Und zwar in einem solchen Maße, dass die Philosophie verwaist zurückzubleiben scheint. Hat sie im Zeitalter der Wissenschaft überhaupt noch eine Existenzberechtigung? Als wäre das nicht schon schlimm genug, wird mit der Entstehung der Psychologie im neunzehnten Jahrhundert auch das *Bewusstsein* (der Geist oder die Seele) zum Forschungsfeld einer spezialisierten Erfahrungswissenschaft. Die Philosophie ist zum König Ohneland geworden. In Ermangelung eines eigenen Forschungs- und Wirkungsfelds scheint sie zugunsten der anderen Wissenschaften auf ihren Thron verzichten zu müssen.

Husserl will von einem solchen Thronverzicht nichts wissen. Er hält am ursprünglichen Konzept der Philosophie fest, das Platon ins westliche Denken implantiert hat und das zu Beginn der Neuzeit von Descartes erneuert wurde – die Philosophie als *allumfassende* und *absolute* Wissenschaft. *Allumfassend*, weil die Philosophie im Grunde alle einzelnen Wissenschaften in ein einziges systematisches Ganzes fassen und dafür die Grundlagen liefern möchte. *Absolut,* weil sowohl die Grundlagen als auch das darauf aufbauende Wissen keinerlei Zweifel zulassen.

Für Husserl ist die westliche Philosophie seit ihren Anfängen mit dem Prinzip von Versuch und Irrtum auf dem Weg zu diesem Ziel und ist es – auch nach dem »Jahrhundert der Wissenschaften« – noch immer. Nur – wie wertvoll die Beiträge der großen Philosophen der Antike und vor allem der Philosophen der Neuzeit auch gewesen sein mögen, ihnen allen fehlte *eine* ganz bestimmte Erkenntnis, weshalb am Ende sogar sie vom Weg abgekommen waren, ihre Richtung verloren hatten. Husserl dagegen hat zu dieser einen allumfassenden Erkenntnis gefunden und sieht sich selbst als eine Art Kolumbus, als Entdecker einer neuen Welt, der Welt des reinen Bewusstseins.

Damit sind wir beim Herzstück von Husserls Denken angelangt. Um tatsächlich zu diesem reinen Bewusstsein zu gelangen, benötigt man eine Methode, und diese Methode wurde von Husserl entwickelt. Diese als *phänomenologische Reduktion* bezeichnete Methode ist der zentrale und zugleich komplexeste Teil seines Denkens. Für Husserl ist die Anwendung dieser Methode entscheidend für das Schicksal der Philosophie und sogar für unser aller Schicksal. Denn erst wenn wir die Welt, unter Zuhilfenahme der Methode der phänomenologischen Reduktion, voll und ganz verstehen, können wir auch das Ideal einer rationalen und liebevollen Welt verwirklichen.

Ziel der phänomenologischen Reduktion ist es, die Phänomene und Konzepte, die sich unserem Bewusstsein aufdrängen, auf ihr Wesen zu *reduzieren.* Dem liegt der Leitgedanke zugrunde, dass der Philosoph, um zur Essenz der Dinge zu gelangen, um »*zu den Sachen selbst*« vordringen zu können, sich von allen in seinem Bewusstsein vorhandenen Überzeugungen, Fragen und persönlichen Umständen verabschieden muss. Dies alles, so Husserl, müsse man mit Klammern versehen: die Frage, ob die Dinge, die wir wahrnehmen oder die sich unserem Bewusstsein aufdrängen, auch tatsächlich existieren; unsere eigenen Vorurteile, Vorlieben und Verblendungen; sogar die Frage, ob ich denn tatsächlich existiere. Das alles stellen wir auf *on hold*, klammern es aus. Und indem wir das tun, indem wir uns gewissermaßen bewusst und wohlüberlegt über all diese Fragen, Überlegungen und Überzeugungen hinwegsetzen, können wir zum inneren Wesen der Dinge vordringen. Nur dann bleibt der Kern erhalten, und das Bewusstsein rückt in seiner reinsten Form in den Vordergrund. Nur dann können wir die *Phänomene*, wie wir sie in diesem reinen Bewusstsein vorfinden, beschreiben und klassifizieren. Daher der Name Phänomenologie, die Lehre von den Phänomenen.

Auf die Gefahr hin, die Dinge viel einfacher darzustellen, als Husserl sie gemeint hat, ist das reine Bewusstsein, die von Husserl entdeckte neue Welt, dann der Ort, wo sich all diese auf ihre Wesenheit zurückgeführten Phänomene manifestieren und zueinander verhalten. Und das tun sie in erster Linie als ein kontinuierlicher Strom von Wahrnehmungen, Erinnerungen, Wertungen etc. All diesen Gedanken und Empfindungen ist eigen, dass sie immer auf *etwas* gerichtet sind. Ich will *etwas*, ich sehe *etwas*, ich erinnere mich an *etwas*, ich fühle *etwas* ... Das reine Bewusstsein existiert also allein dank der Tatsache, dass es sich immer auf *etwas* bezieht; und auch diese Beziehung versucht die phänomenologische Reduktion zu definieren. Die Phänomenologie beschreibt nie – um ein Beispiel zu nennen – einfach so eine Praline. Wohl beschreibt sie, wie wir die Praline über die verschiedenen Sinne erfahren, was das Wesen der Praline ausmacht und wie wir durch all diese Erfahrungen zu der unwiderlegbaren Schlussfolgerung kommen, dass diese Praline auch tatsächlich existiert und nicht nur imaginär, das heißt eingebildet ist.

Die Methode der phänomenologischen Reduktion kann theoretisch in den verschiedensten wissenschaftlichen Bereichen eingesetzt werden, für Husserl aber eignet sie sich besonders für die Philosophie. Mehr noch, er ist davon überzeugt, dass es der Philosophie, will sie wieder ihren ursprünglichen Zweck erreichen, eine allgemeingültige, absolute Wissenschaft zu sein, allein auf der Grundlage der Phänomenologie gelingen kann. Einfach und schnell wird sich das nicht umsetzen lassen, denn die phänomenologische Philosophie ist für Husserl eine echte »Arbeitsphilosophie«, die auf der unermüdlichen, minutiösen, sich ständig stärker verfeinernden Beschreibung der Phänomene des reinen Bewusstseins basiert. Das erfordert Zeit, Sorgfalt und Hingabe. Aller allein so kann der Philosoph Einfluss auf die ihn umgebende Welt gewinnen, ohne sich in die Fragen zu verstricken, mit denen die Philosophie in den vergangenen Jahrhunderten zu viel Zeit verschwendet hat.

Zu Lebzeiten veröffentlichte Husserl hauptsächlich grundlegende, eher allgemeine Texte. Darin legte er unter anderem ausführlich die methodischen Grundlagen der Phänomenologie und der phänomenologischen Reduktion fest. Aber er bewahrte auch Zehntausende von unveröffentlichten handschriftlichen »Forschungsmanuskripten«. Dabei handelt es sich häufig um Texte, in denen er sich mit sehr konkreten Themen befasste und sie mithilfe der phänomenologischen Methode untersuchte und beschrieb. In gewissem Sinne sind es Beispiele aus der Praxis, anhand derer der Philosoph entfaltet, was die Phänomenologie impliziert und wie allumfassend die phänomenologische Reduktion als Methode ist. Es sind viel mehr als nur ein paar lose Randnotizen eines großen philosophischen Projekts. Sie gehören zum Kern von Husserls großem philosophischem Unternehmen. Daher war es für ihn von besonderer Bedeutung, dass diese Texte erhalten, analysiert und schließlich auch (vor oder nach seinem Tod) publiziert werden.

Nur dann werde die Welt voll und ganz die Größe seines phänomenologischen Projekts verstehen.

2 Den jungen flämischen Franziskanerpater Herman Leo Van Breda muss man nicht mehr von der Bedeutung von Husserls Werk überzeugen. 27 Jahre jung ist er im August 1938, und seit Sommer 1936 studiert er das Werk des Philosophen. Zwei turbulente Jahre hat er hinter sich. Seine älteste Schwester Bertha war im Mai 1937 mit kaum 39 Jahren gestorben. Für den Familienmenschen, der Van Breda trotz seiner Berufung zum Priester immer bleiben wird, war das ein schwerer Schlag. Sein Bruder Arthur, der die Kaffeerösterei der Eltern in Lier übernommen hatte, war bereits ein paar Jahre vorher verstorben, ebenfalls erst 35 Jahre alt.

Diese Schicksalsschläge stärken sein Durchhaltevermögen, und der Drang, etwas aus seinem Leben zu machen, wird immer stärker. Unmittelbar nach seiner Priesterweihe beginnt er an der Universität von Leuven Philosophie zu studieren und macht gleich großen Eindruck auf seine Dozenten. Im Studienjahr 1936/37 schafft er seinen ersten Abschluss, sein *baccalauréat* (Grundstudium) in Philosophie am Leuvener Philosophischen Institut, das damals gerade sein fünfzigstes Gründungsjubiläum feiert. Auch das auf zwei Jahre angelegte Hauptstudium schafft er daraufhin in nur einem Jahr und beginnt eine Dissertation über Husserls Frühwerk zu schreiben, über die Veröffentlichungen aus den ersten Jahren, in denen der Philosoph sein Denkgebäude entwickelte. Beim Verfassen dieser Studie setzt er sich intensiv mit allen frühen Publikationen Husserls auseinander. Diese Themenwahl war nicht gerade selbstverständlich, denn an der Leuvener Fakultät wurden schwerpunktmäßig noch immer der katholische Thomismus und Neuthomismus gelehrt, die beide auf die Lehren Thomas von Aquins zurückgehen. Neumodische Flausen wie die Philosophie Husserls stoßen dort nicht bei jedem Lehrstuhlinhaber auf Wohlwollen. Doch das kann Van Breda nicht von seinen Plänen abbringen. Er will seine philosophischen Studien fortsetzen und im Herbst 1938 über das spätere Werk Husserls und über dessen Theorie der phänomenologischen Reduktion promovieren. Husserl verweist in seinen in den Dreißigerjahren erschienenen Texten oft auf unveröffentlichte, in handschriftlicher Form vorliegende Arbeiten, die seine Studenten auf Wunsch einsehen und konsultieren konnten. Van Breda wünscht für seine im Entstehen begriffene Doktorarbeit ebenfalls Zugang zu diesen Dokumenten, denn er geht davon aus, in diesen Handschriften Antworten auf verschiedene Fragen zu finden, die sich für ihn aus den bereits publizierten Schriften ergeben haben. Daher beschließt er, nach Freiburg im Breisgau zu reisen, wo Husserl jahrelang gelebt und gelehrt hat und wo sich zu diesem Zeitpunkt die Handschriften befinden.

Außerdem hat sich Van Breda ein weiteres Ziel gesetzt. Er möchte nämlich die Möglichkeit eruieren, ob diese unveröffentlichten Texte in Belgien herausgegeben werden könnten. Da allgemein bekannt ist, dass Husserl Jude ist, wenn auch seit Langem zum Protestantismus konvertiert, geht der junge Pater davon aus, dass Husserls Werk in Deutschland vermutlich nicht mehr wird erscheinen dürfen. Husserl gilt von nun an als »entarteter« Philosoph. In der neuen deutschen Lebensphilosophie ist kein Platz mehr für das Werk der »jüdischen Parasiten« (wie Juden im *Handbuch der Judenfrage* bezeichnet werden), die mit ihrem »pervertierten Denken« das Wesen der deutschen Seele angreifen. Sogar mit Wiederauflagen von Husserls Werken, davon geht Van Breda aus, werde es Schwierigkeiten geben.

Dass Husserl, wie alle deutschen Akademiker jüdischer Abstammung, unter den sehr rigiden Maßnahmen zu leiden hat, weiß er auch. Der emeritierte Professor wurde nicht nur von der offiziellen Liste der Professoren der Universität Freiburg gestrichen, ihm und zwanzig weiteren jüdischen Kollegen wurde auch der Zugang zu den Gebäuden der Universität verwehrt. Schließlich wird sein Name sogar von der Liste der Emeriti der Universität getilgt. Außerdem wird er mit dem ausdrücklichen Verbot belegt, als Mitglied der deutschen Delegation zu den internationalen philosophischen Kongressen in Prag (1934) und in Paris (1937) zu reisen. Ihm wird sogar mitgeteilt, solle er als Privatperson teilnehmen wollen, werde man ihm kein Visum erteilen. Immer weniger Freunde und Kollegen haben den Mut zu einem Besuch, außerdem werden die Husserls von ihren nazistisch gesinnten Nachbarn beschimpft und sogar schikaniert. Auch Martin Heidegger, ein philosophisches Ziehkind Husserls, der an dessen Lehrstuhl Assistent war, dessen philosophisches Werk auf dem von Husserl aufbaut, der – von Husserl empfohlen – auf dessen Lehrstuhl in Freiburg nachfolgte und der von 1933–1934 sogar Rektor der Universität Freiburg war, hat jeden Kontakt mit seinem früheren Förderer abgebrochen. Van Breda, der später noch viel mehr über die vielschichtige Beziehung Husserl-Heidegger erfahren wird, als ihm lieb ist, wird bewusst, dass für Husserls Werk in Deutschland nur noch wenig Gutes zu erwarten sein wird.

Der junge Pater ist voller Tatkraft. Er schmiedet sofort einen Plan. Noch vor seiner Abfahrt sucht er seinen Doktorvater Joseph Dopp auf, um mit ihm über seine Pläne zu sprechen, denn Dopp ist an der Fakultät für den Bereich Moderne bzw. zeitgenössische Philosophie zuständig: Wäre es nicht eine gute Idee, einige von Husserls unveröffentlichten Schriften in Leuven unter den Fittichen des Leuvener Philosophischen Instituts, dem Institut Supérieur de Philosophie bzw. Hoger Instituut voor Wijsbegeerde (HIW), zu publizieren? Dieselbe Frage legt er auch einem anderen Dozenten vor, Louis De Raeymaeker. Dopp und De Raeymaeker unterstützen beide Van Bredas Vorschlag bei Léon Noël, dem damaligen Präsidenten des HIW. Das Gespräch endet positiv: Im Prinzip sollte es möglich sein, die Texte in Leuven herauszubringen. Dabei mag die Tatsache, dass Noël 1910 den allerersten französischen Artikel über Husserls Philosophie veröffentlicht hat, durchaus zu diesem positiven Bescheid beigetragen haben. Jahrelang wies er seine Schüler auf die Bedeutung von Husserls *Logischen Untersuchungen* hin, die 1900 und 1901 in zwei Bänden erschienen waren. Auch Van Breda, der sich anfangs vor allem für Naturphilosophie interessierte, war als Student durch einige enthusiastische Hinweise seines Lehrers Noël auf die Spur Husserls gebracht worden, dessen Philosophie in den Jahren nach dem Ersten Weltkrieg an Einfluss und Bedeutung gewonnen hatte. Der junge Pater wird von Noël damit beauftragt, während seines Freiburger Aufenthalts Genaueres über diese Fragen herauszufinden: Wie wichtig sind die Manuskripte? Sind es viele? Und vor allem: Würden die Erben die angestrebte Edition befürworten?

In der Tat – die Erben. Edmund Husserl ist noch nicht lange tot. Er starb am 27. April 1938 im Alter von 79 Jahren in Freiburg, fünf Monate nach seinem fünfzigsten Hochzeitstag, als Folge eines unglücklichen Sturzes im Badezimmer. Die ohnehin labile Gesundheit des Philosophen hatte sich von diesem Fall nicht erholen können. Die Nachricht von Husserls Tod hat auch Leuven erreicht, Pater Van Breda ist bereits vor seinem Aufbruch im Bilde. Am 15. August steigt Herman Leo Van Breda in den Zug nach Freiburg, zu einer Reise, die es in sich haben wird. Wie immer in einer braunen Kutte, die nackten Füße in Sandalen und mit im Nacken kurz geschorenem Haar macht er sich auf den langen Weg. Er hat noch keinen Termin mit einem Mitglied der Husserl-Familie, nicht einmal eine Adresse, an die er sich wenden könnte. Im Freiburger Franziskanerkloster jedenfalls ist er willkommen und kann dort auch übernachten. Überall in der Stadt hängen rote Hakenkreuzfahnen, und auch die Adresse seiner Unterkunft macht sofort klar, dass in Deutschland nichts mehr ist wie zuvor. Das Kloster liegt seit Neuestem in der Adolf-Hitler-Straße 335.

Es dauert einige Tage, bis er Malvine Husserl, die Witwe des Philosophen, ausfindig gemacht hat. Die Strategie der Nazis, Juden zu isolieren, erweist sich als sehr erfolgreich, denn niemand scheint genau zu wissen, wo sie sich aufhält. Schließlich findet der Pater mithilfe einiger Freiburger Franziskaner ihre Adresse heraus. Sie wohnt in der Schöneckstraße am Freiburger Schlossberg, in einem schönen Haus mit Blick über die Stadt. Dort ist sie Ende 1937, gemeinsam mit ihrem damals noch lebenden Mann, eingezogen.

Van Breda schreibt ihr einen Brief, in dem er sich noch recht vage zu seinen Plänen äußert. Er schreibe an seiner Doktorarbeit, das gibt er schon preis, und er möchte gern die unveröffentlichten Manuskripte einsehen. Über diesen Wunsch würde er gern mit ihr sprechen. Er vergisst nicht hinzuzufügen, eine Anfrage des Philosophischen Instituts der Universität Leuven mitgebracht zu haben. Van Breda stellt sich als Franziskaner vor, als Belgier und – was das Niveau seiner philosophischen Kenntnisse angehe – als »fortgeschrittener Student« der Universität Leuven.

Er sei mehr als willkommen, teilt ihm Malvine postwendend mit. Am Montag, dem 29. August, wird er im Hause Husserl erwartet.

3 Angst oder Zögerlichkeit, solche Gefühle scheinen Pater
Van Breda fremd zu sein. Er ist ein Macher – ein Pater, ja,
aber ein unternehmungslustiger Pater. Leo (den Namen
Herman hat er bei seiner Priesterweihe angenommen) hat im
Elternhaus auch nie etwas anderes erlebt. Sein Vater Frans Van
Breda war ein Bauernsohn aus Merksplas in der Region Kempen,
der sich einen anderen Lebensweg erträumte. Daher begann er
bei der im Aufschwung begriffenen Kaufhauskette Delhaize
als Verkäufer zu arbeiten, eroberte im Nachbarort Beerse die
Verkäuferin Maria Nuyens und zog mit ihr nach Lier, wo sie gemeinsam eine blühende Kaffeerösterei aufbauten.

Als Pater Van Breda bei Malvine Husserl, geborene Stein-
schneider, klingelt, ist er weder ängstlich noch nervös. Er lässt
sich durch wenig oder gar nichts aus der Fassung bringen. Die
Witwe ist nicht allein. Zum Besuch des belgischen Paters hat sie
auch Husserls letzten Assistenten Eugen Fink eingeladen. Die
Begrüßung ist freundlich und herzlich. Fink zeigt ihm die Map-
pen, in denen der Nachlass des Philosophen nach einem System
aufbewahrt wird, das Fink noch in Rücksprache mit seinem Lehrer entwickelt hat. Pater Van Breda ist verblüfft. Offenbar handelt es sich um etwa 40000 handschriftliche Seiten. Außerdem
liegen noch weitere 10000 Seiten vor, handschriftliche oder ma-
schinenschriftliche Transkripte, die von Husserls Assistenten
erstellt worden waren: von Edith Stein, Ludwig Landgrebe und
eben Eugen Fink. Alle drei beherrschen die Gabelsberger-Kurzschrift, eine zu dieser Zeit bereits recht seltene Notierweise, die
Husserl verwendet hatte. Sie war vor allem im neunzehnten

Jahrhundert in Süddeutschland und Österreich sehr beliebt. Die Assistenten setzten die Notizen in vollständig ausgearbeitete deutsche Texte um, die Husserl dann wiederum in vielen Fällen mit Kommentaren und Änderungen versah. Zur Verblüffung seiner Assistenten, insbesondere von Edith Stein, ignorierte er deren Transkriptionen oft gänzlich, um noch einmal völlig neu anzusetzen. Dass sie oft tagelang an den Transkriptionen gearbeitet hatten, störte ihn wenig. Und genau auf diese Transkripte, sagt ihm Fink, habe sich Husserl in seinen späteren Texten bezogen und in seinen letzten Lebensjahren einigen seiner Studenten auch die Einsicht in diese Schriften erlaubt.

Fink und Malvine Husserl zeigen Pater Van Breda auch die Bibliothek des Philosophen, deren 2700 Bücher oft mit handschriftlichen Widmungen der Verfasser und zusätzlich mit Randnotizen Husserls versehen waren. Auch zweitausend Sonderdrucke von Artikeln, ebenfalls oft mit Husserls Kommentaren, sind Bestandteil der Bibliothek. Fink meint, durch die Lektüre dieser zahlreichen Notizen könne man Antworten auf die Fragen nach den literarischen und philosophischen Inspirationsquellen des Begründers der Phänomenologie finden. Van Breda macht sich durchgängig Notizen.

Auf jeden Fall ist nicht zu übersehen, dass die Witwe des Philosophen völlig verzweifelt ist. Die fast achtzigjährige Malvine hat sich die Rettung des philosophischen Vermächtnisses ihres Mannes zur letzten großen Lebensaufgabe gemacht. In seinem Testament hatte Husserl die Verantwortung für sein geistiges Erbe seinem Sohn Gerhart Husserl anvertraut. Dieser übertrug, vor seiner Emigration in die Vereinigten Staaten 1935 – nachdem man ihn als Jude seiner Stelle als Professor der Juristischen Fakultät der Universität Kiel enthoben hatte –, den größten Teil der Rechte am Werk seines Vaters vorübergehend seiner Mutter. Und Malvine beschloss, solange die Manuskripte, die Briefe und die Bibliothek ihres verstorbenen Ehemanns nicht in Sicherheit gebracht seien, in Freiburg zu bleiben. Die Situation in Nazideutschland wird für Juden jedoch zunehmend gefährlicher und heikler.

Einen ersten Versuch, den Nachlass an einem anderen Ort unterzubringen, hatte Husserl 1934 noch selbst initiiert. Man verweigerte ihm zwar das Visum für die Teilnahme an dem großen Philosophenkongress in Prag, aber sein Werk und das Schicksal seines Nachlasses waren ein wichtiges Gesprächsthema der dort versammelten Kollegen. Ein Brief Husserls wurde verlesen, und verschiedene Teilnehmer zerbrachen sich die Köpfe darüber, wie man das in Papierform vorliegende Archiv in Sicherheit bringen könnte. Drei Personen trieben die Sache voran – der Philosoph und Psychologe Emil Utitz, der sogar den Ehrgeiz hegte, aus Prag die Hauptstadt der Phänomenologie zu machen; Husserls ehemaliger Assistent Ludwig Landgrebe, der damals in Prag lehrte; und der junge Philosoph Jan Patočka, der bei Husserl in Freiburg Vorlesungen gehört hatte. Im *Cercle Philosophique de Prague*, dem Prager Philosophiekreis, diskutierten sie die Möglichkeiten, dort ein Husserl-Archiv einzurichten.

Husserl, der fest davon überzeugt war, dass man sein Werk erst nach seinem Tod in vollem Umfang würdigen werde, zeigte sich diesem Vorschlag gegenüber sehr aufgeschlossen. Vermutlich vor allem, weil er aus Prag kam. Husserl wurde 1859 in Prostějov/Prossnitz in Mähren (heute Tschechien) geboren, hatte allerdings kaum eine persönliche Bindung zu seiner Heimatregion. Mähren war in der Tschechoslowakei aufgegangen, dem neuen Land, das nach dem Zusammenbruch der österreichisch-ungarischen Doppelmonarchie 1918 entstanden war. Seine Begeisterung für das Prager Projekt hing auch mit dem Mann zusammen, der damals seit sechzehn Jahren Präsident der Tschechoslowakei war – seinem alten Jugendfreund Tomáš

Masaryk. Husserl und der acht Jahre ältere Masaryk waren im Winter 1876 praktisch zur selben Zeit in Leipzig eingetroffen, Husserl als Student, Masaryk als Hochschullehrer. Zwischen den beiden entwickelte sich eine enge Freundschaft, und auch später in Wien verbrachten sie viel Zeit miteinander. Masaryk war es auch, der Husserl als Erster auf Franz Brentanos Vorlesungen in Wien aufmerksam machte. Das sei der Mann, dessen Werk Husserl kennenlernen müsse. Als Husserl dann Jahre später einmal bei Brentano ein Seminar besuchte, war er überwältigt. Brentano blieb für ihn immer sein wichtigster Lehrmeister. Für ihn war er der Mann, der ihn gelehrt hatte, dass man Philosophie als exakte Wissenschaft betreiben kann, und ihn damit auf den richtigen, seinen eigenen philosophischen Weg gebracht hatte. Das hatte Husserl Masaryk nie vergessen. Die beiden hielten in den folgenden Jahrzehnten sporadisch Kontakt, mit einer gelegentlichen Korrespondenz und mindestens zwei weiteren Begegnungen. Als Masaryk viele Jahre später der erste Präsident der Tschechoslowakei wurde, setzte er sich sehr für die Gründung eines Brentano-Archivs in Prag ein und Husserl hoffte, er könne nun das Gleiche für seinen Nachlass tun. Jedenfalls schien das Projekt unter einem guten Stern zu stehen. Über die Rockefeller-Stiftung bekam der Prager Philosophiekreis genügend Geld, um Landgrebe, der von 1923 bis 1930 Husserls persönlicher Assistent gewesen war, damit zu beauftragen, ein Inventar aller Dokumente zu erstellen und anschließend mit der Transkription zu starten. Einige wenige Manuskripte wurden nach Prag geschickt, und Landgrebe machte sich an die Arbeit. Gute Nachrichten, meinte Malvine im März 1935: Das »(...) enthebt Edmund der großen Sorge um seinen Nachlaß, denn hier war auf keinerlei Förderung mehr zu rechnen.«

Am 15. September 1935 wurden die Nürnberger Rassengesetze für das gesamte Deutsche Reich erlassen. Die Diskriminierung von Deutschen jüdischer Abstammung wurde mit den neuen Gesetzen offiziell. Die Husserls begriffen sofort, dass es von nun an nicht mehr allein um den philosophischen Nachlass ging, sondern auch um ihr eigenes Leben. »Jetzt ist es soweit, daß ich es wirklich nicht mehr aushalten kann und in Prag alles Erdenkliches versuchen und sehen werde, was da zu machen ist. Mss., Bibliothek, Honorare – das können sie haben, wenn sie uns Alte übernehmen«, schrieb Edmund Husserl. Malvine und er wollten das Land verlassen, mit seinen Manuskripten und seiner Bibliothek. Am liebsten nach Prag.

Nachdem Husserl im November 1935 nachträglich ein Reisevisum für Prag genehmigt worden war, hielt er einen Vortrag vor dem dortigen Philosophiekreis. Mit dessen Mitgliedern überlegte er auch Möglichkeiten für ein Asyl in der Tschechoslowakei und eruierte, ob sich eine angemessene Stelle an einer akademischen Einrichtung finden ließe. Wenn er Deutschland gegen Prag eintauschte, wollte er nicht von Almosen abhängig sein. Aus dem anschließenden Briefwechsel ergab sich immer deutlicher, dass eine solche Berufung ein Ding der Unmöglichkeit wäre. Husserl musste sich eingestehen, dass sein Prager Traum gescheitert war. Dazu kam die traurige Nachricht, dass er seinen alten Freund Masaryk nicht mehr würde besuchen können; der Präsident war schwer krank.

Als Van Breda drei Jahre später, vier Monate nach dem Tod des Philosophen, mit Fink und Malvine im Wohnzimmer der Familie Husserl sitzt, ist noch immer keine Lösung in Sicht. Nicht für die Erhaltung und Konservierung der Manuskripte, nicht für die Transkription der Texte, nicht für das Editionsprojekt und auch nicht für die Forschungsarbeit. Malvine bleiben nicht mehr viele Optionen. Sie erinnert sich, dass Van Breda in seinem Brief einen »Leuvener Plan« erwähnt hatte, und fragt, ob er ihr mehr dazu sagen könne.

Van Breda hat diesen Vorschlag noch nicht zur Sprache bringen können. Er beschließt, die Karten auf den Tisch zu legen, und berichtet, dass er in Leuven den Vorschlag vorgetragen hatte, das Problem der Veröffentlichung einiger Husserl-Texte unter den Fittichen des Philosophischen Instituts zu lösen. Nachdem er aber inzwischen gesehen habe, wie umfangreich die Sammlung von Manuskripten, Transkriptionen und Büchern ist, begreife er, dass der Vorschlag aus Leuven, unveröffentlichte Texte zu publizieren, zum einen nicht weitreichend genug sei und zum anderen kaum zu realisieren, wenn nicht zuvor die Manuskripte gerettet würden. Es müsse eine andere Lösung gefunden werden.

Die Bedeutung von Husserls geistigem Nachlass sei derart, sagt er, »dass man sich, wenn irgend möglich, entscheiden müsste, ihn voll und ganz der Forschung so zur Verfügung zu stellen. Selbst wenn die gegenwärtigen Umstände zunächst nur die Veröffentlichung von Teilen zuließen, so müsse dies mit Rücksicht darauf geschehen, dass die philosophische Welt späterhin ohne jeden Zweifel wünschen würde, diese Teile im Zusammenhang des Gesamtwerkes studieren zu können.«

Dann macht Van Breda, einer spontanen Eingebung folgend, den Vorschlag, der sein restliches Leben bestimmen wird. Und zugleich die Leben der beiden anderen Gesprächsteilnehmer, Malvine Husserl und Eugen Fink. Die einzige Möglichkeit, den gesamten Nachlass der Welt zugänglich zu machen, sei die Schaffung eines echten Husserl-Archivs, meint der Pater. »In diesem Archiv, das als dem Denken und Werk Husserls gewidmete Studien- und Forschungsstätte zu errichten wäre, gälte es zunächst, die sämtlichen Stücke, die ich an jenem Nachmittag gesehen hatte, zu vereinigen und diese Sammlung dann um jederlei weitere Dokumente zu vervollständigen, die geeignet waren, auf Husserls Werk und die Geschichte der phänomenologischen Forschungsrichtung, die daran anschloss, ein Licht zu werfen.«

Malvine hat allen Grund zum Misstrauen. Ein Student aus Leuven, ein gut aussehender 27-jähriger junger Mann, dazu noch ein Franziskaner in brauner Mönchskutte, verspricht ihr die Lösung all ihrer Probleme. Ein Versprechen, das er, wie ihr wahrscheinlich nur allzu bewusst ist, nur schwer wird wahr machen können. Die Zeiten sind dafür nicht geeignet, denn der Faschismus und der Nationalsozialismus bekommen immer größere Teile von Europa in ihre Gewalt. Trotzdem ist Malvine glücklich, begeistert, voller Enthusiasmus – und glaubt sofort an ihn. Der junge Pater aus Leuven ist der rechte Mann zur rechten Zeit am rechten Ort. Herman Leo Van Breda, ein kleines Weltwunder, hat in ihr Leben Einzug gehalten. In den folgenden Tagen und Wochen kann sie nicht genug von dem Mann erzählen, von dem sie sich von nun an alles Heil der Welt erwartet, von einem Wunder im Mönchsgewand.

4 Kaum fünf Tage nach seinem ersten Besuch bei Malvine
Husserl am 3. September 1938 beginnt Van Breda in Freiburg einen Brief, man könnte auch sagen, einen Bericht,
an Joseph Dopp zu schreiben, seinen Doktorvater in Leuven. Er
informiert ihn über die Begebenheiten der vergangenen Woche
in Freiburg. Es gehe bei der ganzen Sache, stellt Van Breda klar,
nicht allein um die Manuskripte, sondern auch um die Mitarbeiter.

Denn die Gründung eines solchen Husserl-Archivs erfordere
qualifiziertes Fachpersonal, dessen wichtigste Aufgabe es wäre,
Husserls Texte korrekt und wissenschaftlich fundiert zu transkribieren sowie sie später auch zu redigieren und zu edieren.
Darüber hinaus müsse jeder Text in den richtigen historischen
Kontext und dann innerhalb von Husserls Gesamtwerk ein-
geordnet werden. Um diese Aufgabe erfolgreich zu meistern,
sollte auch Husserls private Bibliothek vor Ort zur Konsultation
bereitstehen, ebenso alle verfügbaren Hintergrundinformatio-
nen zu Husserl und zu dessen Werk. In Deutschland scheine die
Gründung einer solchen Institution inzwischen unmöglich zu
sein, Leuven dagegen hält Van Breda für den idealen Standort.

Malvine Husserl muss ihm recht geben – Leuven scheint ihr
in der Tat eine naheliegende Möglichkeit. Sie verspricht, umgehend mit ihren Kindern Gerhart Husserl und Elisabeth ›Elli‹
Rosenberg-Husserl Kontakt aufzunehmen und sie zu fragen, ob
sie damit einverstanden wären, dass ihre Mutter einen Vertrag
mit der Universität Leuven abschließt. Doch am Ende wartet sie
die Antwort nicht ab und gibt bereits am 1. September grünes

Licht. Sobald auch das Philosophische Institut der Universität Leuven seine Zustimmung signalisiert habe, werde sie umgehend die Details der Durchführung mit Van Breda besprechen.

Noch während Van Breda seinen Bericht für Dopp verfasst, bittet ihn Malvine Husserl, ein weiteres Mal vorbeizukommen. Sie hat Besuch aus Frankreich bekommen und möchte Van Breda ihrem Gast vorstellen, dem senegalesisch-französischen Philosophen Gaston Berger, der zu dieser Zeit an einer Abhandlung über Husserl arbeitet, *Le cogito dans la philosophie de Husserl.* Sobald Van Breda eingetroffen ist, fasst Malvine den Vorschlag, in Leuven ein Husserl-Archiv unterzubringen, noch einmal zusammen und fragt Berger, was er davon halte. Der Franzose reagiert begeistert. Es scheint ihm dringend, ja höchst notwendig, die Manuskripte im Ausland in Sicherheit zu bringen, und Leuven scheint ihm dafür ein sehr geeigneter Ort zu sein. Dort würden sie sicher mit großer Sorgfalt behandelt, glaubt Berger, auch in editorischer Hinsicht. Es ist der Beginn eines sehr guten Einvernehmens zwischen Van Breda und Berger, dem Vater des damals elfjährigen Maurice-Jean Berger. Dieser Sohn wird später unter dem Pseudonym Maurice Béjart als Tänzer und Choreograph für Furore sorgen.

Natürlich ist sich Van Breda bewusst, dass der Aufbau einer solchen Institution eine heikle Sache ist. Vor allem die Finanzierung könnte sich als unüberwindbare Hürde erweisen. Es muss Geld aufgetrieben werden, um die Unterbringung und die Gehälter des Personals sowie weitere anfallende Kosten zu decken. Außerdem wird es nicht leicht werden, die geeigneten Fachleute zu finden. Husserl schrieb, wie bereits erwähnt, in Gabelsberger-Kurzschrift und hatte im Lauf der Jahre – als ob diese Stenovariante nicht schon schwierig genug wäre – seine eigene Variante entwickelt, dazu noch mit zahlreichen Kürzeln, die nur er verwendete. Daher müssen die Mitarbeiter eines Husserl-Archivs nicht nur mit den Ideen des Philosophen gut vertraut sein, sondern auch seine Handschrift entziffern und interpretieren können. Es wäre somit am naheliegendsten, die drei Personen zu fragen, die bereits unter Husserls Aufsicht Transkriptionen erstellt haben: seine ehemaligen Privatassistenten Edith Stein, Ludwig Landgrebe und Eugen Fink.

Edith Stein war Husserls erste wichtige Assistentin, aber weil sie sich von ihrem Chef nicht gerecht behandelt fühlte, gab sie 1917 ihre Stelle auf. Sie wollte auch mehr Zeit, um sich ihrem eigenen Werk und ihrer Forschung widmen zu können, musste jedoch bald erkennen, dass es zwei wichtige Gründe gab, weshalb sie an einer anderen deutschen Universität nur sehr schwer eine Stelle würde finden können – sie war Jüdin, und sie war eine Frau. Enttäuscht zog sie sich aus dem akademischen Leben zurück. Sie konvertierte zum Katholizismus und trat 1934 als Nonne den Kölner Unbeschuhten Karmeliterinnen bei. Sie steht also auf keinen Fall zur Verfügung. Nur Landgrebe und Fink bleiben übrig. Ob die beiden eventuell bereit wären, mit ihren Familien nach Leuven umzuziehen? Oder in eine andere Stadt im Ausland, die ein solches Archiv beherbergen möchte? Es erscheint absolut notwendig, dass sich wenigstens einer der beiden bereit erklärt, im künftigen Archiv zu arbeiten, am besten beide.

Fink hat Van Breda bereits kennengelernt, Landgrebe trifft am 5. September in Freiburg ein. Auch er wird umgehend von der noch immer begeisterten Malvine Husserl dem Gast aus Leuven vorgestellt. Landgrebe hatte auch nach seiner Übersiedlung nach Prag weiter sehr enge Beziehungen zu Husserl und dessen Familie gepflegt. Zu der Zeit arbeitet er an der Transkription einiger unveröffentlichter Handschriften. Mit dem Prager Philosophiekreis gibt es noch eine persönliche Vereinbarung mit Husserl, dass alle von Landgrebe dort transkribierten Originalmanuskripte in Prag bleiben sollen, in den Räumen des Kreises. Insgesamt sind es bereits etwa 1500 Seiten. An diesem Sonntag kommt Landgrebe eher zufällig nach Freiburg, um erneut einige Handschriften seines früheren Lehrers abzuholen, die er dann in Prag transkribieren wird.

Als er dem belgischen Gast vorgestellt wird, der sich sehr für ebendiese Manuskripte interessiert, reagiert er positiv überrascht. Er ist sich mehr als jeder andere darüber im Klaren, dass für Husserls geistiges Erbe dringend ein sicherer Aufbewahrungsort gefunden werden muss. Prag kann es zu diesem Zeitpunkt nicht sein. Die emotional höchst aufgeladene Krise um die Sudetendeutschen lässt einen Krieg sehr wahrscheinlich werden. Deutschland will vor allem den deutschsprachigen Teil der Tschechoslowakei dem Deutschen Reich einverleiben, und Hitler scheint durchaus bereit, dafür das Risiko eines Weltkrieges einzugehen.

Am Nachmittag des nächsten Tages verbringt Van Breda Stunden mit Fink und Landgrebe, um eine mögliche Zusammenarbeit zu besprechen. Erfolgreich, denn am Ende des Gesprächs erklären sich beide, sowohl Fink als auch Landgrebe, bereit, jeden Vorschlag aus Leuven ernsthaft in Erwägung zu ziehen. Sie bringen die Hoffnung zum Ausdruck, dass die Umstände und Bedingungen es zulassen werden, dass sie das Angebot annehmen und dass es Pater Van Breda gelingen werde, die Finanzierung eines Husserl-Archivs zu sichern.

Der junge Franziskaner spricht hier ein wenig für sich selbst. Denn der Brief, den ihm Joseph Dopp am 12. September als Antwort auf das kleine Dossier zurückschreibt, das Van Breda nach Leuven geschickt hat, soll seinen Doktoranden eindeutig wieder mit beiden Beinen auf den Boden der Tatsachen zurückzuholen - auch wenn der Ton freundlich bleibt. Dopp hat die Angelegenheit mit dem Fakultätsvorsitzenden Léon Noël besprochen, und dieser argumentiert formal: Es könne keine Rede davon sein, die Mitarbeiter zu bezahlen. Die Universität verfüge nicht über die dafür erforderlichen finanziellen Mittel. Van Breda könne Husserls Manuskripte in Leuven publizieren, wie es vor seiner Abreise nach Freiburg vereinbart war. Eine universitäre Stiftung könne sogar eine von anderen vorbereitete Edition unterstützen – vorausgesetzt, Van Breda übernähme dafür die Verantwortung. Aber Personal einzustellen, nein, dazu sehe das HIW keine Möglichkeit. Die wirtschaftliche Lage und die unsichere Weltpolitik ließen das einfach nicht zu.

Doch die Dinge entwickeln sich schneller, als die Briefe zwischen Leuven und Freiburg hin- und hergehen. Malvine Husserl gerät in Panik. Die zunehmend eskalierenden internationalen Spannungen setzen ihr immer mehr zu. Eine Weile sieht es sogar so aus, als würde es sehr kurzfristig zu einer militärischen Konfrontation zwischen Großbritannien, Frankreich und Deutschland kommen. Da Freiburg sehr nah an der französischen Grenze liegt, würde es nicht lange dauern, bis der Krieg die Stadt erreicht hätte. Am Dienstag, dem 16. September, schlägt sie den Knoten durch: Husserls Manuskripte und die Transkripte müssen umgehend in Sicherheit gebracht werden, auf jeden Fall weg aus Freiburg, am besten ins Ausland. Es ist keine Zeit mehr zu verlieren, sie müssen weg. Umgehend kontaktiert sie, ein weiteres Mal, ihren jungen belgischen Freund.

5 Wo sollen die Manuskripte hin? Und wie kommen sie dorthin? Malvine Husserl hat mehr Fragen als Antworten. Nur eins ist sicher: Es ist dringend. Sie fragt Van Breda, ob er die schwierige, aber unumgängliche Aufgabe übernehmen wolle, für die Manuskripte eine neue Bleibe zu finden. »Ich antwortete, ich wisse sehr wohl das Vertrauen zu schätzen, das sie mir mit diesem Vorschlage bezeugte, und hielte es für meine Pflicht, ihn anzunehmen«, so Van Breda im Jahre 1956. »Ich fügte jedoch hinzu: Wäre es beschlossene Sache, die Manuskripte aus Freiburg zu entfernen, so dürften sie meiner Meinung nach nicht bloß an einen anderen Ort in Deutschland, sondern müssten sofort ins Ausland verbracht werden. Gewiss würde im Kriegsfalle Freiburg besonders exponiert sein; aber in Nazideutschland würde immer und überall noch eine andere Gefahr drohen. Irgendeine Verordnung der Herren des Tages oder auch nur irgendeine Laune irgendeines untergeordneten lokalen Machthabers könnten ja die vollständige Vernichtung all dessen zur Folge haben, was Frau Husserl mit so großer Sorgfalt bewahrte.«

Malvine teilt diese Einschätzung voll und ganz, stellt Van Breda aber doch die Frage, wie er denn meine, das Vorhaben realisieren zu können. Van Breda denkt, dass hier die belgische Diplomatie als Erstes gefragt sei. Gelten nicht Botschaften und Konsulate als exterritoriales Gebiet, und können die Mitarbeiter dieser ausländischen Botschaften nicht frei und völlig unkontrolliert mit ihrem Heimatland korrespondieren und speziell gezeichnete Sendungen als »Diplomatenpost« bzw. »Diplomatengepäck« außer Landes bringen? Das will Van Breda auf jeden Fall herausfinden, es könnte die beste Lösung sein. Nach Rücksprache mit Eugen Fink gibt Malvine grünes Licht, und Van Breda setzt sich noch am Abend in den Zug nach Frankfurt a. M., wo er am nächsten Morgen, am Samstag, dem 17. September, das belgische Konsulat aufsucht. Der diensthabende Beamte, ein Deutscher, empfängt ihn reserviert, aber zuvorkommend und korrekt. Van Breda erfährt, dass das Prinzip der Diplomatenpost nicht für Konsulate gelte, sondern lediglich für Botschaften. Nur in Berlin könne man ihm helfen. Noch am selben Tag fährt der Pater nach Freiburg zurück, um Fink und Malvine Bericht zu erstatten.

Van Breda will nun möglichst schnell nach Berlin reisen, um dort sein Anliegen vorzutragen. Aber noch ist die Frage offen, wo die Manuskripte bis zur endgültigen Entscheidung sicher untergebracht werden können. Van Breda scheint ein Freiburger Kloster naheliegend, doch als er sich an einige Äbte wendet, erweist sich deren Begeisterung, einen so umfangreichen Nachlass eines jüdischen Philosophen zu verstecken, der noch dazu in einer für die meisten Menschen unlesbaren Kurzschrift verfasst ist, als eher begrenzt. Es ist einfach zu gefährlich.

An diesem Abend ist Adelgundis Jaegerschmid bei Malvine zu Besuch. Adelgundis wurde in Berlin als Amelie Jaegerschmid geboren, protestantisch erzogen, konvertierte zum Katholizismus und trat in den Benediktinerorden ein. Die aus einer alten Offiziersfamilie stammende Jaegerschmid kam im Ersten Weltkrieg als Studentin mit den Husserls in Kontakt und entwickelte mit der Zeit eine große Sympathie für den Philosophen und dessen Familie. Als Philosophiestudentin hatte sie auch mit Edith Stein zu tun, Husserls damaliger Assistentin, die ein Einführungsseminar hielt, das sie selbst als ihren *Philosophischen Kindergarten* bezeichnete. Nachdem die gebürtige Jüdin

Stein 1922 zum Katholizismus konvertiert war, übernahm sie zunächst pädagogische Aufgaben und hielt in ganz Deutschland Vorträge und Diskussionsabende ab. 1931 entschied sie sich für das St.-Lioba-Kloster in Freiburg, in das Adelgundis damals bereits eingetreten war. Die beiden Frauen hatten denselben Abt als Seelsorger und wurden gute Freundinnen. Stein und Jaegerschmid pflegten weiterhin enge Verbindungen mit den Husserls, auch nach der Machtübernahme der Nationalsozialisten, als viele Freunde die beiden fallen ließen. Jaegerschmid fuhr sogar mit den Husserls in Urlaub und sorgte für psychologische Unterstützung. Mit dem alten Philosophen führte sie lange Gespräche, die oft einen religiösen Ausgangspunkt hatten. Je mehr die Husserls isoliert wurden, desto mehr bedeutete Jaegerschmid für das Ehepaar. Als der Philosoph 1937 eingeladen wurde, den Vorsitz des angesehenen Descartes-Kongresses in Paris zu übernehmen, und der Reichsminister für Wissenschaft, Erziehung und Volksbildung Bernhard Rust ihm kein Reisevisum genehmigen wollte, da Husserl als »Nicht-Arier« ungeeignet sei, die deutsche Kultur und Philosophie im Ausland zu vertreten, wandte er sich an die Nonne. »Sehen Sie, Schwester Adelgundis, nicht einmal meine Asche wird würdig sein, in deutscher Erde zu ruhen«, seufzte er. Als Stein nach der Machtergreifung der Nationalsozialisten in ein Kölner Karmelitenkloster eingetreten war, informierte Jaegerschmid sie in Husserls letzten Jahren und Monaten über den Zustand des gemeinsamen Freundes und Lehrers, um den sie sich kümmerte und bei dem sie auch regelmäßig Nachtwache hielt.

Auch nach Husserls Tod nimmt sich Jaegerschmid Malvine Husserls an. Als ihr die Witwe von den Plänen für den Nachlass ihres Mannes und den damit verbundenen Problemen berichtet, fällt ihr sofort eine Lösung ein. Die St.-Lioba-Schwestern haben in Konstanz am Bodensee eine kleine Niederlassung, nah an der Schweizer Grenze. Dort könnten die Manuskripte vor-übergehend in Sicherheit gebracht werden. Da die Nonnen von St. Lioba auf beiden Seiten der Grenze aktiv sind, könnten sie die Manuskripte eventuell unbemerkt, nach und nach, über die Grenze ins Sanatorium Bellevue in Kreuzlingen schmuggeln, in den schweizerischen Kanton Thurgau, gleich hinter der Grenze. Das Sanatorium wird von dem Psychiater Ludwig Binswanger geleitet, der auch nach beendetem Studium mit Edmund Husserl in Verbindung geblieben war und selbst eine auf der Phänomenologie basierende Psychoanalyse entwickelte. Außerdem ist er gut mit Sigmund Freud befreundet, den er über seinen Doktorvater Carl Gustav Jung kennengelernt hat. Im Grunde führte Binswanger in seinen Schriften das Werk Husserls und Freuds zusammen und entwickelte deren Gedanken weiter.

Bei Binswanger, in der neutralen Schweiz, wären die Manuskripte in Sicherheit. Und er wird seine Unterstützung zusagen, davon ist Schwester Adelgundis überzeugt. Umgehend eilt sie zum Kloster, um die Äbtissin von St. Lioba zu bitten, für den Plan grünes Licht zu geben. Die Erlaubnis wird erteilt, dass die Schwestern in Konstanz die Manuskripte über die Grenze schmuggeln dürfen, jedoch nur unter der Voraussetzung, dass sie es freiwillig tun. Sie dürfen nicht dazu verpflichtet werden. Van Breda trägt seine Zweifel vor. Er befürchtet vor allem, es könne zu lange dauern, bis alle Manuskripte in Sicherheit wären, hinzu kommt das immer noch hohe Risiko, dass auch die Grenze zwischen der Schweiz und Deutschland wegen der rasant zunehmenden internationalen Spannungen sehr bald geschlossen sein wird. Da es jedoch an Alternativen mangelt, wird am Ende doch Schwester Adelgundis' Plan in die Tat umgesetzt. Am Sonntag, dem 18. September, werden nahezu alle 40 000 Seiten mit Husserls handschriftlichen Notizen in drei große Reisekoffer gepackt, die Jaegerschmid ins gut 150 Kilometer entfernte Konstanz bringen soll.

Am Montagmorgen begleitet Van Breda die Benediktinerin zum Bahnhof. Die drei Koffer werden auf einem Karren bis zum Zug gebracht. Schwester Adelgundis und ihr Gepäck nehmen ein volles Abteil in Anspruch. Die Reise nach Konstanz verläuft ohne Zwischenfälle, und die Koffer werden wenige Stunden später ins Kloster hineingetragen. Adelgundis informiert die Schwestern über die Art ihres Gepäcks und diese erklären sich sofort bereit, die Koffer zu verstecken. Aber so viele Manuskripte, dazu in einer für die meisten unentzifferbaren Kurzschrift, über die Schweizer Grenze zu schmuggeln, erscheint ihnen unter den gegebenen Umständen viel zu gefährlich, gar unmöglich. Bei einer Kontrolle würden die Grenzschutzbeamten denken, es handle sich um Nachrichten in einem Geheimcode.

Deshalb überlegt Adelgundis, ob nicht noch andere Möglichkeiten denkbar wären, diese Koffer irgendwie nach Kreuzlingen zu bringen. Sie lässt die Manuskripte im Kloster zurück und geht selbst über die Grenze, um Ludwig Binswanger direkt aufzusuchen, in der Hoffnung, er werde sich bereit erklären, die Manuskripte aufzubewahren, und auch einen Weg wissen, wie man die drei Koffer zu ihm bringen könnte. Auf Jaegerschmids Klingeln öffnet Binswangers Ehefrau die Tür. Ihr Mann sei nicht zu Hause. Schwester Adelgundis erklärt kurz den Grund ihres Kommens, worauf sie von Frau Binswanger umgehend wieder weggeschickt wird: »Lassen Sie uns in Ruhe! Auch wir sind für Hitler.«

So viel zum Schweizer Ausweg.

6 Am nächsten Abend, dem 20. September, ist Schwester Adelgundis, während die internationalen Spannungen immer weiter zunehmen, wieder zurück in Freiburg. Im Beisein von Eugen Fink und Van Breda informiert sie Malvine Husserl über den Ablauf ihres Vorstoßes. Die Situation sieht jetzt nicht besonders rosig aus. Für Malvine ist die Sache klar: Van Breda muss möglichst schnell nach Berlin, um dort die Dokumente in Sicherheit zu bringen, bevor der Krieg ausbricht. Ein internationaler Konflikt scheint unabwendbar.

Van Breda hatte vom belgischen Konsul in Frankfurt auch erfahren, dass die Botschaft nur den Besitz von belgischen Staatsbürgern in Verwahrung nehmen könne. Husserls handschriftliche Manuskripte fallen nicht darunter. Deshalb schlägt Van Breda Malvine vor, eine Erklärung aufzusetzen und zu unterzeichnen, mit der sie ihn de jure zum rechtmäßigen Besitzer der Manuskripte ihres Mannes macht. Damit wäre das größte Hindernis für eine treuhänderische Verwahrung der Manuskripte durch die Botschaft aus dem Weg geräumt. Van Breda versichert Malvine mehrmals, dass es sich dabei nur um ein »Schein-Dokument« handle, eine reine Formalität, die es ihm erlauben würde, die diplomatischen Kanäle zu nutzen. Damit dieser fiktive Charakter deutlich ist, schlägt er ihr vor, ein zweites Dokument zu verfassen, in dem er alle Rechte der Familie hinsichtlich Veröffentlichung und Urheberschaft anerkennt und ihr zusichert, dass die Dokumente binnen zwei Jahren an die Familie Husserl zurückgegeben werden. Malvine bittet eine befreundete jüdische Rechtsanwältin und Eugen Fink, die beiden Texte zu verfassen; am nächsten Tag werden sie paraphiert. Bei der Unterzeichnung fügt Malvine handschriftlich eine weitere Passage hinzu, in der sie Van Breda das immerwährende Recht erteilt, an jeder Ausgabe der Werke ihres Mannes mitzuarbeiten.

Am 22. September, drei Tage nach Schwester Adelgundis, nimmt Pater Van Breda ebenfalls den Zug nach Konstanz. Sie hat die Manuskripte ins dortige Kloster gebracht, er wird sie von dort wieder abholen. In der Nacht von Donnerstag, dem 22., auf Freitag, den 23. September, fährt er mit den drei großen, insgesamt etwa 100 Kilo schweren Koffern nach Berlin. Das ist der gefährlichste Teil der Reise, denn in Zeiten internationaler Spannungen läuft Van Breda Gefahr, für einen Spion gehalten zu werden. Sollte man ihn zur Öffnung der Koffer verpflichten, müsste er zugeben, dass er den Text nicht lesen kann, weil die Texte in einer Kurzschrift verfasst sind, die er nicht beherrscht. Zum Glück verläuft die Fahrt ohne Zwischenfälle und er trifft mit den drei Koffern am Freitag im Franziskanerkloster im Berliner Bezirk Pankow ein.

Nachdem die Koffer dort sicher verwahrt sind, macht er sich umgehend auf den Weg zur belgischen Botschaft. Der Botschafter Jacques Davignon, der Vater des späteren Diplomaten, Politikers und Vizepräsidenten der Europäischen Kommission Etienne Davignon, ist zu dem Zeitpunkt völlig davon in Anspruch genommen, die rasante Entwicklung in der Sudetenlandkrise zu verfolgen, und ist daher nicht in Berlin. Van Breda muss sich gedulden, denn allein Davignon kann entscheiden, ob die drei Koffer, die keine offiziellen Dokumente enthalten, als Diplomatengepäck nach Belgien geschickt werden dürfen. Der Generalkonsul, mit dem Van Breda spricht, wagt es nicht einmal, die drei Koffer in Verwahrung zu nehmen, und zieht daher den Botschaftssekretär Vicomte Jo Berryer hinzu, der als Stellvertreter des Botschafters fungiert. Das erweist sich als ein Geschenk des Himmels.

Berryer lauscht mit wachsendem Interesse der Geschichte, die ihm Van Breda erzählt, und erteilt zur großen Erleichterung des Paters sofort die Genehmigung, die drei Koffer mit den Manuskripten in die Botschaft zu bringen. Sie werden nicht nur in Verwahrung genommen, Berryer will sogar persönlich dafür sorgen, dass sie im Botschaftstresor eingeschlossen werden. Nirgendwo wären sie sicherer. Berryer steht nicht zum ersten Mal vor einer solchen Situation. Von 1934 bis 1937 war er belgischer Konsul in Madrid. Damals hatte er den Mitstreitern Francos, die in der von den Republikanern kontrollierten Hauptstadt ihres Lebens nicht mehr sicher waren, in der belgischen Botschaft Unterschlupf geboten. Die Aufgabe, drei Koffer voller Papier in Sicherheit zu bringen, schreckt ihn daher nicht.

Leider hat er nicht die Entscheidungsbefugnis, die Koffer als Diplomatengepäck nach Belgien zu schicken; das ist grundsätzlich dem Botschafter vorbehalten. Doch der Sekretär äußert die Befürchtung, sein Vorgesetzter werde nicht zustimmen, falls nicht das Außenministerium in Brüssel zuvor die Genehmigung dazu erteilt hat. Berryer rät Van Breda, die Husserl-Manuskripte vorläufig in Berlin zu lassen, nach Belgien zurückzufahren und dort, am besten mit der Universität Leuven, Kontakt zum Außenministerium aufzunehmen. In diesem Fall, davon ist Berryer überzeugt, könne nur noch wenig schiefgehen.

Am Samstag, dem 24. September, um 11 Uhr betritt Van Breda mit den drei Koffern die Botschaft und trägt sie persönlich, zusammen mit Berryer, »in den gewaltigen Stahlschrank«. Husserls geistiges Erbe ist, wenn auch nur vorübergehend, in Sicherheit gebracht.

7 Während sich die Regierungschefs von Italien, Deutschland, Großbritannien und Frankreich auf die Münchner Konferenz vorbereiten, die zu einer Lösung der Probleme in Sachen Tschechoslowakei und Sudetenland führen soll, um so einen großen gesamteuropäischen Krieg abzuwenden, steigt Pater Van Breda wieder in den Zug nach Freiburg, um Malvine Bericht zu erstatten. »Rings um mich sah ich nur von Sorgen gezeichnete Gesichter und von der Angst vor einem schrecklichen Krieg ergriffene Menschen«, schreibt er später. »Dieses in einem Zustande höchster Erregung befindliche Land durchquerend, das vielleicht binnen kurzem das meine angreifen würde, hatte ich nur den brennenden Wunsch, es zu verlassen, sobald ich die Aufgabe erfüllt haben würde, der ich mich unterzogen hatte. Dass ich mir sehr wohl darüber im Klaren war, was ich mit ihrer Ausführung in Nazi-Deutschland riskierte, verstärkte noch meinen brennenden Wunsch, sobald als nur möglich davonzukommen. Seit dem 16. September, dem Tage, an dem ich mir die Rettung der Manuskripte zur Aufgabe gemacht hatte, hatte mich eine dumpfe Angst nicht mehr verlassen. Ich wusste, dass wenige Dinge der in diesem Lande herrschenden strengen polizeilichen Überwachung entgingen und nicht die geringste Übertretung einer Verordnung ungeahndet blieb. Würde ich im Gebiet des Reichs auf frischer Tat ertappt, so musste ich auf die ärgsten Repressalien gefasst sein, und da ich Ausländer und überdies Priester und Franziskaner war, würde man nur umso härter zugreifen ...«

Malvine Husserl zeigt sich sehr zufrieden mit dem erreichten

Ergebnis und bittet Van Breda, so bald wie möglich nach Belgien zu fahren, um den Transport der Manuskripte nach Leuven von dort aus zu organisieren. Sobald die Genehmigung der belgischen Regierung eingeholt ist, steht dem Vorhaben nichts mehr im Wege. Van Breda bricht auf, obwohl er sich Sorgen um Malvine Husserls Sicherheit macht. Sie ist sichtlich aufgewühlt, als sie sich von dem flämischen Pater verabschiedet. Er wäre ihr wie ein Sohn gewesen, sagt sie ihm. Van Breda habe sich des Werks ihres Mannes würdig erwiesen, das will sie wohl mit diesen Worten ausdrücken.

Als sich Van Breda am nächsten Tag, dem 27. September, auf die Fahrt von Freiburg nach Leuven begibt, tut er das keineswegs mit leeren Händen. Er hat unter anderem einen gut gefüllten Koffer bei sich, in dem ein vollständiger Satz der von Edith Stein, Ludwig Landgrebe und Eugen Fink erstellten Transkripte liegt. Zum Glück interessieren sich die deutschen Grenzsoldaten nicht für sein schweres Gepäck. Nach fast zwei Monaten in Deutschland betritt Van Breda ausgerechnet an dem Tag wieder belgischen Boden, als (um 14 Uhr, um genau zu sein) die PPR verkündet wurde, die *pied de paix renforcé*, die Teilmobilmachung, mit der alle Reserveoffiziere mobilisiert werden. Nur wenige scheinen mit einem glücklichen Ausgang der Münchner Konferenz zu rechnen. Die Mobilisierung verläuft katastrophal und führt zu einem riesigen Chaos.

Nach seiner Ankunft in Leuven lässt sich Van Breda zum Kloster in der Vlamingenstraat fahren. Dort bringt er zuerst die Husserl-Transkripte in seiner Zelle in Sicherheit und versucht dann, die Professoren des HIW so schnell wie möglich zu einer gemeinsamen Beratung zusammenzutrommeln. Alles andere als eine leichte Aufgabe. Einige von ihnen sind bereits eingezogen, andere haben mit den erforderlichen Sicherheitsmaßnahmen alle Hände voll zu tun. Am 1. Oktober gelingt es schließlich doch, Noël, Dopp und De Raeymaeker zu einem Gespräch über die aktuelle Lage in Sachen Husserl-Nachlass zusammenzubringen, dasselbe Professoren-Trio also, mit dem er sich auch vor seiner Abreise beraten hat. Van Breda beginnt mit einem ausführlichen Bericht über seine Aktivitäten in Deutschland während der letzten zwei Monate, geht die Vereinbarungen durch, die er mit Malvine Husserl getroffen hat, und schließt mit der Nachricht, dass sich die Manuskripte inzwischen in Berlin befinden und die Transkriptionen bereits in Leuven sind.

Was die drei Professoren in diesem Moment denken, wissen wir nicht. Laut Van Breda sind alle drei beeindruckt von dem, was er in die Wege geleitet hat, und signalisieren ihm, dass er richtig gehandelt habe. Denn schließlich ist Van Breda zu dem Zeitpunkt lediglich ein Student am HIW. Dass Malvine Husserl dem Philosophischen Institut so großes Vertrauen entgegenbringen möchte, ist auch eine Form der Anerkennung für die Universität Leuven, nicht allein für Van Breda. Dennoch überschlagen sie sich nicht gerade vor Begeisterung. Vor allem Léon Noël, der damalige Direktor des Philosophischen Instituts, stellt die Frage, ob die Einrichtung eines solchen Husserl-Archivs nicht vielleicht die Möglichkeiten der Universität übersteigen könnte. Die Sache müsse weiter ausgelotet werden, ist seine Meinung, und er bittet Van Breda, die Ergebnisse dieser Bewertung abzuwarten.

Dieses zögerliche Vorgehen passt jedoch ganz und gar nicht zu Van Bredas Charakter. Ohne sich zuvor mit seinen Professoren zu beraten (er soll lediglich gegenüber De Raeymaeker eine kurze Bemerkung gemacht haben), tritt er an mehrere Philosophieprofessoren anderer belgischer Universitäten heran. Wenn Leuven es nicht allein schaffen kann, muss ein solches Husserl-Archiv eben eine interuniversitäre Einrichtung werden, davon ist der Pater überzeugt. Er möchte mit Personen, die in der

Vergangenheit bewiesen haben, dass sie Husserls Werke kennen und schätzen, ein Komitee zusammenstellen. Unter dessen Schirmherrschaft könnte dann das Husserl-Archiv Schritt für Schritt aufgebaut werden. Der Brüsseler Professor Jean Lameere ist der Erste, an den er denkt. Lameere hat zu Beginn des Jahres mit seinem Kollegen Philippe Devaux die *Revue internationale de philosophie* gegründet und korrespondiert mit Malvine Husserl über die Veröffentlichung einer Husserl-Sonderausgabe. Doch Lameere ist nicht der Erste, bei dem Van Breda einen Termin bekommt. Am 12. Oktober ist er bei Edgar de Bruyne zum Kaffee eingeladen, Ordinarius an der Universität von Gent, der sich auf die Philosophie des Mittelalters spezialisiert hat (sein 1946 erschienenes Werk *Études d'esthétique médiévale* wird später das Denken des Schriftstellers und Semiotikers Umberto Eco entscheidend beeinflussen). In seinem Standardwerk *Inleiding tot de wijsbegeerte* (Einführung in die Philosophie) von 1927 - das seither bereits zweimal neu aufgelegt wurde - widmet er der Bedeutung Husserls und der Phänomenologie große Aufmerksamkeit. Der damals auch in der katholischen Bewegung aktive de Bruyne erklärt seine Bereitschaft, Van Bredas Pläne zu unterstützen. Zwei Tage später sucht Van Breda den ebenfalls an der Universität Gent tätigen Herman De Vleeschauwer auf, der damals dank einer umfassenden Studie zum Werk Immanuel Kants internationale Berühmtheit genießt. Auch er will die Einrichtung eines solchen interuniversitären Archivs fördern.

Noël ist nicht gerade begeistert, als er von dieser Demarche seines Studenten bei den beiden Genter Kollegen erfährt. Schließlich hat er bereits eigene Initiativen ergriffen und eine Reihe von Vereinbarungen getroffen. Er hat die Angelegenheit unter anderem bei Paulin Ladeuze, dem Rektor der Universität Leuven, zur Sprache gebracht. Dieser erhebt keine Einwände gegen die Gründung eines solchen Archivs im Schoße des Philosophischen Instituts. Auch die belgischen Bischöfe, die gemeinsam den Verwaltungsbeirat der Katholischen Universität Leuven bilden, geben ihr Nihil obstat. Mit dieser Einverständniserklärung in der Hand haben Noël und Ladeuze bereits bei einer Reihe belgischer Stiftungen, die wissenschaftliche Forschungen unterstützen, einen Antrag auf Finanzierung gestellt. Schon am 27. Oktober beschließt der Verwaltungsrat der Francqui-Stiftung – die 1932 von dem belgischen Diplomaten und Geschäftsmann Emile Francqui und von dessen gutem Freund, dem amerikanischen Präsidenten Herbert Hoover, gegründet worden war –, für zwei Jahre 75000 belgische Francs zur Gründung eines Husserl-Archivs in Leuven bereitzustellen. Genügend Mittel, um Eugen Fink und Ludwig Landgrebe nach Leuven holen und dort einstellen zu können.

Noël hat auch mit dem Kabinett von Premierminister Paul-Henri Spaak wegen der drei Koffer im Tresor der belgischen Botschaft in Berlin Kontakt aufgenommen. Spaak sieht keine Probleme, und am 11. Oktober fährt Van Breda nach Brüssel, um mit einigen Kabinettsvertretern die Bedingungen für den Transport der Manuskripte als Diplomatenpost zu besprechen. Dann wird grünes Licht gegeben. Ende November 1938 treffen die Koffer in Leuven ein, werden direkt in den Tresor der Universitätsbibliothek gebracht und dort mit den Transkriptionen von Stein, Fink und Landgrebe zusammengeführt.

Damit scheint das geistige Erbe Husserls gerettet zu sein, die Manuskripte sind in Sicherheit. Van Breda ist erschöpft, aber auch glücklich, ausgelassen und stolz. Am 17. Oktober schreibt er einen ausführlichen Brief, in dem er Husserls Sohn über die Ereignisse der letzten Wochen und den aktuellen Stand informiert. Einen Teil dieser Geschichte kennt Gerhart Husserl bereits, denn auf einem kurzen Ausflug in die Schweiz hatte Schwester Adelgundis einen Brief mit einem kurzen Lagebericht an Gerharts Schwester Elli geschickt. Jetzt bekommt der Mann, der alle Rechte am Werk seines Vaters innehat, ein vollständiges Update. Am 13. November teilt er Van Breda in einem Brief mit, er sei zufrieden, ja sogar bewegt von dem, was der Pater alles erreicht habe.

8 Inzwischen läuft allmählich das neue Studienjahr an. Das bringt auch für Van Breda Verpflichtungen mit sich. Von ihm wird erwartet, ein Jahr lang am Doktoranden- kolloquium teilzunehmen. Außerdem ist er Mitarbeiter von *Universitas*, dem großen Projekt des beliebten und sozial enga- gierten Philosophieprofessors Albert Dondeyne, der unter die- sem Namen eine Wohn- und Arbeitsgemeinschaft sowie eine Zeitschrift gegründet hatte, beides auf der Gedankenwelt des Philosophen, Theologen und Kardinals John Henry Newman basierend. Als sei das noch nicht genug, gründet Van Breda am 7. November den *Filosofische Kring van de Vlaamse Studenten*, den Philosophiekreis der flämischen Studenten.

Doch das Schicksal von Husserls Nachlass und von dessen Witwe Malvine lassen ihn nicht mehr los. Fünf Tage nach der Gründung des Filosofische Kring, am 12. November 1938, macht er sich wieder auf den Weg nach Freiburg. Diesmal, um Mal- vine zu retten. Nachdem die Manuskripte aus Nazideutschland herausgeschmuggelt sind, gibt es nichts, was Malvine noch in Freiburg hält. Van Breda will sein Versprechen einlösen und ihr helfen, das Land zu verlassen. Allmählich drängt die Zeit, denn in der Nacht vom 9. auf den 10. November wütete der Sturm der sogenannten »Kristallnacht« durch Deutschland, eine von der nationalsozialistischen Regierung koordinierte Serie von An- schlägen und Pogromen gegen Juden. Auch Freiburg blieb nicht verschont. Die Synagoge wurde niedergebrannt und dabei voll- ständig zerstört, an die hundert Juden wurden festgenommen. Malvine muss Deutschland schnellstmöglich verlassen. Der

November 1938 ist ein historisch warmer und sonniger Monat, aber trotz der lauen Temperaturen wagt sich nachts kein Jude mehr auf die Straße.

Edmund und Malvine Husserls Kinder Gerhart und Elli leben seit einiger Zeit mit ihren Familien in den Vereinigten Staaten. Seit Jahren haben sie versucht, die Eltern zur Auswanderung zu bewegen, unter anderem 1933, als die University of Southern California Edmund Husserl eine Stelle angeboten hatte. Doch der Philosoph hatte sich geweigert: Er brauche kein Mitleid. Den Kollegen in Berkeley gehe es vor allem darum, ihm dabei zu helfen, aus Deutschland herauskommen, und weniger um die Einführung seiner Gedankenwelt in ein neues akademisches Umfeld, so schätzte er das Angebot ein. Dem Philosophen ist eine gewisse Eitelkeit nicht abzusprechen, auch wenn er zwischen Momenten großer Zweifel und Momenten, in denen er sich seiner Umgebung überlegen fühlte, hin- und hergerissen war.

Van Breda stattet als Erstes dem amerikanischen Konsulat in Stuttgart einen Blitzbesuch ab, um Informationen einzuholen. Dort hört er keine guten Nachrichten – eine direkte und umgehende Einwanderung in die Vereinigten Staaten sei nicht so leicht möglich. Daher schlägt er Malvine vor, zunächst nach Belgien zu kommen. Damit wäre sie wenigstens der Tyrannei der Nationalsozialisten entzogen und könnte die Zeit bis zur Erteilung eines Visums für die Vereinigten Staaten dort abwarten.

In der Zwischenzeit erarbeitet Van Breda mit Eugen Fink einen Vertrag zwischen der Familie Husserl und dem HIW Leuven über die Eigentumsrechte, die editorische Betreuung und Veröffentlichung der bisher unveröffentlichten Husserl-Manuskripte. Malvine wird eng in den Redaktionsprozess einbezogen, obwohl am Ende doch ihr Sohn Gerhart diese Vereinbarung unterzeichnen muss (was er einen Monat später auch tun wird). Kurz gesagt läuft es darauf hinaus, dass alle Eigentumsrechte bei der Familie bleiben und dem HIW seinerseits das Recht zugesprochen wird, die Texte zu transkribieren und zu veröffentlichen. Für alle künftigen Publikationen ist gleichermaßen die Zustimmung der Familie wie auch die der Universität Leuven erforderlich. Nur die Urheberrechte und die Frage der Zahlung etwaiger Lizenzgebühren sind noch nicht geregelt.

Fink teilt Van Breda auch zu dessen großer Erleichterung mit, dass er gern auf den Vorschlag eingehe, an das neue Husserl-Archiv zu wechseln und dort zu den vom HIW vorgeschlagenen Bedingungen zu arbeiten, finanziert durch Projektmittel der Francqui-Stiftung.

Nun muss Van Breda nur noch Ludwig Landgrebe davon überzeugen, ebenfalls nach Leuven zu kommen. Landgrebe lebt noch in Prag, einer Stadt, die in diesen Zeiten extrem schwer zu erreichen ist. Anfang Oktober war das Sudetenland, wie es Italien, Deutschland, Frankreich und Großbritannien auf der Konferenz von München vereinbart hatten, von Deutschland eingegliedert worden. Zur Verblüffung der Tschechen ist die Annexion des Sudetenlands durch Deutschland der Preis, den Frankreich und Großbritannien für die Erhaltung des Friedens gern zahlen. Wenn Van Breda also nach Prag fahren möchte, geht das nur über das Sudetenland.

Davon lässt er sich nicht abschrecken. Am 18. November bricht er auf. »Noch herrschten dort Anarchie und Unordnung, und um sich durchzuschlagen, bedurfte es einiger Geschicklichkeit«, schreibt er. »In Prag selbst hatte die soeben durch die Münchner Verträge erfahrene schmachvolle Erniedrigung der Tschechen zur Folge, dass die Menschen Ausländern gegenüber wenig freundlich gestimmt waren, wenn sie keine andere

Sprache als Deutsch oder Französisch sprachen: beide Sprachen waren ihnen in diesem Augenblick gleich verhasst.«

Zum Glück empfängt ihn die Familie Landgrebe sehr herzlich, und Husserls ehemaliger Schüler Jan Patočka kommt ebenfalls, um Van Breda willkommen zu heißen. Als Landgrebe den Pater als Erstes darüber informiert, dass auch er das Leuvener Angebot gern annehme, scheint nichts mehr Van Bredas Laune verderben zu können – doch Professor Oskar Kraus gelingt es fast. Der Philosoph und Jurist (Landgrebes Doktorvater) ist der Gründer und Verwalter des Brentano-Archivs, das einen großen Teil des Nachlasses von Husserls Lehrer Franz Brentano besitzt. Van Breda besucht das Archiv, und Kraus erläutert ihm vor Ort detailliert, wie man hier arbeitet und die Veröffentlichungen vorbereitet. Van Breda hört ihm aufmerksam zu, ärgert sich aber grün und blau über die seinem Empfinden nach abschätzigen Bemerkungen über Husserls übermächtigen Einfluss auf die moderne Philosophie, obwohl diese Ehre eigentlich eher Brentano zustehe. Husserls Bedeutung, davon ist Kraus überzeugt, werde überschätzt.

Landgrebe und Patočka machen Van Breda auch mit Emil Utitz bekannt, dem Präsidenten des Prager Philosophischen Kreises, durch den Landgrebes Transkriptionsarbeiten der vergangenen Jahre erst ermöglicht wurden. Mit Husserl hatte der Philosophiekreis vereinbart, dass alle von Landgrebe in Prag transkribierten Handschriften Husserls auch beim Philosophiekreis verbleiben sollten. Utitz und Van Breda diskutieren ausführlich die Vorgehensweise in dem Fall, dass Deutschland auch die restliche Tschechoslowakei annektieren würde. Sie werden sich darüber einig, dass die Dokumente, Husserls Wunsch entsprechend, in Prag bleiben und nur im Fall einer weiteren Eskalation nach Belgien überführt werden sollen. Kaum sechs Monate später, als Hitler am 15. März 1939 in der

Tschechoslowakei die Macht an sich reißt, wird genau das geschehen. Erneut zeigt sich der belgische Staat bereit, die Dokumente als Diplomatengepäck nach Belgien zu schicken. Am 12. Juni 1939 trifft ein letzter Koffer mit Handschriften des Philosophen im Außenministerium in Brüssel ein, von wo Van Breda sie abholen kann.

9 Der 15. Januar 1939 ist ein historischer Tag in der Geschichte des Husserl-Archivs. Im zweiten Heft des ersten Jahrgangs der *Revue Internationale de Philosophie*, die von dem Brüsseler Hochschullehrer Jean Lameere herausgegeben wird, erscheint zum ersten Mal seit der Übergabe der Manuskripte an Leuven ein unveröffentlichter Husserl-Text, ediert von Eugen Fink. Dabei handelt es sich um das Themenheft, über das er mit Malvine korrespondiert hatte. Sechs Wochen später kommt die allererste Ausgabe der neuen *Tijdschrift voor Filosofie* (Zeitschrift für Philosophie) frisch aus der Druckerpresse, auch diese enthält einen unbekannten Husserl-Text, auch dies ist das Werk von Fink.

Weitere zwei Monate später wird das Archiv sogar noch produktiver, denn am 16. März kommen Eugen Fink und seine Frau Martl Opitz nach Leuven. Ihr Wechsel von Freiburg nach Leuven verläuft ohne nennenswerte Probleme. Viel größere Schwierigkeiten türmen sich vor den Landgrebes auf, die von Prag nach Leuven umziehen möchten. Über einen Monat später treffen Landgrebe und seine jüdische Ehefrau Ilse, geborene Goldschmidt, nach der Bewältigung eines ganzen Rattenschwanzes von Problemen sowohl mit den tschechischen als auch den deutschen Behörden am 24. April in ihrer neuen Heimatstadt ein. Sie müssen aber noch bis zum 14. August Geduld aufbringen, bis ihre Möbel in Leuven angeliefert werden. Erst dann kommt auch ihr kleiner Sohn Detlev zu ihnen, den bis dahin Ilses Eltern betreut hatten.

Für Landgrebe bedeutet der Umzug nach Leuven keine reine

Freude, denn er weiß, dass er, nachdem die Tschechoslowakei inzwischen als Protektorat dem nationalsozialistischen
Deutschland angegliedert wurde, nur noch minimale Chancen
hat, weiterhin als Akademiker arbeiten zu können. Schließlich
ist er mit einer Jüdin verheiratet. Damit sind auch in Deutschland seine Aussichten auf eine Berufung mit einer Hypothek
belastet. Landgrebe befürchtet, wegen seines Umzugs nach
Leuven als Landesverräter zu gelten. Nur so lässt sich sein
Brief vom 27. März 1939 an den Rektor der Deutschen Universität von Prag verstehen. Darin fragt Landgrebe nach, ob er
während seiner auf zwei Jahre angelegten Tätigkeit in Leuven
weiterhin Teil des akademischen Personals der Universität Prag
bleiben könne. Er gehe nur nach Leuven, weil »ich gerne die
Gelegenheit benütze, auf einer gesicherten finanziellen Basis
im Auslande für deutsche Philosophie zu wirken. Ich kann
jedoch diese Tätigkeit nur dann als sinnvoll betrachten, wenn
sie bloß vorübergehenden Charakter hat, da ich überzeugt
bin, dass philosophische Arbeit viel zu eng mit Sprache und
Volk verknüpft ist, als dass sie auf die Dauer in der Fremde
fruchtbar weitergeführt werden könnte. Sollten sich mit Rücksicht auf die Abstammung meiner Frau nach Ablauf der zwei
Jahre meiner Rückkehr nach Prag Hindernisse in den Weg
stellen, so bin ich daher fest entschlossen, dann zum Zwecke
einer Rückkehr nach Deutschland lieber in irgendeine andere
Tätigkeit umzusatteln, als dauerhaft als Philosoph im Ausland
zu leben.« Bevor er nach Leuven aufbricht, beantragt er sogar
noch die Mitgliedschaft im Nationalsozialistischen Dozenten-
bund (NSD), Abteilung Prag-Brünn. Diese Mitgliedschaft ist
für jeden unabdingbar, der an einer deutschen Schule, Hochschule oder Universität unterrichten möchte. Am 19. Juni 1939
wird sein Antrag abgelehnt, »die Voraussetzungen sind nicht
gegeben« - und das liegt allein an seiner jüdischen Frau. Damit

weiß Landgrebe, dass ihm eine eventuelle Rückkehr an eine deutsche Universität verwehrt ist.

Beim ersten Treffen des *Comité pour la préparation de l'édition des manuscrits d'Edmund Husserl* (Ausschuss zur Vorbereitung von Editionen der Werke Edmund Husserls) am 28. März in Leuven ist Landgrebe noch nicht in der Stadt eingetroffen. Fink dagegen schon und er hält vor Noël, Dopp, Van Breda und dem Priester und Professor Augustin Mansion einen begeisterten Vortrag über die noch nie veröffentlichten Texte, die nun alle in Leuven zusammengeführt wurden. »Was Husserl veröffentlicht hat, bezieht sich auf die Methode, die beim Studium der philosophischen Erfahrungswelt Verwendung finden muss. Hier geht es noch um etwas anderes, nämlich um die konkrete Anwendung dieser Methode, bei der ein lebendiges, suchendes Denken über Momente von wechselndem Ertrag zu unvermuteten Ergebnissen führt«, sagt er voller Feuer. Genau dies sei der Grund, warum die Wissenschaftler, die diese Texte transkribieren, nicht nur die Gabelsberger-Kurzschrift beherrschen (damit wird Van Breda wie selbstverständlich aus diesem Personenkreis ausgeschlossen), sondern außerdem auch das Werk Husserls und seine Phänomenologie sehr gut kennen müssen. Er selbst präsentiert sich dabei als der rechte Mann am rechten Ort.

Ab Ende April, nachdem sowohl Fink als auch Landgrebe in Leuven eingetroffen sind, nimmt das Husserl-Archiv offiziell die Arbeit auf, und die Transkription der Handschriften kommt in Gang. Van Breda darf sich von nun an Archivdirektor nennen. Im ersten Jahr legen Landgrebe und Fink nicht weniger als 2800 Seiten handschriftliche Transkriptionen vor. Außerdem sind sie in Leuven auch in die Lehre einbezogen; Fink kann hier zum ersten Mal auf universitärem Niveau unterrichten. Die Planung sieht vor, dass in den zwei Jahren von Finks und

Landgrebes Leuvener Vertrag alle Husserl-Handschriften transkribiert sein sollen. Ein zu hochgestecktes Ziel, wie sich bald herausstellt – die Transkription der Handschriften macht Fortschritte, aber viel langsamer als erwartet.

10 Malvine Husserl ist zusammen mit ihrer treuen Helferin, der Haushälterin Josephine Näpple, noch immer in Freiburg. Van Breda versucht, für die beiden Damen (Malvine will nicht allein reisen) ein Ausreisevisum zu organisieren, aber auch in Belgien geht das Verfahren nur langsam und stockend voran. Weil die Universität Leuven das Husserl-Archiv aufgenommen hat, wendet sich Van Breda an mehrere Politiker aus dem katholischen Netzwerk seiner Alma Mater. Als Erstes an Albert Carnoy, einen Altphilologen und Romanisten, der von 1921 bis 1936 Senator und sogar eine Weile belgischer Innenminister und Gesundheitsminister war. Doch vor allem die Kontaktaufnahme mit dem Leuvener Abgeordneten Albert De Vleeschauwer, der damals in der Regierung von Paul-Henri Spaak auch Kolonialminister ist, erweist sich als produktiv. Denn nachdem De Vleeshouwer die Angelegenheit mit seinem Parteifreund, dem Außenminister Joseph Pholien, besprochen hat, werden den beiden Damen fast umgehend Visa und Aufenthaltsgenehmigungen erteilt.

Van Breda eilt nach Freiburg, um Malvine Husserl und ihrer Haushälterin die gute Nachricht zu überbringen. Vom 13. bis 18. Januar 1939 hält er sich wieder in der Stadt am Rande des Schwarzwalds auf und bespricht die Situation mit der Witwe. Er versucht, sie zu einem baldigen Aufbruch zu bewegen. Es sei sicherer, in Belgien auf das Einreisevisum für die Vereinigten Staaten zu warten, wiederholt Van Breda sein früheres Argument. Malvine ist glücklich und dankbar, verlangt jedoch überraschend einen Aufschub. Sie will auch alle Möbel, und dazu noch die umfangreiche Bibliothek ihres Mannes, ins Ausland mitnehmen.

Während Van Breda in Leuven nach einer Unterkunft für die beiden Frauen sucht, bereitet Frau Husserl alles Weitere vor. Sie ist dem Pater unendlich dankbar. »Ich verdiene ja so viel Güte nicht, so viel gnädigen Schutz u. Rettung aus tiefster Bedrängnis. Sie sind das auserwählte Werkzeug des himmlischen Vaters!«, schreibt sie ihm am 9. Mai aus Freiburg. Gut einen Monat später, am 20. Juni 1939, trifft sie in Belgien ein, nur wenige Tage nachdem Van Breda in ihrem Namen nicht weniger als sechzig Koffer deklariert hatte, die alle Bücher des Philosophen enthalten, sowie einen riesigen Container mit den Möbeln der Familie Husserl.

Van Breda hat Wohnraum in dem von Augustinerinnen geführten Altersheim Bethlehem in Herent besorgen können, nur wenige Kilometer vom Husserl-Archiv entfernt. Frau Husserl und Josephine Näpple werden dort einige Zimmer zur Verfügung gestellt. »Für den Zeitraum von drei Monaten« lautet die Vereinbarung. Den ganzen Sommer 1939 über bemüht sich Van Breda, ihnen ein Visum für die Vereinigten Staaten zu beschaffen, aber die Beamten des State Department erweisen sich im Umgang gleichermaßen unbeugsam wie korrekt. Selbst das Empfehlungsschreiben des ehemaligen Premierministers Paul Van Zeeland reicht nicht aus, um eine Lösung herbeizuführen. »Die Regierung kann keine Ausnahmen machen, ohne damit Präzedenzfälle zu schaffen«, antwortet ihm der amerikanische Botschafter in Brüssel, Joseph E. Davies, auf seine Bitte.

Im Oktober 1938 reichte das Münchner Abkommen noch aus, um einen großen europäischen Krieg abzuwenden, ein Jahr später kommt es doch noch zu diesem Krieg. Als Deutschland, das im August 1939 mit der Sowjetunion einen Nichtangriffsvertrag abgeschlossen hat, im September in Polen einmarschiert, stellen Frankreich und das Vereinigte Königreich als Verbündete Polens sofort ein Ultimatum. Sollten sich Hitlers Truppen nicht unverzüglich aus Polen zurückziehen, würden sie Deutschland den Krieg erklären. Hitler lässt beide Ultimaten verstreichen, ohne darauf zu reagieren. Damit befindet sich Europa im Kriegszustand. Die Emigration nach Amerika wird noch schwieriger, als sie es bereits war, denn ein Visum für die USA zu bekommen ist nun so gut wie unmöglich. Malvine Husserl und ihre Haushälterin sitzen fest.

Van Breda hilft, wo er nur kann, verfügt jedoch nicht über die nötigen Mittel, um den Aufenthalt der beiden Frauen zu finanzieren. Das Vermögen der Husserls ist in Deutschland blockiert und wird nach einiger Zeit sogar beschlagnahmt. Malvine lebt weiter auf Kosten ihrer Kinder, die große Schwierigkeiten haben, die benötigten Mittel an sie zu überweisen. Zum Glück muss ihr Schwiegersohn, der Kunsthistoriker Jakob Rosenberg, gegen Jahresende beruflich nach Amsterdam, denn er arbeitet an einer großen Studie über Rembrandt und will dessen Gemälde im Rijksmuseum studieren. Anschließend plant er, nach Flandern weiterzufahren, wahrscheinlich nach Brügge, wo der spätere Harvard-Professor seiner Schwiegermutter die notwendigen Geldmittel übergeben kann.

Malvine gibt sich Mühe, sich im Altersheim Bethlehem wohlzufühlen, unterstützt von Josephines treuen Diensten. Sie korrespondiert noch immer mit einigen Bekannten, verlässt aber in der Regel kaum das Haus. Ihr Kontakt besteht vor allem zu einigen der Damen, die ebenfalls in Bethlehem leben. Mit ein paar Hausgästen wie Fräulein Smeyers (eine pensionierte Beamtin aus der Schulaufsichtsbehörde), den Niederländerinnen Fräulein Plemp und Frau Rommel, die über ihren Mann mit dem deutschen General Erwin Rommel verwandt ist, pflegt sie eine Art Damenkränzchen. Auch zur Ehefrau des Wirtschaftswissenschaftlers Léon Dupriez entwickelt sie einen guten Kontakt. Frau Dupriez versorgt sie unter anderem mit Lektüre. Frau Husserls Vorliebe gilt in erster Linie den Klassikern, insbesondere Goethe, den sie ironisch »meinen Führer« nennt. Außerdem liest ihr Josephine unter anderem Werke von Tolstoi, Turgenjew und Felix Timmermans vor. Sie verfolgt aufmerksam alles, was über ihren Mann veröffentlicht wird, und arbeitet auf Van Bredas Wunsch hin an einem umfangreichen Porträt ihres Ehemanns, wobei sie den zahlreichen Begegnungen in seinem langen Leben besondere Aufmerksamkeit widmet.

»Eine sehr liebenswürdige Hausgenossin kommt täglich von 10-1/2 12 (Mittagessen) zur französischen Conversation zu mir«, schreibt sie am 9. Juli 1939, »was bei meinen verrosteten Sprachkenntnissen das nötigste ist, denn mit Deutsch ist hier nichts anzufangen, u. flämisch zu lernen, hätte doch keinen Sinn. Also damit ist schon der Vormittag aufgebraucht, denn nach dem Frühstück gehe ich täglich trotz des wechselnden Wetters in den Park des Hauses, um die Enten- u. Hühnerkolonie zu besuchen, ein krankes reizendes kleines Mädchen (es ist in dem großen Territorium Bethlehem auch ein Erholungsheim für Kinder), den Kettenhund, die Kuhställe mit den Schwalbennestern etc. Der Nachmittag ist kurz, weil um 6 h (!) Abendbrotzeit ist. Es kommen manchmal Besuche, so letzte Woche Finks u. Landgrebes, Pater Van Breda und Frau Dupriez.«

Van Breda versucht immer wieder, sie zu beruhigen. »Als ich gestern Pater Van Breda frug, ob mir nicht in Belgien doch noch Schwierigkeiten erwachsen könnten, sagte er lachend, das wäre doch ausgeschlossen, er sei doch Minister ohne Portefeuille«, schreibt sie am 22. September. Van Breda scheint tatsächlich für jedes Problem eine Lösung zu finden und brütet schon eine ganze Weile über einer anderen Idee. Was wäre, wenn das Husserl-Archiv die Bibliothek des deutschen Philosophen kaufen würde? Im Frühjahr 1939 schreibt Van Breda an Gerhart Husserl ein Telegramm, er könne ihm im Namen von Rektor Ladeuze ein Angebot für die Büchersammlung seines Vaters machen. Ein Vorschlag, für den er zunächst einmal bei Malvine vorgefühlt hat. Bereits am nächsten Tag nimmt Gerhart Husserl das Angebot in Höhe von 2500 Dollar an. Der Buchbestand des Philosophen wird offiziell Eigentum der Universität und im Haus des Vorsitzenden des HIW, Professor Léon Noël, untergebracht. Es wird noch bis April 1940 dauern, bis alle Fragen vollständig geklärt sind. Das Geld bleibt in Leuven, um Malvines Lebensunterhalt zu bestreiten, denn die Mittel, die sie von Jakob Rosenberg erhalten hat, gehen zur Neige.

Die Husserl'sche Privatbibliothek mag zwar inzwischen Eigentum der Universitätsbibliothek Leuven sein, doch der Großbehälter, der neben den Husserl'schen Möbeln auch die Urne mit der Asche des Philosophen enthält, steht bereits geraume Zeit im Hafen von Antwerpen. Auch die Korrespondenz mit Husserls ehemaligem Protegé Martin Heidegger und mit dem polnischen Philosophen Roman Ingarden, den Husserl immer als einen seiner besten und treuesten Schüler ansah, befindet sich darin. Nachdem der Krieg in Europa ausgebrochen ist, gelingt es Van Breda vorläufig nicht, den Umzugscontainer in die USA verschiffen zu lassen.

11 Van Breda ist anscheinend nicht kleinzukriegen. Neben der ganzen Organisationstätigkeit für das Husserl-Archiv besteht er auch noch den ersten Teil seiner Promotion – mit Auszeichnung. Doch in den letzten Monaten des Jahres fordern diese zahlreichen Anstrengungen immer mehr ihren Tribut. Van Breda ist müde, sogar erschöpft. Außerdem leidet er unter Schüttelfrost und plötzlichen Hunger-, Angst- und Depressionsattacken. Bei einer gründlichen ärztlichen Untersuchung im November stellt sich heraus, dass es viel mehr ist als nur Erschöpfung. Van Breda leidet an Diabetes, einer Krankheit, die ihm bis an sein Lebensende zusetzen wird, da sie damals noch gar nicht oder nur schwer behandelt werden konnte. Insulin, das die Krankheit beherrschbar macht und hilft, den Blutzuckerspiegel der Patienten zu kontrollieren, war zwar bereits entdeckt und 1922 auch erstmals einem Patienten verabreicht worden, aber es sollte noch bis 1944 dauern, bis das Medikament in klinischen Studien getestet wurde. Erst Jahre später wird das Medikament auf dem Markt weltweit zur Verfügung stehen. »Um die Verknotung meiner Angelegenheit noch zu verstärken, ist der kluge u. stets bereite Helfer gegenwärtig in einem sehr schonungsbedürftigen Zustand, u. seine Rage der Activität ist stark eingedämmt«, schreibt Malvine am 2. Dezember 1939.

Drei Wochen später scheint eine Besserung eingetreten zu sein. »Gottseidank ist seine Erkrankung auf dem Wege der Besserung u. seine Handlungsenergie, die eine ganze Zeit gelähmt war, ist mit neuer Kraft erwacht. [...] Ich bin durch den Pater, diesen Granitblock in tosender Flut, optimistisch geworden, u. hoffe es wird alles zu einem guten Ende kommen, alles, wenn wir selbst nur standhalten.«

Die Verbesserung seines Gesundheitszustandes ist nur vorübergehend. Als Van Breda Anfang Januar in das Franziskanerkloster von Vlodrop in Niederländisch-Limburg aufbrechen will, um sich dort mit einem deutschen Mitbruder zu treffen, der eventuell als Sekretär im Husserl-Archiv arbeiten möchte, lässt ihn sein Körper völlig im Stich. Die Reise muss abgesagt werden. Mehrere Wochen lang tut Van Breda nicht mehr als das Allernotwendigste. Doch auch die eingelegte Arbeitspause scheint nicht auszureichen.

»Nach einer Periode nervöser Erschöpfung, während der ich meine dringendsten Pflichten in Löwen noch zu erfüllen suchte, kam ich nicht länger umhin, mir einen Erholungsort außerhalb der Stadt zu suchen«, schreibt Van Breda am 25. März 1940 aus den belgischen Ostkantonen, den deutschsprachigen Gebieten im Osten Belgiens, an Husserls ehemalige Assistentin Edith Stein. »So habe ich mich entschieden, hierher, nach Garnstock bei Eupen, zu gehen, in einen Konvent brasilianischer Mitbrüder deutscher Herkunft, um hier einige Wochen lang die absolut notwendige, ja sogar gebotene Ruhe zu finden.«

Anfang April ist Pater Van Breda zurück in Leuven. Die Zeit, in aller Ruhe die Fäden wieder aufzunehmen, ist ihm freilich nicht vergönnt. Die Sicherheit der Husserl-Manuskripte wird jetzt, mit der wachsenden Kriegsgefahr, zunehmend zu einem echten Problem und in Belgien wächst die Angst vor einer deutschen Invasion. Am 4. April werden die handschriftlichen Texte des Philosophen aus dem Depot der Universitätsbibliothek geholt und ins Gebäude des HIW-Präsidenten gebracht. Drei Wochen später wird auch die Bibliothek des Philosophen dorthin ausgelagert. Und es stellt sich die Frage, ob der neue Unterbringungsort in diesen Zeiten genügt: Sind die Manuskripte dort tatsächlich in Sicherheit?

II In Kriegszeiten

12 Am 10. Mai 1940, dem Freitag vor Pfingsten, strahlt die Sonne. Es verspricht ein schöner, warmer, ruhiger Frühlingstag zu werden. Doch es kommt anders. Schön und warm ist es, ja, aber nicht ruhig. Seit sechs Uhr morgens melden die Radionachrichten, dass sich Belgien – zweiundzwanzig Jahre nach dem Ersten Weltkrieg – wieder im Krieg befindet. Deutsche Truppen sind von Osten her ins Land einmarschiert. Sturzkampfbomber fliegen sofort Angriffe auf Leuven. Die allgemeine Mobilmachung wird angeordnet, Massen von Belgiern fliehen aus dem Land. Wer einen deutschen Pass hat, wird aus Furcht vor der sogenannten »fünften Kolonne« – ein vermeintliches Netzwerk von Sympathisanten von und Spionen aus Nazideutschland auf belgischem Boden – umgehend verhaftet.

Ludwig Landgrebe, Eugen Fink und seine Frau Martl sind drei von 36 verdächtigen Ausländern, die am Morgen des 10. Mai in Leuven von Polizisten der Rijkswacht festgenommen werden. Als ein Rijkswachter bei den Landgrebes klingelt, die in einem Reihenhaus am Koning Albertlaan 16 im Außenbezirk Kessel-Lo leben, wird Ludwig mitgenommen. Er hat keine Möglichkeit, seine Frau, die im Krankenhaus liegt, wissen zu lassen, dass er verhaftet wurde. Der kleine Detlev Landgrebe bleibt in der Obhut der Putzfrau zurück.

Nach vier Tagen Einzelhaft, in der als Hintergrundgeräusch das Donnern der deutschen Bombenangriffe auf Leuven zu hören ist, wird Landgrebe mit 25 weiteren Gefangenen per Lastwagen in das Gefängnis von Vorst verlegt. Auf dem Weg dorthin überschlägt sich der Lkw und alle Gefangenen werden verletzt, einige von ihnen schwer, einer stirbt sogar. Es gibt keine medizinische Versorgung, die verhafteten Deutschen liegen mehrere Stunden am Straßenrand. Landgrebe kommt mit Prellungen, Schürfwunden und einer zerrissenen Hose davon. Schließlich wird er, zusammen mit noch weiteren »feindlichen Ausländern«, zum Bahnhof Etterbeek gebracht; dort werden alle Gefangenen in Viehwaggons gesperrt. Die belgische Regierung hat beschlossen, Zigtausende von verhafteten Deutschen nach Frankreich zu bringen, doch viel konkreter wird es vorläufig nicht. Niemand weiß genau, wohin es geht. Sechs Tage lang sitzt Landgrebe mit 42 weiteren Gefangenen im Viehwaggon, ohne Wasser oder Nahrung. Die Hitze ist drückend, manche Männer fallen durch die Entbehrungen ins Delirium, andere trinken ihren Urin in der Hoffnung, damit ihren Durst zu löschen. Hygiene gibt es nicht. Der Gestank von Kot, Urin und Erbrochenem ist kaum zu ertragen. Die französischen Wachen versuchen, das Heulen und Schreien der Gefangenen zu beenden, indem sie mit ihren Gewehren durch den Viehwaggon über die Köpfe der gefangenen Deutschen hinwegfeuern.

Eugen und Martl Fink erwartet ein ähnliches Schicksal. Am Morgen des 10. Mai werden sie von Flugabwehrkanonen geweckt. Sofort schalten sie das Radio ein und hören, dass der Krieg ausgebrochen ist. In der Annahme, man werde sie verhaften, beginnt Martl sofort mit dem Packen. Noch vor Mittag kommt zwar die Leuvener Rijkswacht, doch ihr Gepäck muss dableiben. Sie dürfen nichts mitnehmen, nicht einmal einen Regenmantel oder eine Decke. Im Gefängnis von Leuven werden Eugen und Martl getrennt, ohne sich verabschieden zu können. Beide verbringen vier Tage in Einzelhaft, bevor sie nach Vorst verlegt werden. Eugen Fink wird später ebenfalls im Viehwaggon nach Frankreich transportiert; auf dem Weg dorthin werden einige seiner Mitgefangenen von französischen Soldaten erschossen. Auf einige Waggons des Güterzugs haben die Begleiter in großen Lettern geschrieben, dass hier Landesverräter und Deutsche transportiert würden, was in Tours einen großen Tumult auslöst. Nur ein Polizeieinsatz kann die tobende Volksmenge daran hindern, Fink und seine Schicksalsgefährten an Ort und Stelle zu exekutieren.

Nach einem Aufenthalt in einem Durchgangslager in Orléans, wo sie zwei Wochen lang in Holzbaracken eingesperrt sind, werden Landgrebe und Fink ins Internierungslager von Saint-Cyprien bei Perpignan verlegt, das ein gutes Jahr vorher für spanische republikanische Bürgerkriegsflüchtlinge aus dem Boden gestampft worden war. Mit dem Zug werden sie zunächst zum Bahnhof von Elne gebracht und dann auf Lastwagen zum Lager transportiert. Mitte Juni befinden sich dort etwa tausend Deutsche, die einzig und allein wegen ihrer Nationalität interniert sind. Die hygienischen Bedingungen in dem Lager, das an einem Mittelmeerstrand errichtet worden war, sind erbärmlich. Wegen der Nähe zum Meer und zu den umliegenden Sümpfen ist alles feucht. Für die Gefangenen gibt es nur verschimmeltes Brot und Wassersuppe. Im Juni 1940 bricht eine Typhusepidemie aus, permanent quälen sie enorme Floh-, Ratten- und Fliegenplagen, die Ruhr fordert auch hier Dutzende von Opfern. Eugen Finks Gesundheit wird im Lager schwer geschädigt. Bis zu seinem Tod wird er unter den Folgen der Entbehrungen leiden. In zwei Monaten verliert er durch die Unterernährung mehr als zwölf Kilo und seine Füße sind geschwollen. In der gesamten Zeit seiner Internierung lebt er in Ungewissheit, was mit seiner Frau Martl passiert ist.

Vier Fünftel der Lagergenossen Landgrebes und Finks sind Juden. Sie waren im Lauf der Dreißigerjahre aus Deutschland oder Österreich geflohen, um in Belgien oder Frankreich Schutz zu suchen; nun werden sie von den Ereignissen überrollt. Allein wegen ihrer deutschen Staatsbürgerschaft werden sie umgehend nach Südfrankreich transportiert. Zu den Inhaftierten gehören unter anderem die Maler Carl Rabus, Felix Nussbaum und Karl Schwesig, der Schauspieler Ernst Busch und der Essayist Hans Mayer, der später unter dem Anagramm Jean Améry detailliert über seine Lagererfahrungen schreiben wird; sie alle leben eine Zeit lang mit den beiden Husserl-Experten im selben Lager.

Nicht viel später kommt der deutsche Schriftsteller und Satiriker Walter Mehring ebenfalls in Saint-Cyprien an; er beschreibt das Lager so: »[Es] war gewiss nicht eines der ärgsten dieser Gattung. Geprügelt wurde nur gelegentlich, wenn die Wächter, verbiesterte Bauernburschen, sich gerade langweilten. Gestorben wurde an Typhus. Erschossen bei fahrlässigen Fluchtversuchen.«

13

Ilse Landgrebe, geb. Goldschmidt, blieb von alldem verschont. Als Leuvener Polizisten sie am Morgen des 10. Mai festnehmen wollen, ist sie nicht zu Hause. Sie liegt nämlich im Universitätsklinikum Leuven, wo sie in der Nacht einen kräftigen Sohn zur Welt gebracht hat, Winfried. Der Vater war nicht bei der Geburt zugegen; er war bei dem kleinen Detlev geblieben und wollte erst am nächsten Morgen in die Geburtsstation kommen. Winfried ist Ilse Landgrebes dritter Sohn. Ihr erstes Kind Carl war 1935, kaum einjährig, bei einem Unfall ums Leben gekommen. Im selben Jahr wurde ihr zweiter Sohn Detlev geboren. An der Namenswahl für den dritten Sohn kann man, wie schon aus dem Brief an den Rektor der Prager Universität und dem Antrag auf Mitgliedschaft im NS-Dozentenbund, ablesen, dass Landgrebe alles in seiner Macht Stehende tut, um als »guter Deutscher« zu erscheinen. Ilse Landgrebes Situation ist prekär. Als Jüdin hat sie allen Grund, sich vor den einmarschierenden deutschen Truppen zu fürchten, aber als Deutsche bekommt sie auch die Feindseligkeit der Belgier zu spüren. Wo ihr Mann ist, weiß sie in den Tagen nach dem 10. Mai nicht. Sie weiß nicht einmal, ob er noch am Leben ist.

Als Pater Van Breda von Landgrebes Verhaftung hört, eilt er umgehend nach Kessel-Lo und findet den kleinen Detlev in der Obhut der Putzfrau. Hand in Hand spazieren der Pater und der Fünfjährige über die Eisenbahnbrücke und durch die brennende Stadt zum Krankenhaus. Auf den Straßen von Leuven herrscht totales Chaos. Hunderte Flüchtlinge ziehen auf dem Weg nach Brüssel durch die Stadt, erfüllt von Furcht und Panik.

An mehreren Stellen sehen sie die brennenden oder schwelenden Überreste der von deutschen Luftangriffen getroffenen Gebäude. Besonders die Gegend um die Tiensepoort hatte schwer zu leiden. Bereits am ersten Kriegstag sterben durch die deutschen Bombardierungen 101 Menschen.

Äußerlich wirkt Van Breda ruhig und führt den staunend um sich blickenden Jungen zum Krankenhaus. Doch auf der Entbindungsstation gibt es keinen Platz für das Kind. Nur die Mutter und das Neugeborene dürfen bleiben. Also legt Van Breda Detlev kurz entschlossen auf eine kleine Matratze im Untergeschoss, wo auch Mitarbeiter des Krankenhauses und andere Patienten Schutz vor den deutschen Bomben suchen. Er muss dort allein zurückbleiben. Van Breda beschwört ihn, sich die ganze Nacht nicht von dort wegzubewegen. Kein Mensch hat Zeit für das kleine Kind. Erst am nächsten Tag holt ihn Van Breda ab und bringt ihn zum Hôpital des deux Alices im Brüsseler Stadtteil Ukkel, wo das Kind als Patient aufgenommen wird. Einige Tage später darf er wieder zu seiner Mutter und lernt sein neugeborenes Brüderchen kennen.

Weil Ilse Landgrebe vorläufig nicht nach Kessel-Lo zurückkehren kann, organisiert Van Breda für sie und die Kinder eine Bleibe in einem Haus, das seinem Mönchsorden gehört. Das eigentliche Zuhause der Landgrebes ist unbewohnbar: Man hatte die Tür aufgebrochen, das ganze Haus leer geräumt. Nach Angaben von Polizei und Nachbarn hatten britische Soldaten auf dem Rückzug das Haus geplündert – aber es könnten auch Anwohner aus dem Viertel gewesen sein, die ihre Wut auf die deutschen Aggressoren an der Einrichtung der Landgrebes abreagierten.

Mehr kann der Pater im Moment nicht tun. Drei Tage nach der Invasion, am Pfingstmontag, dem 13. Mai, muss Van Breda Leuven in aller Eile verlassen, weil sich die Deutschen der Stadt nähern. Leuven liegt dann direkt im Frontbereich und die Stadtbewohner müssen auf Anordnung des britischen Generals Bernard Montgomery, der anstelle der belgischen Armee die Verteidigung Leuvens übernommen hat, möglichst alle evakuiert werden. Darüber hinaus muss sich jeder Belgier zwischen 16 und 35 Jahren für die Armee zur Verfügung stellen und sichergehen, dass er nicht dem Feind in die Hände fällt. Van Breda darf seine Bürgerpflichten nicht vernachlässigen.

Während des Pfingstwochenendes, gleich nachdem er die Unterbringung von Ilse Landgrebe und den beiden Kindern geregelt hat, bringt Van Breda zuerst noch die 40 000 Seiten aus Husserls Nachlass in Sicherheit. Sicherheit ist inzwischen etwas Relatives, nachdem die Stadt nun, knapp 26 Jahre nach der verheerenden Zerstörung durch die deutsche Armee im Ersten-Weltkriegs-Jahr 1914, von den Flugzeugen des Dritten Reiches erneut unter Beschuss genommen wird. Wo oder bei wem er die Manuskripte unterbringt, verrät er keinem. Die Transkriptionen verwahrt er bis Ende 1940 in seinem eigenen Kloster, später deponiert er sie an einem anderen sicheren Ort.

In der Nacht vom 16. auf den 17. Mai wird die Bombardierung eingestellt, Leuven fällt in Feindeshand. Bevor es so weit ist, in den Stunden kurz vor der Einnahme der Stadt, wird die Universitätsbibliothek bei einem Artilleriegefecht zwischen Deutschen und Briten getroffen. Die in einer Metallkonstruktion mit Glasfußböden untergebrachten Archive gehen in Flammen auf.

Das Feuer verschlingt 900 000 Bücher. Nicht nur das Papier brennt, auch das schmelzende Glas verursacht Schäden. Bis vor wenigen Wochen war dort das geistige Erbe Husserls untergebracht – hätte Van Breda die Manuskripte nicht rechtzeitig weggeholt, wären sie den Flammen zum Opfer gefallen.

Als die Bibliothek getroffen wird, ist Van Breda bereits unterwegs nach Süden. In Tervuren begegnet er zufällig Professor

Augustin Mansion und sie fahren von da an gemeinsam über Brüssel, Gent, Tielt, Ypern weiter nach Frankreich. Schließlich stranden sie in Montmorillon in der Nähe von Poitiers, wo ihnen in einem kleinen Priesterseminar ein Nachtlager angeboten wird, in einem ehemaligen Krankenhaus. Dort bleiben sie bis zum deutsch-französischen Waffenstillstand vom 22. Juni. Erst nachdem die Waffenruhe greift, können Mansion und Van Breda nach Hause zurückkehren. Ende Juli ist der Pater wieder in Leuven. Als Erstes vergewissert er sich, ob die Manuskripte die Kampfhandlungen überlebt haben. Zu seiner großen Erleichterung ist dies offensichtlich der Fall. Aber gleich danach erhält er eine schlechte Nachricht: Am 6. August stirbt seine Mutter Maria Nuyens. Er ist untröstlich und fährt auf der Stelle nach Lier, um bei seinen Brüdern und Schwestern zu sein.

Auch für die Lagerinsassen von Saint-Cyprien hat der Waffenstillstand zwischen Frankreich und Deutschland Konsequenzen. Eine ganze Reihe von Internierten verlangen, den Militärbehörden ihres Vaterlandes ausgeliefert zu werden. Als das nicht sofort in die Tat umgesetzt wird, steigert sich die aufsässige Stimmung im Lager immer mehr. Am 4. Juli werden 1453 Deutsche, darunter Landgrebe und Fink, nach Bordeaux gebracht und können von dort mit dem Zug nach Belgien zurückfahren. Wenige Tage später kommen sie wieder in Leuven an. Dort findet Eugen Fink endlich auch seine Frau wieder, die in Südfrankreich in einem Frauenlager interniert war und sich ebenfalls nach Belgien durchschlagen konnte. Fink berichtet, sie sei in einem Lager »in der Nähe von Bordeaux« gewesen; möglicherweise handelt es sich dabei um das Internierungslager von Rieucros bei Carcassonne.

Bei seiner Ankunft in Leuven wird Ludwig Landgrebe von seiner Frau und den beiden Kindern am Bahnhof erwartet. Nach zwei schlimmen, entbehrungsreichen Monaten ist er müde, abgemagert und entkräftet, aber dennoch überglücklich, endlich seinen neugeborenen Sohn auf den Arm nehmen zu können. Landgrebe trägt dieselben Kleider wie am zehnten Mai, als er von der Gendarmerie festgenommen wurde. Von dem Lageraufenthalt sind Fink wie auch Landgrebe schwer angeschlagen; Landgrebe leidet vor allem an den Folgen des Unfalls, in den der Lastwagen bei seiner Überführung ins Gefängnis nach Vorst verwickelt war. »Es war mir unverständlich, nicht mehr als Person, sondern nur noch als Nummer einer Kategorie behandelt zu werden«, schreibt er später, »und ich ahnte noch nicht, dass dies das Schicksal von Millionen werden sollte. Mit viel Glück überstand ich die zahlreichen bedrohlichen Situationen dieser Reise und konnte schon nach zwei Monaten heil und verlaust zurückkehren. Aber an eine Weiterarbeit war dort nicht mehr zu denken.«

Auch Fink merkt, dass er nicht einfach am Husserl-Archiv weiterarbeiten kann. Für die deutschen Besatzer ist Husserl in diesen Zeiten in erster Linie ein Jude und dessen Werk keine wissenschaftliche Arbeit oder Forschung wert. Daher beschließen Fink und Landgrebe, Leuven im Oktober 1940 zu verlassen und nach Deutschland zurückzukehren. Beide nehmen ein paar Husserl-Handschriften und Transkriptionen mit, um bei Gelegenheit vielleicht daran weiterarbeiten zu können.

Dafür bekommen sie von Van Breda einen Vorschuss. Das Husserl-Archiv zahlt den Landgrebes auch eine Entschädigung für die Schäden, die sie durch die Plünderung ihrer Wohnung gleich nach dem deutschen Einmarsch zu erleiden hatten.

Landgrebe zieht mit seiner Familie nach Reinbek bei Hamburg, ins Haus der Schwiegereltern. Als Richter war sein Schwiegervater Arthur Goldschmidt ein hochgeehrter Bürger der Stadt gewesen, bis die Nationalsozialisten die Macht ergriffen und ihn aus dem Richteramt entfernten. Den Nazis war es einerlei, dass die Familie Goldschmidt seit Jahren Mitglied der evangelischen Kirche war. Für sie gab es keinen Unterschied – einmal Jude, immer Jude.

Bevor Landgrebe nach Hamburg abreisen darf, muss er zuerst die deutsche Wehrmacht und auch die Gestapo davon überzeugen, dass er keineswegs ein Emigrant ist. Man verhört ihn lange, immer wieder. Nein, sein Umzug nach Leuven war keine Flucht vor den Nationalsozialisten. Ganz im Gegenteil. Er ist ein guter Patriot, der nur um der deutschen Philosophie zu dienen nach Leuven ging. Dieser Kniefall ist unumgänglich, denn er braucht noch ein Ausreisevisum. Nach einer langen Zitterpartie wird es ihm schließlich doch erteilt. An der belgisch-deutschen Grenze steht alles noch einmal auf der Kippe, als ein Gestapomann bei einer Kontrolle den Landgrebes die Ausreise verwehren will. Es braucht viel Überredungskunst; erst nach stundenlangem Verhör darf die Familie in ihr Heimatland zurückkehren. Die Hamburger Gestapo wird umgehend darüber informiert, dass »eine verdächtige Gesellschaft« im Anzug sei.

Ilse Landgrebe-Goldschmidt ist nach den Strapazen der vergangenen Monate am Ende ihrer Kräfte und braucht Wochen, um sich wieder zu erholen. Ludwig Landgrebe findet eine Stelle als Sekretär eines Freundes des Schwiegervaters. Zweimal noch nehmen die Nazis die Goldschmidts ins Visier. Allein dank der Intervention des Kriegsbürgermeisters von Reinbek gelingt es ihnen beim ersten Mal, der Deportation zu entgehen. Das nächste Mal haben sie weniger Glück: Arthur Goldschmidt wird abgeholt und ins Konzentrationslager Theresienstadt deportiert.

Eugen Fink wird mehrere Male von der Gestapo verhört, bevor er wieder nach Deutschland einreisen darf. Der 35-jährige Philosoph kehrt nach Freiburg zurück und wird gleich für die

Wehrmacht mobilisiert. Man bietet ihm sogar rasch eine Beförderung zum Offizier an, die er mehrere Male ablehnt – obwohl ihm sein Vorgesetzter klarmacht, dass es sich dabei um eine große Ehre für ihn handle angesichts der »Sünden«, die er in den vergangenen Jahren begangen habe. Glücklicherweise bleibt diese Weigerung ohne Konsequenzen. Er wird als Soldat zu den Flugabwehreinheiten abkommandiert, die für Freiburg und Umgebung verantwortlich sind.

Nachdem das Husserl-Archiv de facto nicht mehr existiert (es gibt kein Personal mehr, und auch eine Veröffentlichung von Werken Husserls erscheint vorläufig unmöglich), stürzt sich Pater Van Breda auf seine Doktorarbeit über die phänomenologische Reduktion im Spätwerk Husserls. Zusammen mit seinem Studienkollegen Victor-Henri Arras, ebenfalls ein Franziskaner und wie Van Breda aus Lier stammend, erledigt er zwischendurch noch einiges an Klassifizierungs- und Katalogisierungsarbeiten für das Archiv. Die Transkriptionsarbeit dagegen ist gänzlich eingestellt. Keiner hat ausreichende Kenntnisse der Gabelsberger-Kurzschrift, um diese Aufgabe zu übernehmen.

Malvine Husserl lebt noch immer in Herent, wo man sich mit großem Eifer um sie kümmert. Als Jüdin musste sie ihren Pass abgeben – was sie de facto staatenlos macht. Van Breda regelt alles für sie und pflegt regelmäßig Kontakt mit den Behörden. Dabei legt er eine große Umsicht an den Tag. Beispielsweise schickt der Gemeindesekretär von Herent am 3. Juni 1942 einen gelben Davidstern (der seit dem 27. Mai dieses Jahres von Juden obligatorisch getragen werden muss) nicht direkt an Malvine, sondern an Van Breda. Malvine Husserl wird den Stern niemals tragen.

»Nach der Besetzung von Belgien (Mai 40) wurde ›doucement‹ die Nicht-Arier-Verfolgung in ihrer ganzen Furchtbarkeit hier geübt. Einzelheiten unterdrücke ich, weil die Scheußlichkeiten unbeschreibbar sind«, schreibt Malvine am 11. August 1943, »die Deportationen von Tausenden u. Abertausenden ohne Subsistenzmittel nach unbekannten Gegenden – gestorben, verdorben. Dieses Schicksal drohte auch mir, es hing wie ein Damoklesschwert an einem Haar über mir. Was Pater Van Breda da an Tatkraft, Mut, Aufopferung geleistet hat! Ich habe mich mutig gehalten, stillschweigend das Ungeheure, das Inferno ertragen u. meine Gedanken zugewendet den wirklich Großen des Geistes. So verdanke ich schließlich meiner unglücklichsten Zeit einen großen geistigen Ertrag.«

Van Breda hatte das Glück, dass die deutschen Besatzer Major Reinold von Thadden das Wehrkreiskommando in Leuven übertragen haben, einem Preußen aus pommerschem Adelsgeschlecht. Als Mitglied des Rates der evangelischen Kirche hatte er sich in den Dreißigerjahren gegen die Versuche der Nationalsozialisten gestellt, der evangelischen Kirche Fesseln anzulegen. 1937 gehörte er auch zu den Unterzeichnern der *Erklärung der 96 evangelischen Kirchenführer gegen Alfred Rosenberg*, in der die Kritik des NS-Ideologen Rosenberg an den christlichen (insbesondere den evangelischen) Kirchen zurückgewiesen wird.

Der promovierte Jurist von Thadden ist Mitglied der Bekennenden Kirche, einer protestantischen Bewegung, die sich dem Versuch Hitlers und des NS-Staats widersetzte, die Kirche zu vereinnahmen, und sich gegen die Judenverfolgung aussprach. Die Bewegung Bekennende Kirche wurde im September 1933 im Untergrund gegründet und ging sofort auf Konfrontationskurs mit den Nationalsozialisten. Sie setzte sich für eine radikale Trennung von Kirche und Staat ein. Mehrere Repräsentanten der Bewegung, darunter Martin Niemöller und Dietrich Bonhoeffer, wurden verhaftet und in Konzentrationslager überführt. Bonhoeffer wurde am 9. April 1945 im KZ Flossenbürg hingerichtet. Ein kleiner Teil der Mitglieder der Bekennenden Kirche unterstützte Juden bei dem Versuch, unterzutauchen. Von Thaddens Schwester Elisabeth war im Widerstand aktiv und wurde im September 1944 in Berlin-Plötzensee hingerichtet. Drei seiner fünf Söhne fielen im Krieg.

1940 wurde von Thadden selbst zu den Waffen gerufen und nach Leuven versetzt. Von 1942 bis 1944 gelang es ihm in gewissem Umfang, die dortige Zivilbevölkerung vor der SS-Willkür zu schützen. Wenn die Lage es erforderte, handelte er gegen die Pläne und ausdrücklichen Befehle der SS. Als Van Breda ihn kennenlernte, entwickelte sich ein offenes Vertrauensverhältnis und er beschloss, Malvines Fall mit dem Stadtkommandanten zu besprechen. Die Beziehung zwischen dem Pater und von Thadden ist nicht weiter dokumentiert, aber später wird Van Breda verschiedenen seiner Mitarbeiter berichten, dass von Thadden Malvine unter seinen persönlichen Schutz gestellt habe. Als der Deutsche 1947 im Auftrag des Weltkirchenrats nach Belgien kommt, um deutsche Kriegsgefangene zu besuchen (er selbst war bis Ende 1945 in einem russischen Lager), erwartete ihn ein festlicher Empfang im Rathaus. Leuven wird den Mann, der die Stadt vor viel Schlimmerem bewahrt hat, nicht vergessen.

Aus Antwerpen kommen schlechte Nachrichten. Vom 14. bis 16. September 1940 bombardieren die Alliierten den Hafen, der von den Deutschen unter anderem für die Schlacht um England genutzt wird. In der Nacht vom 16. September wird auch das Depot getroffen, in dem sich der Container mit den Möbeln der Husserls befindet. Van Breda verliert darüber kein Wort zu Malvine, sondern fährt nach Antwerpen, um das Ausmaß der Zerstörung festzustellen. Der Schaden ist enorm. Er findet nur noch die Urne mit der Asche des Philosophen. Husserl hatte kurz vor seinem Tod um seine Einäscherung gebeten; damit wollte er verhindern, dass die Nazis sein Grab schänden, ein Schicksal, das vielen jüdischen Gräbern widerfuhr. Van Breda nimmt die Urne mit und verwahrt sie bis zum Kriegsende in seiner Zelle, um eines Tages, wenn der Krieg zu Ende sein wird, der Familie die Asche zurückzugeben.

Alles andere ist verloren: Die Möbel, zwei Porträts, die der junge Husserl von seinem Lehrer Brentano gemalt hatte, und ein Großteil der Korrespondenz des Philosophen sind den Flammen zum Opfer gefallen.

14 Im Frühjahr 1941 plagen den Pater gesundheitliche Beschwerden, die Folge seines Diabetes; dennoch arbeitet er unermüdlich an seiner Doktorarbeit weiter und regelt daneben noch einige praktische Dinge für Malvine Husserl. Jeden Sonntagnachmittag macht er sich nach Herent auf, um mit Malvine und Josephine Kaffee zu trinken und Kuchen zu essen und sie über alle Komplikationen im Hinblick auf Archiv und Nachlass auf dem Laufenden zu halten.

Malvine pflegt weiterhin eine recht umfangreiche Korrespondenz, die sich vor allem um das Leben und das Werk ihres Mannes dreht. Von Herent aus hält sie den Kontakt zu vielen ehemaligen Studenten und Kollegen Husserls aufrecht. Seit ihrer Heirat mit dem Philosophen 1887 hat sie ihre eigenen Interessen völlig hintangestellt, und auch nach dessen Tod widmet sie ihm all ihre Kraft und Hingabe. Solange die Umstände es noch erlauben, schreibt sie auch oft ihren Kindern. In diesen Briefen benutzt sie sicherheitshalber Pseudonyme. Sie unterschreibt mit »Frau Schutz«, Van Breda wird zu »Jansen«, Fink ist »Dr. Vogel«, auch Landgrebe bekommt einen Titel und wird »Dr. Ludwig«. In den freien Stunden geht sie oft im Garten von Bethlehem spazieren, hilft in der Klosterküche und kümmert sich um den Alltag des Paters. »Ja, was die Strümpfe betrifft: es ist ein Paar dabei, das kein Paar ist, sondern 2 verschiedenen Paaren angehört. Vielleicht entdecken Sie in Ihrem Socken-Vorrat die irrtümliche Zusammenstellung u. bringen die Schuldigen mit vor Josephinens Richterauge.«

Doch manchmal wird ihr alles zu viel, besonders wenn das Kriegsgetöse wieder unüberhörbar nahe rückt, wenn Flugzeuge über das Kloster fliegen, um Bomben auf das Land zu werfen. Oder wenn sie Gerüchte hört, welches Schicksal die festgenommenen Juden erwartet. An diese ständige Angst kann sie sich nicht gewöhnen. »Ja, niemand kann sich vorstellen, wie beängstigend ein Leben ist, wenn sich die traurigsten Umstände vereinigen: Losgetrennt von den Kindern u. Enkeln, am Ende seines Lebens die letzten Tage in Sehnsucht verbringend u. nicht einmal die Entlastung zu haben, sich brieflich das Herz ausschütten zu können. Im Kloster selbst habe ich – relativ gesehen – die angenehmsten persönlichen Verhältnisse, d.h. die Damen sind in der Mehrzahl feine Menschen u. Josephine ist nicht mit Gold aufzuwiegen. Aber daneben sind wir hier mitten im Kriegsgebiet, verbringen die Nächte zumeist im Keller u. kommen oft viele Tage nicht aus den Kleidern. Die Verpflegung ist natürlich höchst reduziert, es fehlt so viel Nötiges. Das Schlimmste ist aber das Leid, das man überall sieht u. hört. Und das Ende dieses sinnlosen Geschehens? Weit u. unerreichbar!«

Mit Van Breda spricht sie viel über Glaubensfragen, und der Eindruck verstärkt sich, dass sie sich zum Katholizismus bekennen möchte. Es wäre der zweite Religionswechsel in ihrem Leben, denn Malvine und Edmund Husserl waren vor ihrer Heirat beide der evangelischen Kirche beigetreten, Edmund 1886, Malvine im Jahr darauf. In den Dreißigerjahren wuchs Malvine Husserls große Bewunderung für den katholischen Widerstand gegen Hitler, und in all den Jahren waren die meisten Menschen, die ihr nahestehen, Katholiken. Josephine ist römisch-katholisch, ebenso Schwester Adelgundis Jaegerschmid, Edith Stein und natürlich der Pater.

Jedes Mal, wenn Malvine Van Breda predigen hört, ist sie hingerissen. Am zweiten Weihnachtsfeiertag 1941 schreibt sie ihm, nachdem er im Kloster in Herent einen Gottesdienst gehalten hat: »Der Eindruck, den Sie im ganzen Kloster hinterlassen haben, ist ein so mächtiger, alle sind so erfüllt von Ihrer Messe, dass ich nicht anders kann, als Ihnen ein paar Worte darüber zu schreiben. Wenn man aus einem erfüllten Herzen zu seinen Hörern gesprochen hat, so denkt man gewiss nicht an das Echo, aber der Widerhall gehört eben doch zu dem Hall. Und diesmal liegt eine Spontaneität in der tief berührten Seele der Gemeinde, eine Wirkung, eine Beglückung.«

Auch ihre Mitbewohnerinnen sind beeindruckt: »Heute kam Mlle Juliette zu mir u. – beinahe gegen ihren Willen – machte sich ihre Ergriffenheit Luft. Ein sehr primitiver Mensch wie sie, ohne Redekunst u. Theorie (Sie würden sagen: ohne Philosophie) ist in empfangenen Eindrücken echter u. wahrer als die geistig Hochgezüchteten im Allgemeinen. Sie sagte geradezu Pater van Breda ist der Repräsentant von Jesus Christus. Sein ganzes Wesen, jede seiner Kulthandlungen, sein Gesang; wie er bei der Wandlung langsam u. in steiler Bewegung zum Himmel empor die Hostie erhebt, wie er jeden Laut klar accentuiert; und seine Predigt: das ist jedes für sich u. im Zusammenhang des Ganzen ein tiefstes Erlebnis, das man nie vergessen kann.«

Schließlich wurde Malvine Husserl am 23. März 1942 in Herent von Pater Van Breda getauft. Er begleitet sie auch neun Monate später, am 8. November 1942, nach Mechelen, wo sie vom belgischen Prälaten Kardinal Ernest Van Roey gefirmt werden soll. Es ist eines der wenigen Male, dass sie das Kloster in Herent verlässt – für eine Ausfahrt, die ein gewisses Wagnis darstellt. Ihre beiden Kinder sind vom Übertritt der Mutter zum Katholizismus völlig überrascht. Mehr noch, sie sind fassungslos. Einige Jahre später, im April 1947, schreibt Elli Husserl an Van Breda: »Innerlich habe ich den Schock des neuerlichen Religionswechsels meiner Mutter noch nicht ganz verwunden, weil ich es mit dem protestantischen Glauben, in dem uns unsere Eltern erzogen haben, immer sehr ernst genommen und manche Opfer dafür gebracht habe.«

Van Breda antwortet ihr: »Glauben Sie mir, dass es sich hier um eine innerliche Entwicklung handelte, die weder ich noch irgendein anderer Mensch auf künstliche Weise gefordert hat ... Sie können sicher sein, dass es sich bei dem Übertritt Ihrer Frau Mutter um einen inneren Drang gehandelt hat, einen Drang, den zu widerstehen ich allerdings keinen Anlass hatte.«

Van Breda, der immer pikiert reagiert, sobald jemand suggeriert, es habe sich dabei um einen Religionswechsel »aus Dankbarkeit« gehandelt, wird darin von Jean Hering unterstützt, einem Protestanten und ehemaligen Doktoranden Husserls, der mit der Familie immer in Verbindung blieb. »In diesen schwierigen Jahren hatten die Menschen um sie herum den Eindruck, dass die merkwürdige Entwicklung ihrer moralischen Kräfte mit einer kontinuierlichen Festigung ihres religiösen Glaubens einherging, der schließlich im römischen Katholizismus die Ausdrucksform fand, die sich für sie akzeptabel erwies«, schrieb Hering.

Zur selben Zeit, in der er und Malvine über ihren Übertritt zur katholischen Kirche sprechen, gelingt es Van Breda auch, seine Doktorarbeit mit dem Titel *De transcendenteel phaenomenologische reductie in Husserls laatste periode* (1930–1938) fristgerecht bei seinen Doktorvätern einzureichen. Am 1. August 1941 kommt Frau Husserl persönlich ins Philosophische Institut, um Van Bredas Verteidigung seiner Dissertation mitzuerleben. Natürlich ist sie der Ehrengast, die Witwe des vielleicht einflussreichsten Philosophen der letzten Jahrzehnte. Die aus Noël, Dopp, De Raeymaeker, dem noch jungen Philosophen Alphonse de Waelhens und dem Wissenschaftsphilosophen Fernand Renoirte bestehende

Prüfungskommission, allesamt Professoren und Dozenten des Philosophischen Instituts, spricht Van Breda die Bestnote zu. Es ist ein in jeder Hinsicht festlicher Tag, und für kurze Zeit scheinen alle vergessen zu haben, dass die Zukunft alles andere als rosig aussieht.

Am nächsten Tag schreibt Malvine einen langen Brief an ihre Tochter, in dem sie ausführlich von diesem Rigorosum berichtet. Sie ist noch immer erfüllt davon: »Es war ein richtiges Fest, ein Ehrentag für den Pater u. auch für Papa, um dessen Lebensarbeit sich ja die ganze Doktorthese verbreitete. Hier haben alle Gebräuche noch die traditionelle Feierlichkeit mit der ehrwürdigen Tradition von Jahrhunderten. Das Examen fand im Institut supérieur de Philosophie (philosophische Facultät) statt, in einem großen Saale, besetzt von Studenten u. Klerikern, in den ersten Bänken die Professoren mit dem Präsidenten (Dekan) an der Spitze. Ich, als einziges weibliches Wesen u. quasi Vertreterin von Papa, wurde auf einem Fauteuil an dem Podium placiert. Der Empfang vorher spielte sich in den künstlerisch besonders schönen Salons des berühmten Cardinals Mercier ab, der Präsident des Instituts gewesen war, ehe er die Würde des Cardinals erhielt.«

»Nachdem man im Prüfungssaal Platz genommen hatte, erschien van Breda auf dem Katheder u. hielt mit natürlicher Anmut einen Vortrag über den Inhalt seiner These. Die malerische Tracht, die hohe Statur u. das schön geschnittene Gesicht (er gleicht auffallend dem bekannten hl. Antonius von Murillo) bildeten einen stilvollen Rahmen. Darauf hielt einer der Examinatoren, Prof. Dopp, eine Rede, auf die van Breda mit einer längeren Gegenrede antwortete, dann wiederholte sich dies noch einmal mit dem 2. Examinator Prof. von Raeymaeker, van Breda sprach die Schlußrede. Nun verließen alle bis auf die das Resultat beratenden Herren den Saal, welches nachher verkündigt wurde. ›Avec la plus grande distinction‹, das höchste Prädicat, also unser summa cum laude. Aber noch weit darüber hinaus, u. wie es scheint zum erstenmal überhaupt, wurde ihm sofort die Docentur verliehen u. das Bedauern ausgesprochen, daß es keinen höheren Grad für seine Leistungen gebe als ›la plus grande distinction‹. Kurz es war ein geradezu unerhörter Erfolg, u. das allerhöchste dabei schien mir, daß jeder der Anwesenden ein glückstrahlendes Gesicht hatte, keine Spur von Neid oder Kritik gab es, auch van Breda strahlte vor Glück u. sagte immer, es sei der glücklichste Tag seines Lebens.«

15 Bald nach seiner Promotion wird Van Bredas Lehrdeputat erweitert. Seit November 1939 unterrichtet er an der Leuvense Sociale School, der Hochschule für Sozialarbeit, in Niederländisch und auch in Französisch. Zwei Jahre später wird er zu seiner großen Freude am HIW zum Dozenten ernannt und übernimmt dort ab Herbst 1941 den Kurs *Grondbeginselen van de kritiek der wetenschappen en van de kosmologie* (Grundlagen der Kritik der Wissenschaften und der Kosmologie), mit besonderem Schwerpunkt auf der Naturphilosophie. Während Noëls Präsidentschaft werden die französisch- und die niederländischsprachigen Kurse vollständig voneinander getrennt, was konkret dazu führt, dass alle Fächer von nun an in beiden Sprachen unterrichtet werden. Van Breda ist für den niederländischen Kurs zuständig. Später übernimmt er noch die Lehrveranstaltung *Geschichte der mittelalterlichen Philosophie*. Von der Phänomenologie ist vorläufig noch keine Rede.

Van Breda ist kein besonders guter Lehrer. Mit seinen Vorlesungen kann er nur wenige Studenten begeistern, und das wird sich in seiner gesamten Laufbahn nicht ändern. Er hat so viele andere Verpflichtungen, dass die Unterrichtsvorbereitung manchmal zu kurz kommt. Oft passiert es auch, dass er nicht mehr weiterweiß, wenn er versucht, mit seinen Schülern einen Text zu lesen, beispielsweise einen des Spätscholastikers Wilhelm von Ockham. »Diese Frage ist mir bei meiner Seminarvorbereitung völlig entgangen«, gesteht er dann ein. Woraufhin die meisten Studenten davon ausgehen, dass er sich überhaupt nicht auf die Stunde vorbereitet hat.

Bei den ausgesprochen wenigen Studentinnen der Universität Leuven stößt der junge, gut aussehende Franziskaner hingegen auf viel Sympathie. Er hat Charme und ist sehr beliebt. Verschiedene Studenten und Studentinnen aus dieser Zeit beschreiben ihn als »nonchalant, aber immer fröhlich und sehr unterhaltsam«. »Alle *porren* [Studentinnen – TH] waren verrückt nach ihm«, sagt einer von ihnen. Und auch Van Breda fühlt sich offenbar mit seinen *porren* wohl, denn er wird während des Kriegs ihr »proost«, der Studentenpfarrer für die weiblichen Angehörigen der Leuvener Universität. Er soll ihnen geistlichen Beistand leisten.

Nicht nur in Leuven erhält Van Breda immer mehr Lehraufträge; er steht auch in Antwerpen vor der Klasse. Seine dortige Hörerschaft sind nur Frauen. Die Katholieke Vlaamse Hogeschool voor Vrouwen (KVHV, Katholische flämische Hochschule für Frauen) an der Jozef de Bomstraat in Antwerpen hat ihm den Lehrauftrag für Philosophie gegeben. Die KVHV wurde 1919 auf Initiative der tiefgläubigen flämischen Schriftstellerin und Feministin avant la lettre Marie Elisabeth Belpaire gegründet. Vorher hatte sie bereits eine Oberschule für Mädchen gegründet und viel Geld aus ihrem Familienvermögen in das Projekt investiert. Frauen sind damals an belgischen Universitäten noch immer eine Seltenheit, sie finden kaum den Weg an die Fachhochschulen. Denn seit 1920 durften sich Frauen zwar an der Universität von Leuven immatrikulieren, machten aber noch zehn Jahre später nicht mehr als fünf Prozent der Studentenschaft aus. Das wollte Fräulein Belpaire ändern. Sie wollte intellektuelle Bildung auf Universitätsniveau anbieten, ohne die Studentinnen wie damals üblich gleich auf den Schul- oder Pflegesektor festzulegen. Unabhängig davon legte die Stifterin Wert auf die Entwicklung religiöser Tugenden und eines sozialen Bewusstseins. Dass der Unterricht auf Niederländisch erteilt

wurde, war für Belgien in diesen Jahren zweifellos revolutionär –
und brachte Belpaire den Widerstand Kardinal Merciers ein,
des damaligen Erzbischofs von Mechelen und damit Oberhaupt
der belgischen katholischen Amtskirche.

Als Van Breda an der KVHV zu unterrichten beginnt, hat sich
der Sturm zwischen der Kirche und Fachhochschule wieder gelegt. Seit 1922 steht das Kollegium unter der Schirmherrschaft
der Universität Leuven. Monsignore Ladeuze, der Rektor der
Universität, wird von nun an die Zeugnisse der Hochschule ge-
genzeichnen. Professoren der Universität werden ermutigt, die
jungen Frauen in Antwerpen zu unterrichten. Trotzdem muss
die Gründerin Belpaire ihren ehrgeizigen Plan, die Hochschule
zu einer Universität weiterzuentwickeln, zunächst auf Eis
legen: Es gibt so gut wie keine Mädchen mit altsprachlichem
Abitur, damals die Voraussetzung für jeden, der sich an einer
Universität immatrikulieren möchte. Die Eltern schicken ihre
Töchter noch immer überwiegend auf Hauswirtschaftsschulen,
in Lehrerbildungsanstalten und auf Schwesternschulen.

Daher wird den jungen Frauen auf hohem Niveau eine ausgezeichnete allgemeine oder berufliche Ausbildung angeboten, allerdings ohne Diplomabschlüsse, die ihnen den Weg ins Berufs-
leben bahnen könnten. Dies ändert sich erst ab 1949 Schritt für
Schritt. Von dieser Hochschule gehen vor allem Bibliothekarin-
nen, Journalistinnen, Lehrerinnen für Mittel- oder Realschulen
sowie Grundschullehrerinnen und Verwaltungsspezialistinnen
für Schulen oder Heime ab.

Obwohl die Schule keine staatlichen Zuschüsse erhält, ist das
Niveau ihres Unterrichts sehr hoch. Zu verdanken ist dies vor
allem den dort Lehrenden, etwa dem Musikwissenschaftler Floris Van der Mueren, dem Kunsthistoriker Jozef Muls, dem Philosophen Max Wildiers, den Literaturwissenschaftlern Paul Sobry,
Jules Persyn und Albert Westerlinck, dem Archivar der Stadt

Antwerpen, Floris Prims, sowie der Journalistin und Schriftstellerin Maria Rosseels: allesamt prominente Persönlichkeiten im katholischen Flandern.

1929 wird Fräulein Maria Verstraeten zur Direktorin ernannt. Mit Belpaires Unterstützung gelingt es ihr, zahlreiche Akademiker für ihren Plan zu gewinnen. Sie wollen dort unterrichten, und zwar ohne jegliche Vergütung. Van Breda spricht von »unserem Fahrgeld«. Nach englischem Vorbild baut Verstraeten die Ausbildungsgänge immer weiter aus. Mit Van Breda entwickelt sie im Lauf der Jahre ein ausgezeichnetes Einvernehmen. Mehr als ein Vierteljahrhundert später wird sie ihn noch im Husserl-Archiv besuchen.

Im akademischen Jahr 1939/40 hält Van Breda an der Flämischen Hochschule für Frauen einen ersten Kurs, *Fragen der Philosophie;* zwei Jahre später spricht er über *Gott als letztes Fundament des moralischen Lebens;* und im Frühjahr 1943 heißt sein Kurs schlicht *Kulturphilosophie.* Für alle Fächer stellt er Syllabi zusammen. Der Syllabus für *Kulturphilosophie,* in dem er sich unter anderem ausführlich mit Freud und Marx beschäftigt, bringt ihm allerdings Ärger ein. Der Diözesanzensor ist der Meinung, dass der Text »nicht von tiefer kirchlicher Reflexion zeuge«. Van Breda, der selbst gelegentlich bei den Franziskanern die Funktion des Zensors übernehmen muss und diese Rolle eher diplomatisch ausfüllt, geht auch mit dieser Beurteilung ziemlich kreativ um. »Als Manuskript gedruckt«, lässt er auf das Titelblatt setzen. Und entschuldigt sich in einer Erläuterung, dass Inhalt und Ton weitgehend davon bestimmt seien, »dass dieser Text als Grundlage für einführende Veranstaltungen und für eine konkrete Leserschaft konzipiert wurde«. Das hier ist kein Buch, scheint der Verfasser sagen zu wollen – es ist nur ein erster Schritt auf dem Weg zu einem Buch. Es ist mit anderen Worten nicht wichtig genug, um einen Zensor damit zu behelligen. Das Vorwort schließt deshalb mit den Worten: »Im Übrigen besteht das Vorhaben, eine vollständigere Ausgabe dieser Kulturphilosophie herauszubringen.« Der Schriftsatz des Syllabus bleibt unverändert, die versprochene vollständige Ausgabe wird nie erscheinen.

Ganz gleich, wie unzulänglich und unstrukturiert er auch wirken mag, der Syllabus wird publiziert – was Van Breda mit seiner Dissertation nicht zu gelingen scheint. Zu seiner großen Frustration. Nachdem die Dissertation am 18. April 1942 den »Jaarlijkse Prijs van de Koninklijke Vlaamse Academie in de klasse der Letteren« gewonnen hat, den »Jahrespreis der Königlich Flämischen Akademie in der Sparte Literatur«, verpflichtet sich die Akademie, den Text zu publizieren. Sie bittet Van Breda allerdings, die im Anhang aufgenommenen Auszüge aus den Husserl-Texten zu vervollständigen. Ein Jahr darauf, im Frühjahr 1943, liegt das gedruckte Buch trotz Einarbeitung der gewünschten Ergänzungen noch immer nicht vor.

Deshalb nimmt Van Breda Verbindung mit Herman De Vleeschauwer auf, der ihm 1938, damals noch Lehrstuhlinhaber in Gent, seine Unterstützung zur Gründung eines interuniversitären Husserl-Archivs zugesagt hatte. Ihre Verbindung war nie abgerissen. Vier Jahre später ist De Vleeschauwer nicht nur Präsident der Akademie; als flämischer Nationalist und VNV-Sympathisant kollaboriert er inzwischen auch mit den deutschen Besetzern und wurde zum Generaldirektor des Staatlichen Hochschulwesens ernannt. De Vleeschauwer bespricht den Fall mit Sonderführer Hans Teske vom Referat Schrifttum in der Propagandaabteilung der deutschen Wehrmacht in Brüssel. Teske, ein Intellektueller und Hamburger Hochschullehrer, der bereits 1933 in die NSDAP eingetreten ist, bestimmt als Zensor fast im Alleingang, was in Flandern publiziert werden darf. Als Experte für flämische und niederländische Literatur wurde er zur Wehrmacht eingezogen und erhielt den Rang eines Leutnants. Seit August 1940 sind die Verleger verpflichtet, ihm alle Manuskripte zu Themen wie Freimaurerei und Judentum vorzulegen; später gilt dies für sämtliche Manuskripte. Seit dem 1. Januar 1943 darf ein Buch erst publiziert werden, nachdem Teske ihm eine Zulassungsnummer zugewiesen hat. Laut De Vleeschauwer sieht Teske, der in Heidelberg Philologie studiert hat, keine Probleme – die Akademie solle lediglich bei der Propagandaabteilung einen Antrag auf Papierzuweisung stellen, dann werde Teske dafür sorgen, dass der Antrag genehmigt wird.

Am 7. März 1943 unterrichtet Van Breda den Sekretär der Akademie, Professor Alfred Schoep, über den aktuellen Stand. Alles, was noch getan werden müsse, schreibt Van Breda, sei, die benötigte Papierzuweisung zu beantragen. »Wenn dies nicht geschieht, möchte ich die Möglichkeit einer Veröffentlichung meiner Arbeit außerhalb der Akademie prüfen.«

Im August 1943 schlägt Dr. Kálmán Kollár, der ungarische Direktor des internationalen akademischen Pantheon Verlags in Den Haag und Leipzig (nicht zu verwechseln mit dem ein Jahr zuvor in den USA gegründeten Verlag Pantheon Books), Malvine und Van Breda vor, die Doktorarbeit des Paters sowie einige Husserl-Texte herauszubringen. Van Breda hatte damals, wie aus einem Brief an Eugen Fink vom 10. August hervorgeht, allmählich die Verzweiflung gepackt. »Meine Qualifikationsschrift ist fertig, aber ich kann sie nicht in Druck geben«, schrieb er ihm.

Dennoch gelingt es auch Kollár nicht, das Buch zu publizieren. »Die Druckerlaubnis wurde nicht erteilt«, schreibt Malvine Husserl an ihre Kinder. Doch für eine mögliche Beantragung oder eine eventuelle Antwort darauf lässt sich nirgends ein Beleg finden.

16

Dass es Van Breda nicht gelingt, seine Dissertation zu publizieren, ist ein Problem. Ein noch viel größeres Problem ist allerdings die Zukunft des Husserl-Archivs, die angesichts der Kriegsumstände sehr ungewiss ist. Die Dokumente zu schützen, indem man sie versteckt, war eine Sache, aber inzwischen sind alle Aktivitäten des Archivs zum Erliegen gekommen. Van Breda möchte möglichst bald die Transkriptionsarbeiten wieder vorantreiben. Aber wie? Er beschließt, in die Niederlande zu fahren und sich dort mit einigen Menschen zu beraten, denen er vertraut und die Husserl nahestanden. Als Ersten möchte er den niederländischen Philosophen Henk Pos um Rat bitten. Doch Pos ist viel schwerer aufzuspüren, als Van Breda gehofft hatte.

Pos hatte den Pater am 28. August 1939 in Leuven besucht, um mit eigenen Augen das berühmte Husserl-Archiv zu sehen, wo die Handschriften seines großen Lehrers aufbewahrt wurden. Pos hatte in Amsterdam und Heidelberg studiert und im Wintersemester 1922 / 23 in Freiburg Seminare bei Husserl und Heidegger besucht. Später hatte er den Kontakt zu beiden Philosophen aufrechterhalten und war einmal im Jahr nach Freiburg gekommen. Im April 1928 hatte er für Husserl eine Vortragsreise in die Niederlande organisiert, mit Gastvorträgen unter anderem in Amsterdam und Groningen. Pos' akademische Karriere führte steil nach oben; nach der Berufung auf eine Professur für Sprachwissenschaft an der Freien Universität Amsterdam wurde der kaum 31-jährige Pos 1929 dort zum Rektor gewählt. Drei Jahre später trat er, aus Liebe zur Philosophie, von diesem

Amt zurück und nahm das Angebot an, bei den Kollegen der Universität von Amsterdam eine Professur für Philosophie zu übernehmen.

Am 27. Juni 1936 wurde Pos der erste Präsident des von dem Historiker Jan Romein und den Schriftstellern Menno ter Braak und Edgar du Perron gegründeten niederländischen *Comité van Waakzaamheid* (Wachsamkeitskomitee), einer Gruppe von Intellektuellen, die explizit gegen den Nationalsozialismus arbeiteten. Dass er sich damit entschieden gegen die Politik des nationalsozialistischen Deutschlands wandte, nahm man ihm später sehr übel, und es war mit ein Grund für seine Verhaftung Anfang Oktober 1940 als eine der sogenannten »indischen Geiseln«. Nachdem die Deutschen im Mai 1940 in die Niederlande eingefallen waren, hatte der Generalgouverneur von Niederländisch-Ostindien, der nicht von Deutschland besetzten niederländischen Kolonie, 2400 deutsche Staatsbürger inhaftiert. Um deren Freilassung zu erzwingen, nahmen die Deutschen Hunderte Niederländer als Geiseln, hauptsächlich landesweit bekannte Personen, die sich bereits offen gegen die »Neue Ordnung« ausgesprochen hatten. Sie wurden ins Konzentrationslager Buchenwald deportiert. Henk Pos war einer von ihnen.

Auch der Fraktionsvorsitzende der sozialdemokratischen Arbeiterpartei (und spätere Ministerpräsident der Niederlande) Willem Drees sen., der Historiker Pieter Geyl und mehrere andere Professoren wurden festgenommen und nach Buchenwald gebracht. Dort hatten sie zwar einen Sonderstatus und lebten in relativer Sicherheit, aber trotz allem blieb es ein Horror, denn sie konnten beobachten, was im Rest des Lagers vor sich ging. Außerdem war die medizinische Versorgung sehr schlecht; zwölf der Geiseln starben während des harten Winters von 1940/41 an Lungenentzündung. Am 15. November 1941 wurden die Überlebenden in die Niederlande zurückgebracht und im ehemaligen Grootseminarie, dem Priesterseminar von Haaren in Nord-Brabant, untergebracht, das die Besatzer im Sommer zum Internierungslager umgebaut hatten.

In Buchenwald hatten die Geiseln mit sechzig Personen im Saal geschlafen, in Haaren sind nur vier Bewohner pro Raum untergebracht. Außerdem dürfen sie ohne allzu strenge Zensur wieder korrespondieren und mitunter auch Besucher empfangen. Die Geiseln organisieren zudem ein Kulturprogramm, in dem Pos ein wichtiger Vortragender ist. In Buchenwald hatte er noch hauptsächlich über Bergson gesprochen, in Haaren beschäftigt er sich monatelang genauer mit Husserl und dessen Phänomenologie.

Van Breda hat Verbindung zu Pos' Ehefrau aufgenommen und von ihr den Aufenthaltsort ihres Mannes erfahren. Der Pater lässt sich von dem Ort nicht abschrecken, taucht Anfang April 1942 in Haaren auf und bittet um die Genehmigung zum Besuch des Lagers, um dort mit Professor Pos zu sprechen. Der niederländische Philosoph scheint ihn bei seinem Besuch in Leuven 1939 sehr beeindruckt zu haben und Van Breda möchte ihn gern fragen, wie er die Situation des Husserl-Archivs unter den gegebenen Umständen einschätzt. Doch trotz aller Bemühungen erteilt ihm der deutsche Lagerkommandant keine Besuchserlaubnis. Der Pater muss vor dem Stacheldrahtverhau des Lagers wieder umkehren.

»Sie wissen vielleicht schon, dass mein Versuch, Ihren Mann zu sprechen, nicht von Erfolg gekrönt war«, schreibt Van Breda ein paar Wochen später an Henk Pos' Ehefrau. »Die Ablehnung war mir überaus unangenehm. Ich hatte damit gerechnet, meine Aktivitäten in den Niederlanden durch ein langes Gespräch mit Ihrem Gatten zu krönen. Ich wollte ihm meine Pläne und Perspektiven darlegen. Sein Rat wäre in verschiedener Hinsicht nötig und nützlich gewesen. Daher habe ich beschlossen, das

einzig noch Mögliche zu tun. Ich habe ihm einen sehr detaillierten Brief geschrieben. Auf acht Seiten lege ich ihm so gut wie
möglich die Art des Problems dar.«

Ob dieser Brief Pos je erreicht hat, ist nicht klar. Einen Monat
nach Van Bredas Versuch, ihn zu besuchen, werden Pos und
seine Mitgefangenen ins nahe gelegene Sint-Michielsgestel und
später nach Beekvliet verlegt. In Sint-Michielsgestel werden
sie Teil einer anderen Gruppe von 460 gerade erst verhafteten
»niederländischen Geiseln«, auch hier sind einige Prominente
unter den Festgenommenen. Vor ihnen wird Pos ebenfalls Vorträge über die Phänomenologie Husserls halten und dabei einige Schriftsteller aus der Gruppe inspirieren, unter anderem
Anton van Duinkerken und Simon Vestdijk. Mit ihrem Vortrags-
programm über Kunst, Literatur und Philosophie wollen die
gefangenen Intellektuellen deutlich machen, dass die Kultur
den Naziterror überleben wird. Erst im September 1943 wird
Henk Pos wieder freigelassen.

17 Bevor er nach Leuven zurückfährt, besucht Van Breda Ende April 1942 noch das Karmeliterinnenkloster von Echt in Niederländisch Limburg. Er will Edith Stein treffen, die dort seit Silvester 1938 unter ihrem Klosternamen Schwester Teresia Benedicta a Cruce (Teresia Benedicta vom Kreuz) lebt. Auch Steins Schwester Rosa lebt in Echt. Die beiden Schwestern wissen, dass sie um ihr Leben bangen müssen, denn sie wurden von der SS und der Gestapo bereits nach Maastricht beziehungsweise nach Amsterdam zum Verhör vorgeladen. Pläne, die beiden Schwestern in einem Kloster der Karmeliter im Schweizer Le Pâquier in Sicherheit zu bringen, scheitern an diversen Problemen – vor allem die Beschaffung eines Visums erweist sich als ein unüberwindliches Hindernis. Dennoch weigert sich Stein, unterzutauchen. Allen, die es hören wollen, sagt sie, dass sie ihr Schicksal in die Hände Jesu lege.

Am 18. April 1942 kündigt Van Breda seine Ankunft in Echt brieflich an. »Ich möchte Sie gern befragen über gewisse Einzelheiten Ihrer Zusammenarbeit mit Husserl. Ebenso würde ich gern Ihren Rat einholen für unser Unternehmen. Schließlich würde ich Ihnen gern berichten, was in Löwen mit Husserls Manuskripten geschehen ist und was mit Frau Husserl.« Stein schreibt ihm sofort zurück, dass er sehr willkommen sei. Sie nimmt sich drei Tage frei, um ausführlich mit Van Breda sprechen zu können, und informiert ihn über die Möglichkeit einer Unterbringung in den Gästezimmern des Klosters.

Stundenlang sprechen Van Breda und Stein über Husserl, wobei sich der Pater detaillierte Notizen macht. Van Breda findet das Gespräch schwierig. Er bekommt kaum Kontakt zu der 51-jährigen Stein, die er nur hinter einem Gitter sprechen darf, weil die im Karmel lebenden Nonnen ihr Leben in Abgeschiedenheit und Schweigen verbringen. Er findet die Begrüßung zu distanziert und bedauert, das Gesagte nicht durch den Ausdruck ihrer Augen oder ihr Mienenspiel besser deuten zu können. Dennoch fällt ihm ihre »beeindruckende Präsenz« sofort auf. »Wie schon Hunderte zuvor darf ich bestätigen, jedes Mal von Neuem, bei jedem Gespräch, unwiderstehlich von dieser eher kleinen, ein wenig schüchternen und nicht unbedingt schönen oder charmanten Frau beeindruckt zu sein«, wird er es später in einer Gedenkrede 1967 formulieren.

Van Breda hat auch einen Vorschlag für Stein dabei, den er und Malvine Husserl erarbeitet haben: Edith Stein und ihre Schwester sollen mit ihm nach Leuven kommen, wo er ihnen helfen wird, unterzutauchen. »Das war eigentlich meine erste Absicht, als ich 1942 über die Grenze ging«, sagte Van Breda in einem Radiointerview 1967, demselben Jahr wie die Gedenkrede. »Für das jüdische Volk gab es keine Rettung mehr, davon war ich zutiefst überzeugt. Ich versuchte, sie zur Einsicht zu bringen. Ich bat sie, mit mir zu kommen. Doch als ich konkrete Vorschläge machte, spürte ich Abwehr. Um es zu sagen, wie es war – diese Frau suchte den Tod als Märtyrerin für ihr jüdisches Volk. So hat es sich zumindest für mich angefühlt. Als Grund, warum sie nicht mit mir kommen konnte, nannte sie damals: ›Dann wird die Mutter Oberin verhaftet und eingesperrt.‹« Van Breda kehrt unverrichteter Dinge nach Leuven zurück, ohne Edith und Rosa Stein.

Währenddessen beobachtet Johannes de Jong, der Erzbischof von Utrecht, mit Entsetzen, wie sich die Situation der Juden in den Niederlanden zunehmend verschlimmert. Die niederländischen Kirchen sind klar und deutlich in ihrer Ablehnung des

Antisemitismus und der antijüdischen Maßnahmen der Besatzungsmacht. Sie fordern eine bessere und gerechte Behandlung der jüdischen Niederländer und auch der jüdischen Flüchtlinge, die bereits während der deutschen Invasion im Mai 1940 im Land lebten. De Jong erlässt ein sofortiges Verbot nazistischer Anzeigen und Propaganda in katholischen Zeitschriften und exkommuniziert Katholiken, die in die nationalsozialistische Partei NSB eintreten. Außerdem durchkreuzt er die Pläne der deutschen Besatzer, das katholische Bildungswesen abzuschaffen, und lehnt mit unbeugsamer Geradlinigkeit die Forderung ab, jüdischen Schülern den Zutritt zu katholischen Bildungsanstalten zu verwehren.

Zunächst vertreten die Niederländisch-reformierte Kirche, die Reformierten Kirchen und die Katholische Kirche eine gemeinsame Linie. Anfang Juli 1942, als sich zeigt, dass die Juden systematisch verhaftet und ins Lager Westerbork gebracht werden, um sie später von dort nach Auschwitz ins Vernichtungslager zu deportieren, verfassen sie gemeinsam ein Telegramm an den Österreicher Arthur Seyss-Inquart, der als Reichskommissar an der Spitze der besetzten Niederlande steht. Als die Abschiebungen nicht eingestellt werden, soll am 26. Juli in allen niederländischen Kirchen von der Kanzel ein starker Protest verlesen werden. Seyss-Inquart antwortet mit einem Telegramm an die verschiedenen Kirchengemeinden mit dem Versprechen, die zum Christentum konvertierten Juden würden nicht deportiert unter der Voraussetzung, dass sie bereits vor dem 1. Januar 1941 getauft worden seien. Logischerweise handelt es sich dabei nur um eine kleine Minderheit der etwa 140000 Juden, die 1940 in den Niederlanden lebten. Der Text, der in den Kirchen verlesen werden soll, enthält nicht nur eine Fürbitte für die verfolgten Juden, es wird auch aus dem Telegramm von Seyss-Inquart zitiert. Der Reichskommissar, dem der Text vorab zur Kenntnis vorgelegt wird, ist wütend und verlangt, dass der Auszug aus seinem Telegramm aus dem Brief gestrichen werden müsse. Hier gibt die Leitung der Niederländisch-reformierten Kirche nach und will die Forderung akzeptieren, aber die protestantischen Kirchen und die katholischen Bischöfe bleiben hart und lassen sich nicht umstimmen. Am Sonntag, dem 26. Juli, wird der Brief in vielen Kirchen in seiner Gesamtheit verlesen.

Der Zorn des Reichskommissars trifft vor allem den katholischen Erzbischof De Jong. De Jong macht seinem Spitznamen »der eiserne Jan« alle Ehre und geht viel weiter als Papst Pius XII., der sich nie explizit gegen die Judenverfolgung aussprechen wird. Gewissermaßen als Vergeltungsschlag lässt Seyss-Inquart genau eine Woche später, am Sonntagmorgen, dem 2. August, in den gesamten Niederlanden 245 katholisch getaufte Judenchristen verhaften, darunter viele Ordensleute. Auch in Echt fallen die Deutschen ein; Rosa und Edith Stein werden verhaftet. Zunächst werden die verhafteten Juden in Amersfoort gesammelt und anschließend ins Lager Westerbork gebracht. Am 7. August fährt in aller Frühe ein Zug nach Auschwitz ab, eine Fahrt, die zwei volle Tage dauern wird. Am 9. August werden die beiden Schwestern in der Gaskammer ermordet. Ein paar Tage später findet Adelgundis Jaegerschmid einen Zettel in der Post, auf den Edith Stein mit Bleistift eine letzte Botschaft gekritzelt hat: »Grüße von Schwester Benedicta a Cruce. Wir sind auf der Fahrt zum Osten.« Es wird ihr letztes Lebenszeichen sein.

Genau einen Monat später, am 9. September, erhält die Oberin von Echt einen Brief des Schweizer Konsulats in Amsterdam mit der Nachricht, für Edith und Rosa Stein dürfe, abweichend zum vorher Mitgeteilten, ein Visum erteilt werden. Doch gute Nachrichten sind nur dann welche, wenn sie rechtzeitig eintreffen.

Van Breda empfindet bis zu seinem Tod sehr gemischte Gefühle über seinen Versuch, die Schwestern Stein zu retten:

»Edith Stein war von dem Wunsch besessen, sich für ihr Volk dem Holocaust zu opfern. Diesen Wunsch hat sie mit einem gewissen Fanatismus in die Tat umgesetzt, oder zumindest mit einer Willensstärke, die eher von Unbeugsamkeit als von Weisheit geprägt war. Stundenlang habe ich mit ihr im Karmel gesprochen ... Ich bewahre das Bild einer unbestreitbaren Eigensinnigkeit ihres Charakters, und sogar einer unverkennbaren Härte, in erster Linie gegenüber sich selbst, aber auch gegenüber anderen.«

18 Nun gibt es niemanden mehr, der die Gabelsberger-Stenogramme lesen, geschweige denn die Husserl'schen Handschriften transkribieren könnte. Landgrebe und Fink sind zurück in Deutschland, und Edith Stein hat sich geweigert, Van Breda nach Leuven zu folgen. Wenn das so bleibt, werden die Arbeiten des Archivs bis zum Ende der deutschen Besatzung brachliegen. Van Breda sieht vorläufig keine Lösung. Die Personen, die ihm helfen könnten, darunter Henk Pos, kann er nicht erreichen. Doch gerade, als ihn der Mut zu verlassen beginnt, taucht im Sommer 1942 die jüdisch-österreichische Familie Strasser in Turnhout auf.

Stephan Strasser wuchs in Wien im Schoß einer wohlhabenden Familie ungarisch-jüdischer Herkunft auf. Sein Vater Ernst Ernö Strasser war Direktor einer florierenden Binnenschifffahrtsreederei und erzog seinen Sohn eher liberal protestantisch, unter starker Betonung seiner künstlerischen Bildung. Als unsicherer, immer zweifelnder Jugendlicher hatte Strasser Probleme mit dem Reichtum und Wohlstand seiner Familie und begann, mit dem Sozialismus zu liebäugeln. 1922 lernte er auf einem Lager der sozialistischen Jugend seine spätere Ehefrau Gertrude Theumann kennen. Es war Liebe auf den ersten Blick. Gertrudes Familie war weniger wohlhabend als die Strassers, aber vielleicht noch künstlerischer orientiert. Gemeinsam besuchten sie 1925 eine Versammlung von Kommunisten, auf der *Das Kapital* von Karl Marx diskutiert werden sollte. Enttäuscht verließen die beiden nach 15 Minuten die Versammlung; für die radikaleren

Formen des Sozialismus hatten sie wohl kein offenes Ohr. Mehr und mehr interessierten sie sich für Religionen, vor allem für den Protestantismus. Strassers Interesse galt später allerdings eher dem Katholizismus.

Mehr oder weniger von seinem Vater gezwungen begann Stephan Rechtswissenschaften zu studieren, auf eigenen Wunsch ergänzt um Musikwissenschaft. Beide Studienfächer enttäuschten ihn: Er fand die Vorlesungen und Seminare langweilig und nichtssagend. Seine Studienergebnisse waren so miserabel, dass Strassers Vater beschloss, den Sohn auf eine Karriere im eigenen Unternehmen vorzubereiten, und ihn für anderthalb Jahre in seine Firmenniederlassung in Hamburg schickte. Aber auch die Büroarbeit war Stephan ein Horror. Strasser behauptete später, dass auch der österreichische Schriftsteller Franz Werfel vorübergehend in diesem Büro gearbeitet habe. Werfel habe Dokumente, die er nicht verstand, im Klo entsorgt. Strasser seinerseits, der von sich meinte, kein Talent für Verkauf oder Ankauf zu haben, sammelte alle fälligen Wechsel in einem Schrank, statt sie zur Bezahlung vorzulegen.

In Hamburg lernte Strasser einen anderen Österreicher kennen, der ebenfalls für ein Jahr nach Deutschland geschickt worden war. Peter Drucker machte sein Praktikum bei einem Exportunternehmen, das hauptsächlich mit Baumwolle handelte. Auch er langweilte sich zu Tode, nutzte aber das Jahr in Hamburg, um sich ins Werk des Philosophen Søren Kierkegaard einzulesen und sich vor allem mit Literatur zu beschäftigen. Druckers Begeisterung war so ansteckend, dass Strasser beschloss, seiner Berufung zu folgen und Literatur zu studieren, einerlei, was sein Vater davon halten mochte. Er kehrte nach Wien zurück und immatrikulierte sich an der Universität für den Studiengang Germanische und Romanische Sprachen. 1931 heiratete er Gertrude, die ein Lehreramtsstudium absolviert hatte. Wie seine junge Frau wollte Strasser seinen Lebensunterhalt mit Unterrichten verdienen. Dieses Mal ging alles gut und Strasser konnte gleich nach der Heirat als Studienrat anfangen.

Damals war er kaum an Philosophie interessiert, sondern beschäftigte sich hauptsächlich mit Literatur, Psychologie und Musik. Als er in der Straßenbahn zufällig Karl Popper traf, einen befreundeten Philosophen und Lehrer, der sich ebenfalls leidenschaftlich für Musik interessierte und früher einmal ein Auge auf Gertrude geworfen hatte, fragte er ihn, womit sich der Freund gerade beschäftige. Popper, der damals an dem späteren Standardwerk *Logik der Forschung* arbeitete, antwortete ihm: »Stephan, das wirst du doch nie verstehen« – weniger eine Beleidigung als eine zutreffende Einschätzung. Strasser war als Lehrer glücklich und interessierte sich neben seinen Fächern nur für Psychologie und Pädagogik.

Doch dieses Glück war nicht von Dauer. Die Stimmung im faschistoiden Österreich der Dreißigerjahre besserte sich nicht. In den Straßen Wiens war ein zunehmend rabiaterer Antisemitismus zu beobachten, und auch in der Politik griff der Judenhass immer mehr um sich. Die Deutsche Nationalsozialistische Arbeiterpartei (DNSAP) bereitete Österreich auf den Anschluss des Landes an Hitlers Deutsches Reich vor. Als dieser Anschluss, mit großer Zustimmung der österreichischen Bevölkerung, im März 1938 vollzogen war, beschlossen die Strassers, auf Nummer sicher zu gehen, ihr ganzes Hab und Gut zurückzulassen und zu fliehen.

Das Angebot, nach Australien zu gehen, lehnte Strasser ab, weil er fest davon überzeugt war, dass die Nationalsozialisten nicht lange an der Macht bleiben würden. Er wollte in Europa ausharren. Eine gute Freundin Gertrudes, Lucy Gelber, war kurz vorher nach Belgien geflohen. Sie hatte gute Beziehungen zu dem belgischen Musikwissenschaftler Alfons Verbist, mit dem sie eine spezielle musikpädagogische Methode entwickelt hatte. Verbist war auch Senator, also Mitglied des belgischen Oberhauses, und nutzte, als Gelber ihn über ihren Wunsch informierte, Österreich zu verlassen, sein politisches Netzwerk, um für sie eine Wohnung und eine Arbeitsstelle zu finden. In Belgien berichtete Gelber ihrem Gönner dann auch vom Schicksal der Strassers, und Verbist sorgte dafür, dass die beiden nach Turnhout kommen konnten. Dort begannen die Strassers umgehend, Niederländisch zu lernen, und konnten deshalb bereits im September 1938 beide am Heilig Grafinstituut, der größten Mädchenschule der Stadt, als Deutschlehrer einsteigen: Stephan in der Mittelstufe, Gertrude in der Lehrerausbildung und zusätzlich im altsprachlichen Unterricht. Stephan Strasser wurde auch von der Ordensgemeinschaft der Broeders van Liefde (Brüder der Nächstenliebe) mit Unterricht an deren Knabenschulen in Turnhout, Merksem und Deurne betraut.

Dass Gertrude und Stephan, kurz bevor sie Österreich verließen, zum Katholizismus konvertiert waren und sich hatten taufen lassen, machte es ihnen leicht, sich im sehr katholisch geprägten Turnhout heimisch zu fühlen. Den Schritt hatten sie schon lange geplant, aber weil die Regierung Dollfuß (die mit dem »Anschluss« zu Fall kam) katholische Lehrer und insbesondere Konvertiten bevorzugte, wollten die beiden Strassers nicht den Anschein erwecken, aus Opportunismus zu konvertieren. Nach dem Anschluss spielte das ohnehin keine Rolle mehr.

Den 1934 geborenen Sohn George brachten sie gleich mit nach Belgien, Gertrudes Mutter Ida Fischl kam wenig später nach. In den Wochen nach dem Weggang der Strassers war sie als Jüdin auf den Straßen Wiens noch mehrfach sehr gedemütigt worden. George kam in die Turnhouter Jesuitenschule, ins Sint-Jozefcollege. Die frisch konvertierten Strassers wurden von der flämischen Kirche warm aufgenommen. Stephan trat in die Ortsabteilung des Bond van het Heilig Hart (Herz-Jesu-Bundes) ein und sang bei den Gottesdiensten aus voller Kehle mit.

Als Nazideutschland am 10. Mai 1940 in Belgien einmarschierte, verließ Stephan Strasser sofort die Stadt. Er ließ Frau und Kind in Turnhout zurück. Mit seinem Retter Alfons Verbist, der seit den Wahlen von 1939 Abgeordneter war, wollte er versuchen, sich nach Lille durchzuschlagen, um sich dort der österreichischen Kompanie anzuschließen, die von den Alliierten gebildet worden war. Doch er strandete an der französischen Grenze, da er mit österreichischen Papieren nicht auf französisches Grundgebiet einreisen durfte. Unverrichteter Dinge kehrte er nach Turnhout zurück.

Seit er in Flandern lebte, schrieb Strasser gelegentlich für *Sacerdos,* eine von den Franziskanern in Turnhout verlegte Zeitschrift für »Prädikation und Seelsorge«, deren Zielgruppe katholische Geistliche waren. Mit einem seiner Artikel, der sich genauer mit den Unterschieden zwischen dem bürgerlichen, dem dämonischen und dem christlichen Menschen befasste, erregte er die Aufmerksamkeit Van Bredas, eines treuen Lesers des Blatts. Im Rahmen seiner Priesterausbildung hatte Van Breda nicht nur eine Grundausbildung bei seinen Ordensbrüdern in Tielt absolviert, man hatte ihn auch für ein Jahr in den Turnhouter Konvent geschickt, um in den Kirchen der Umgebung predigen zu lernen.

In dem im September 1939 veröffentlichten *Sacerdos*-Artikel hatte Strasser kaum verblümte Anspielungen auf Hitler gemacht. Es sei nicht wahr, schreibt Strasser, »dass der dämonische Mensch, der in einer geordneten Gesellschaft lebt, ihre Organisationen ablehnt. Nein, er benutzt sie, aber nicht, um so der *civitas* zu dienen, sondern allein, um für seinen Tatendrang neue Arbeitsfelder zu erobern. Die Technik, die das Leben der

Menschen sicherer und schöner machen soll, wird in seiner Hand zur ständigen, tödlichen Gefahr; unter seinem Einfluss werden alle wirtschaftlichen und sozialen Institutionen ebenso zu Instrumenten der Machtgier und der Alleinherrschaft. Die Wissenschaft interessiert ihn nur insoweit, wie sie seinem unmittelbaren Zweck dient. Wissensdrang ist ihm fremd. Im Allgemeinen sehen wir ihn eher geneigt, dem Abstrakten zu misstrauen und stets dem Instinkt den Vorrang zu geben.«

Im Sommer 1942 wird ihm dafür die Rechnung präsentiert. Im *Volksche Aanval,* der Zeitschrift der Antwerpener antisemitischen Organisation *Volkswering,* erscheint ein heftiger Angriff auf Strasser – unter Bezugnahme auf den drei Jahre zuvor in *Sacerdos* publizierten Artikel. Das Blatt veröffentlicht Stadt für Stadt, Dorf für Dorf komplette Adresslisten der jüdischen Einwohner und will damit möglichst viele Deportationen erreichen. Damit sind die Strassers de facto für vogelfrei erklärt.

Die Situation der Juden in Belgien hatte sich in den vorangegangenen Monaten sowieso dramatisch verschlechtert; das Tragen des Judensterns ist inzwischen obligatorisch. Stephan und Gertrude tauchen in Mechelen unter, zu ihnen gesellt sich Gertrudes Mutter Ida. George wird von seinen Eltern getrennt und lebt unter dem Namen Georges Geerts in Internatsschulen in ganz Belgien.

Mehrere Personen helfen den Strassers bei ihrer Suche nach einer sicheren Unterkunft, allen voran Schwester Maria Beata (Beatrice Brabants Klostername), die Direktorin der Schule, an der die Strassers als Lehrer tätig sind. Maria Beata kennt Van Breda noch gut aus seiner Zeit in Turnhout, als er auch gelegentlich in die Schule zum Predigen kam. Der Kontakt zwischen den beiden ist nie abgebrochen. Auch Norbertus Broeckaert, der Gründer von *Sacerdos* und Van Bredas Betreuer während seines Noviziatsjahrs in Turnhout, in dem seine Eloquenz geschult wurde, kennt die Strassers gut. Wer genau für welchen Schritt verantwortlich war, lässt sich nicht mehr nachverfolgen. Wohl wissen wir, dass Van Breda die gefälschten Pässe für die Strassers organisierte.

Am Ende findet Strassers Mentor und Retter Alfons Verbist einen Ort, wo die Familie untertauchen kann. Er hat mit dem Stadtsekretär von Mechelen, Louis Ryckeboer, den Fall besprochen. Gemeinsam suchen sie in dem Städtchen einen Ort, der allen drei Strassers Sicherheit bieten könnte. Sie werden schließlich bei dem katholischen Stadtrat Karel Peeters fündig, einem Junggesellen, der mit seiner ebenfalls ledigen Schwester Marie ein Herrenhaus in der Mechelener Goswin de Stassartstraat bewohnt.

»Peeters und seine Schwester hatten einen Woll- und Textil-Großhandel, und in einem Hinterhaus gab es ein großes Depot«, erinnert sich Jan, der älteste Sohn Louis Ryckeboers. »Wenn wir während der Kriegsjahre die Peetersens besuchten, durften mein Bruder Jef und ich in diesen Räumen spielen. Auf der Rückseite führte eine Metalltreppe nach oben. Davon mussten wir uns absolut fernhalten, es sei gefährlich, wurde uns eingeschärft. Erst Jahre später hörten wir, dass die Strassers damals dort im Versteck lebten.«

Van Bredas Handeln entspringt nicht reinem Edelmut – er hat von Pater Norbertus Broeckaert erfahren, dass Strassers Schwiegermutter Gabelsberger-Steno lesen kann. Deshalb schlägt er den Strassers vor, in ihrem geheimen Unterschlupf für das Husserl-Archiv zu arbeiten. Stephan erbittet sich Bedenkzeit. Ihm erscheint die Aufgabe zu schwierig, denn Husserls handschriftliche Texte sind nur sehr mühsam zu entziffern. Nach reiflicher Überlegung gehen die Strassers auf Van Bredas Vorschlag ein. Sie können sofort anfangen. Die Transkriptionsarbeiten werden sich für sie als geistiger Rettungsanker erweisen; sie helfen ihnen, in den 25 langen Monaten, die sie in dem Versteck leben müssen, nicht den Mut zu verlieren. Und sie lernen schnell dazu: Bereits nach drei Monaten entdecken sie kleine Fehler in Eugen Finks Übertragungen. Oft diskutieren die drei bis spät in die Nacht über die Bedeutung eines bestimmten Ausdrucks. Edith Stein, Eugen Fink und Ludwig Landgrebe, die vor ihnen die Transkriptionen erstellt hatten, waren mit Husserls Redeweise und seiner Art zu schreiben vertraut. Die drei Strassers dagegen haben, als sie sich an die Arbeit machen, ein nur rudimentäres Wissen über Husserls Philosophie. Nach und nach erarbeiten sie sich ein besseres Verständnis der Inhalte und machen dadurch auch viel weniger Fehler. Auch private Notizen des Philosophen werden übertragen. Vor allem Stephan Strasser gerät voll und ganz in den Bann des Philosophen.

In Mechelen transkribieren die drei in den beiden verbleibenden Besatzungsjahren Tausende Seiten von Notizen. Eine Fleiß- und Geduldsarbeit, die Strasser auf den Weg der Philosophie bringt. Ida liest, Stephan oder Gertrude notiert. Das bleibt mehr als zwei Jahre lang ihre Arbeitsweise. Weil eine Schreibmaschine vermutlich zu viel Lärm machen und die Aufmerksamkeit auf ihre geheime Unterkunft lenken würde, schreiben sie alle Transkriptionen mit der Hand ins Reine.

Wenn schon eine Schreibmaschine zu verräterisch wäre, wie ist es dann erst mit einem weinenden Baby? Ende 1943 zeigt sich, dass Gertrude schwanger ist. Die Nachricht von der bevorstehenden Geburt versetzt Van Breda in helle Aufregung. Ein Baby verkompliziert die ganze Situation enorm. Er sucht in Leuven nach einer Adresse, wo er Gertrude unterbringen kann, damit ein befreundeter Arzt aus dem Leuvener Krankenhaus dort die Entbindung durchführen kann. Nachdem der Pater eine geeignete Unterkunft gefunden hat, muss Gertrude Strasser nach

Leuven gebracht werden. Als der Geburtstermin näher rückt, fährt Van Breda mit dem Zug nach Mechelen, holt die Hochschwangere ab und begleitet sie zum Bahnhof. Ehemann und Mutter müssen in Mechelen bleiben: Van Breda kauft nur zwei Fahrkarten nach Leuven. Es ist eine nicht ungefährliche Reise, wie sie Van Breda inzwischen bereits mehrmals hinter sich gebracht hat, aber nach einer Stunde kommen sie ohne nennenswerte Zwischenfälle in Leuven an. Dort kommt Elisabeth ›Liesbeth‹ Strasser als gesundes Baby zur Welt. In seinem Habit zieht Van Breda los, um Babysachen für ein Kind zu kaufen, das es, solange die Deutschen in Belgien an der Macht sind, offiziell nicht geben darf. Er beschafft auch eine Wiege, die er persönlich zum Unterschlupf der Strassers bringt – versteckt unter seinem Talar.

Nicht nur die Strassers sind für den Rest des Krieges an einem geheimen Ort untergetaucht. Auch Lucy Gelber, Gertrudes Freundin, die sie nach Belgien gebracht hat, muss sich verstecken. Alfons Verbist berät sich auch in diesem Fall mit Van Breda. Und der Pater findet für sie einen Platz im Kloster von Herent, in dem auch Malvine Husserl lebt. Mit der Philosophenwitwe hat Gelber wenig bis keinen Kontakt, wohl aber mit der Haushälterin Josephine. Lucy Gelber lebt zwei Jahre lang als »Fräulein Katrien« im Kloster und erledigt für Van Breda Sekretariats- und Archivierungsarbeiten. Sie arbeitet an einem Katalog der Handschriften und Transkriptionen und legt eine Sammlung der schriftlichen Zeugnisse zu Leben und Werk des deutschen Philosophen an.

Ab Herbst 1942 wird also wieder für das Husserl-Archiv gearbeitet, wenn auch im Untergrund.

19 Der Konflikt zwischen Seyss-Inquart und Erzbischof De Jong in den Niederlanden fand im Ausland große Beachtung. Der Tod von fast 250 zum Katholizismus konvertierten Juden, darunter Edith und Rosa Stein, mahnt die Kirchenführer und Priester im übrigen Europa zur Vorsicht. Der belgische Kardinal Van Roey sieht in dem Geschehenen eine Bestätigung seines Kurses. In seinem Umgang mit den deutschen Besatzern und Kollaborateuren legt er eine große Umsicht an den Tag. Nur in absoluten Ausnahmefällen spricht er sich gegen den Nationalsozialismus aus. Als die niederländische NSB die Nachricht verbreitet, Van Roey zeige sich, im Gegensatz zum niederländischen Episkopat, den Nationalsozialisten gegenüber entgegenkommender und unterstütze zudem den Kampf gegen die Sowjets, belehrt er seine Gegner eines Besseren und weist die Behauptungen der NSB entschieden zurück – auch wenn sie nicht völlig aus der Luft gegriffen sind. Als prinzipienfest kann man Van Roeys Haltung schwerlich bezeichnen; er interpretiert seine Rolle eher politisch. Nach dem Krieg wird Van Roey mit seiner Erklärung, die Kirche habe sich vor allem für die »interessanten Fälle« eingesetzt, insbesondere bei der jüdischen Gemeinde für böses Blut sorgen. Unter »interessanten Fällen« versteht er insbesondere solche Juden, die sich einer Bekehrung zum Katholizismus nicht abgeneigt zeigten und daher auf die Unterstützung und Aufmerksamkeit der katholischen Kirche zählen konnten.

Der Altphilologe, Philosoph und Geistliche Honoré Van Waeyenbergh trat nach Paulin Ladeuzes Tod im Januar 1940 die Nachfolge als Rector magnificus der Universität Leuven an. Während des gesamten Krieges widersetzte er sich beharrlich den Versuchen der deutschen Besatzer, die Universität zu kontrollieren. Der Konflikt eskaliert derart, dass die Deutschen 1943 sogar erwägen, für alle Erstsemester einen obligatorischen Arbeitsdienst in Deutschland anzuordnen. Durch den enormen Einsatz und Verlust von Menschenleben und Kriegsmaterial an der Ostfront besteht in der deutschen Kriegsindustrie ein großer Bedarf an Arbeitskräften. Viele junge Menschen werden daher zum Zwangseinsatz in Deutschland verpflichtet, nur Studenten sind davon befreit. Deshalb schnellt die Zahl der Immatrikulationen im Lauf des Kriegs von Jahr zu Jahr nach oben; an die Universität streben sogar junge Männer und Frauen, die unter normalen Umständen niemals ein Studium erwogen hätten. Van Waeyenbergh knickt nicht ein und widersetzt sich weiterhin dem deutschen Plan, die Erstsemester anzufordern, selbst als er in Beugehaft genommen und eine Weile in ein Gefängnis gesperrt wird. In dieser Situation zeigt sich Van Roey von seiner unnachgiebigsten Seite: Er entzieht dem Dekan keineswegs seine Unterstützung.

Van Breda ist vorsichtiger als sein Magnificus und vermeidet Konfrontationen. Er nimmt zwar nicht alles hin, versucht aber, in erster Linie hinter den Kulissen zu handeln. Das zeigt sich bereits am 10. Mai 1940, als er van Waeyenbergh bittet, bei der belgischen Regierung gegen die Verhaftung Finks und Landgrebes Protest einzulegen. Durch sanfte Diplomatie versucht er bis zum Kriegsende, ihm wichtige Anliegen durchzusetzen. Wenn er dafür mit den Deutschen oder Kollaborateuren verhandeln oder sogar zusammenarbeiten muss, tut er es eben. Manchmal erweist sich diese Haltung als richtig (wie bei seinen Kontakten zum Kreiskommandanten von Thadden), aber sein Handeln ist auch mit Risiken verbunden, wie es das Schicksal von

Marcel Marinower und dessen Ehefrau Anna Marinower-Katz schmerzlich beweist. Letztere wird Van Breda noch 74 Jahre später sein untätiges Schweigen übel nehmen.

Als die Université Libre de Bruxelles (ULB), die Freie Universität Brüssel, ab Mitte der Dreißigerjahre zum ersten Mal Vorlesungen und Seminare auf Niederländisch anbot, war Marcel Marinower einer der ersten Jurastudenten, der sich dafür entschied. Er war ein brillanter Student, und einer erfolgreichen Karriere schien nichts im Wege zu stehen. Allerdings – er war Jude. Besser als jeder andere sah er die Konsequenzen, die sich aus der deutschen Invasion ergeben würden, weil er wusste, was in den vergangenen Jahren in Deutschland geschehen war. Dass die Deutschen zu Beginn des akademischen Jahrs 1941/42 verlangten, den jüdischen Professoren und Studenten den Zugang zur Universität zu verweigern, konnte ihn nicht überraschen. Am 24. November 1941 musste die ULB auf Anordnung der deutschen Besatzer die Tore schließen, weil die Universität dieser Auflage nicht nachkommen wollte. Anna Katz, eine Tochter polnischer Juden, die 1923 nach Antwerpen gekommen waren, hatte im Juni 1940 unter schwierigen Bedingungen ihr Rhetorikexamen bestanden. Sie wollte gern in Brüssel studieren, aber ihre Mutter verweigerte die Zustimmung. Im Zug von Antwerpen nach Brüssel waren wiederholt Juden verhaftet worden und die Mutter wollte nicht, dass sie unnötige Risiken einging.

Marcel Marinower beschloss Anfang 1942, aus Belgien zu fliehen, und schaffte es in den unbesetzten Teil Frankreichs. Dort erhielt er die Nachricht, sein Vater liege in Antwerpen im Sterben, und er beschloss, wieder zurückzukehren. In Libourne wurde er festgenommen und ins Lager Pithiviers gebracht. »Dort hat er meinen ältesten Bruder kennengelernt«, erinnert sich Anna Katz. »Mein Bruder hatte ein Visum für Kuba, sollte aber in Marseille an Bord gehen. Also musste er erst einmal dorthin. Beim Überschreiten der Demarkationslinie zwischen dem besetzten und dem nicht besetzten Teil Frankreichs ging es schief. Der *passeur*, der ihm beim Grenzübertritt helfen sollte, hat ihn verraten. Er hat ihn, kann man sagen, gewissermaßen wirklich verkauft. Deshalb landete er also auch in Pithiviers. Alle vierzehn Tage fuhren wir von Antwerpen nach Nordfrankreich, nach Lille, um Päckchen nach Pithiviers aufzugeben. Mein Bruder wusste, dass Marcel und ich uns kannten, und sie kamen ins Gespräch. Als Marcel aus dem Lager fliehen wollte, hatte er meinem Bruder vorgeschlagen, mitzukommen. Aber mein Bruder war zu ängstlich, er wagte es nicht. Am Ende ist er in Auschwitz gestorben. Marcels Fluchtversuch war erfolgreich. Er kletterte über den Stacheldraht, marschierte zu Fuß nach Orléans und hat es am Ende doch nach Antwerpen geschafft. Dort stellte sich heraus, dass sein Vater inzwischen verstorben war. Er kam zu uns, um uns von meinem Bruder zu erzählen. In der Zeit sind wir uns immer nähergekommen. Daraufhin sagte mein Vater: ›Mit jungen Männern Umgang zu haben, das geht nicht einfach so. Entweder ihr heiratet oder es ist Schluss.‹ Daraufhin haben wir beschlossen zu heiraten.«

Am 1. Juli 1942 gaben sich Marcel Marinower und Anna Katz das Jawort. Anna Katz: »Die Synagoge in der Oosterstraat in Antwerpen war die einzige, die noch in Betrieb war, und dort haben wir geheiratet. Ich heiratete in einem weißen Kleid, auf das ein gelber Stern genäht war. Wir fuhren in einer Kutsche, es gab keine Taxis mehr. In der Kloosterstraat wurde unsere Kutsche angehalten und ein deutscher Marineoffizier öffnete den Schlag. Als er mich dort sitzen sah, schaute er mich an, schüttelte den Kopf und sagte: ›Ach du armes Mädchen, was machst du denn bloß?‹ Er hat uns weiterfahren lassen. Es war kein festlicher Tag, unser Hochzeitstag. Es wurde viel geweint. Jeder kannte schon einen, der abgeholt worden war oder an der Siegfriedlinie, dem Westwall in Frankreich arbeiten musste.«

Wenige Wochen nach der wenig feierlichen Hochzeit lag eine Benachrichtigung im Briefkasten, in der die Familie aufgefordert wurde, sich in Mechelen in der Dossin-Kaserne zu melden. Diese Kaserne war erst wenige Wochen vorher von den Deutschen als SS-Sammellager in Betrieb genommen worden, über das insbesondere Juden, aber auch Roma nach Auschwitz deportiert wurden. Anna Katz: »Meine Mutter sagte anfangs noch: ›Ich kann mich im Lager nützlich machen. Ich kann *patatten schellen*, Kartoffeln schälen.‹ Marcel widersprach ihr heftig. Er war schon in einem französischen Lager gewesen und wusste, dass das, was uns in Deutschland erwarten würde, noch viel schlimmer sein würde. Er sagte: ›Wir tauchen unter!‹ Ich weiß nicht, wie er es geschafft hat, aber er hat damals in Mechelen gefälschte Pässe beschaffen können. Mit falschen Namen. Ich hieß von jetzt an Mertens statt Marinower, meine Mutter Ceulemans statt Katz. Sie konnte sich diesen Namen einfach nicht merken. ›*Hoe heet e-kik?*‹, ›Wie heiße ich?‹, fragte sie ständig.«

Schon in den Vorkriegsjahren hatte Marcel Marinower nebenher arbeiten müssen, um sein Studium zu finanzieren; nach der Besetzung Belgiens musste er sich noch mehr Jobs suchen. Er übersetzte unter anderem das Buch des Mechelner Wirtschaftswissenschaftlers Willy Cracco vom Niederländischen ins Französische. Dafür zahlte Cracco Marinower 10 000 Franken, für die damalige Zeit ziemlich viel Geld. »Cracco meinte es sehr gut mit uns«, erinnert sich Anna Katz. »Als wir gerade untertauchen wollten, riet er uns, aus Antwerpen wegzugehen. ›Dort werdet ihr verraten und abgeholt‹, sagte er. Er hat recht bekommen; Antwerpen erwies sich als die einzige Stadt, in der sich die Polizei an Razzien beteiligte. Unter anderem wurde meine eigene Schwägerin samt ihren beiden kleinen Kindern abgeholt und ist nie wieder zurückgekommen, genau wie meine Tante mit ihrem Kind. ›Geht nach Leuven‹, hat Cracco uns geraten. ›Dort leben viele Ausländer, dort gibt es viele Studenten. Dort ist es bestimmt sicherer.‹ Zuerst haben wir noch versucht, über die Schweizer Grenze zu kommen, aber gerade als wir dort ankamen, stellte sich heraus, dass alle *passeurs* von den Deutschen verhaftet worden waren. Wir wohnten bei einer Familie, wo wir darauf warteten, über die Grenze zu können. Ein Schweizer Schmuggler wollte uns mitnehmen, aber er verlangte Geld, sehr viel Geld. Das hatten wir nicht. ›Pas d'argent, pas de Suisse‹, sagte er. Kein Geld, keine Schweiz. Daraufhin kehrten wir unverrichteter Dinge wieder zurück und sind auf Umwegen trotzdem noch in Leuven gelandet. Ich bin dieser Stadt mein ganzes Leben dankbar geblieben. Verglichen mit Antwerpen war dort wirklich eine andere Welt. Weil die Deutschen im Ersten Weltkrieg in der Stadt solche Schweinereien angestellt hatten, hasste die Bevölkerung von Leuven die Deutschen aus ganzem Herzen.«

Marcel Marinower hatte nicht nur an der Brüsseler Jurafakultät studiert, sondern auch Orientalistik belegt. Unter anderem lernte er Hebräisch und Aramäisch. Er war der einzige Student des Instituts, und der bekannte Orientalist Isidore Lévy vom Collège de France reiste zum Unterricht für ihn eigens von Paris nach Brüssel. Über diesen Kontakt kannte Marinower auch den Leuvener Orientalisten Monsignore Gonzague Ryckmans, ein weltweit anerkannter Experte, wenn es um arabische Inschriften und das vorislamische Arabisch ging. Dieser Priester und Hochschullehrer verdient auch einen Platz in den Geschichtsbüchern, weil er seine Leidenschaft für den Orient an seinen Neffen und Patenkind weitergab, an Pierre Ryckmans, der später unter dem Pseudonym Simon Leys bahnbrechende Werke über das China Maos veröffentlichen sollte. Damit hob er an, den Mythos vom »großen Steuermann« und der von den breiten Massen getragenen Kulturrevolution ein für alle Mal zu zertrümmern.

Damals ist Gonzague Ryckmans auch Dekan der Philologischen Fakultät Leuven. »Mein Mann war ein echter Intellektueller, vor der Besetzung schrieb er für mehrere liberale Zeitungen und Zeitschriften«, berichtet Anna Katz. »Als wir in Leuven untergetaucht waren, nahm er Kontakt mit Professor Ryckmans auf. Marcel wollte nicht stillsitzen, er suchte nach intellektuellen Herausforderungen. Ohne sie wäre er verrückt geworden. ›Es ist Krieg‹, sagte Monsignore Ryckmans. ›Ich kann nicht viel tun. Aber ich weiß, dass ein Kollege von der Philosophischen Fakultät, Pater Van Breda, der das Archiv von Edmund Husserl verwaltet, nach Übersetzern sucht. Sprechen Sie Deutsch?‹ Mein Mann war kein Germanist, aber er sprach Deutsch. Also ging er zu Van Breda. Der hatte Arbeit für ihn, konnte ihn aber nicht bezahlen. Er habe kein Geld, sagte er. Mein Mann ging trotzdem auf den Vorschlag ein, weil er beschäftigt sein wollte. Mich störte es schon, dass der Pater uns in der Zeit, als wir große finanzielle Probleme hatten, nicht bezahlen wollte. Obwohl sein Kloster gigantisch groß war. Ich glaube nicht, dass sie dort finanzielle Probleme hatten.«

Ab Herbst 1942 beginnt Marcel Marinower, Husserls Texte zu übersetzen. Anna Katz holt regelmäßig Nachschub bei Van Breda ab und bringt ihm dabei die fertigen Übersetzungen. Van Breda arbeitet mit Lucy Gelber im Archiv an der Systematisierung, Katalogisierung und Datierung der Manuskripte. »Die Tür war immer verschlossen«, meint sie. »Man musste anrufen oder anklopfen, erst dann konnte man hineinkommen. Ich ging auch oft ins Kloster, um Texte abzuliefern oder abzuholen. Dort musste ich mich zuerst beim Bruder Pförtner melden, der mit einem Riesenschlüssel eine ganz dicke Tür aufschließen musste.«

Lange kann Marinower diese Arbeiten jedoch nicht übernehmen. »Mein Mann hat die ganze Zeit, während wir in Leuven waren, gesagt, dass er noch vor Kriegsende in einem Lager landen würde. Leider bekam er recht.« Im Februar 1944 wird Marcel Marinower in Leuven verhaftet und in die Dossin-Kaserne gebracht. Von dort aus wird er, am 4. April 1944, als Nummer 583 des 24. Konvois, der von Mechelen abfährt, nach Auschwitz deportiert. In den fünfzehn Monaten darauf wird er auch noch nach Mauthausen und nach Bergen-Belsen gebracht, wo er unmenschlicher Barbarei ausgesetzt ist. Anna Katz bleibt in Leuven zurück. Während des Kriegs muss sie sich bei etwa einem Dutzend immer wieder wechselnden Helfern in der Stadt verstecken; ihre Eltern sind anderswo in Leuven untergetaucht.

»Unmittelbar nachdem mein Mann verhaftet und deportiert worden war, bin ich zu Pater Van Breda gegangen. Ich wusste nicht mehr weiter«, erinnert sie sich. »Mein Mann hatte mir einen Umschlag mit Fotos seiner Familie und Verwandten gegeben. Das war sein wertvollster Besitz und seine einzige Erinnerung, vor allem, nachdem die Wohnungen der Familie ausgeraubt worden waren. Ich habe diese Fotos Pater Van Breda gegeben und ihn gebeten, sie bis nach dem Krieg bei sich aufzubewahren. Das hat er mir versprochen. Ich habe ihn auch gefragt, ob er sich nicht schriftlich für meinen Mann einsetzen wolle. Marcel hatte einen belgischen Pass, und anfangs blieben Personen mit einem belgischen Pass noch halbwegs verschont. Er hat sich geweigert. ›Das kann ich nicht‹, sagte Van Breda. ›Ich bin Professor. Das muss man doch verstehen.‹ Ich war bestürzt. Weil ich nicht mehr ein noch aus wusste, habe ich mich dann an Monsignore Ryckmans gewandt. Der fand es schrecklich und sagte, er würde für mich tun, was er nur könne. Er ging schließlich zur Gestapo an der Louizalaan in Brüssel, um sich für meinen Mann einzusetzen. Sie haben ihn dort brutal am Kragen gepackt und gerufen: ›Wenn du es noch einmal wagst, wegen Juden zu kommen, kannst du sie dorthin begleiten, wo sie hingebracht werden. Und dann kommst du nie wieder zurück.‹ Er war am Boden zerstört. *›Je suis désolé‹*, sagte er. *›Ces gens n'ont pas de manières.‹* Es tut mir schrecklich leid, aber diese Leute haben wirklich keine Manieren. ›Ich kann nur noch für Sie und Ihren Mann beten.‹ Er hat für meinen Mann seinen Namen aufs Spiel gesetzt. Obwohl er doch nicht irgendjemand war. Er war der Dekan, der Sohn eines Senators, der Bruder des Generalgouverneurs von Belgisch-Kongo, und er hat Kopf und Kragen riskiert. Van Breda hat nichts getan.«

Nach Marcel Marinowers Verhaftung gibt es meist nur noch indirekte Kontakte zwischen Van Breda und Anna Marinower-Katz. »Oft hat er einen anderen braunen Pater aus dem Leuvener Kloster vorbeigeschickt, Pater Quirinus, um zu sehen, wie es mir geht. Er hat für ihn manchmal Botengänge gemacht und uns Nachrichten vorbeigebracht. Ich habe Pater Van Breda immer *mon curé chez les riches* genannt, mein Pater für die Reichen. Er war ein richtiger Bettelmönch, immer auf der Suche nach Geld – natürlich bei den reicheren Leuten. Er hat während des Kriegs auch noch anderen untergetauchten Juden Arbeit gegeben, auch wenn die Umstände so waren, dass ich nie gewusst habe, wer das genau war. Er hat Leuten Arbeit verschafft, die nichts zu tun hatten. Obwohl er ihnen doch leicht ein bisschen Geld hätte geben können, zu der Zeit hätte das einem sehr geholfen. Van Breda wusste, dass ich ein wenig dazuverdienen wollte, in der Hoffnung, so den Kopf über Wasser halten zu können. Irgendwann einmal hat er gesagt: ›Ich hab da was für Sie, bei einem deutschen Ehepaar. Sie ist die Tochter eines großen Persil-Chefs, und sie ist mit einem Belgier verheiratet. Sie dürfen ihr Niederländisch beibringen.‹ Als ich zum ersten Mal zu dieser Frau kam, holte sie Kekse heraus. Die verfütterte sie an ihren Hund, und ich bekam nichts. Keinen einzigen Keks. Danach sagte ich zu Van Breda: ›Ich danke Ihnen für die erwiesene Hilfe, aber das mache ich nicht mehr. Erstens ist die Frau eine Deutsche, und mein Mann ist schließlich von Deutschen deportiert worden.‹ Und dann die Gemeinheit mit dem Hund ... Sich so etwas mit jemandem zu erlauben, der um sein Überleben kämpft, da muss man doch eine richtige Kanaille sein. Soll sie doch Flämisch von jemand anderem lernen!«

Van Breda hatte Anna Katz auch gebeten, Malvine Husserl zu besuchen und die Witwe des Philosophen ein wenig aufzumuntern. »Er hat mir nicht gesagt, dass sie Jüdin ist. Sie wirkte ein bisschen preußisch und hatte sehr viel Schmuck umgehängt, unter anderem Goldketten. Ich kann nicht sagen, dass ich sie sympathisch gefunden hätte. Während des Gesprächs saß sie sehr auf dem hohen Ross, sie gab sich ziemlich hochnäsig. Und die ganze Zeit war ihre Gesellschaftsdame dabei. Darf ich ehrlich sein? Ich fand, sie war eine schreckliche Person. Ich bin nie wieder hingegangen.«

20 Nicht nur an der Katholischen flämischen Hochschule für Frauen in Antwerpen setzte Pater Van Breda, indem er auf Niederländisch lehrte, auf die flämische, um nicht zu sagen flamingantische Karte, auch in Leuven trug er zur weiteren Niederlandisierung der Philosophischen Fakultät bei, wo bisher noch das Französische dominierte. Im Januar 1943 gründet er im Schoß des HIW die *Wijsgerig Gezelschap*, die Philosophische Gesellschaft, ein Verein, der ehemalige niederländischsprachige Studenten an das Institut binden soll. Dazu werden Studientage eingeführt und auch ein »Mitteilungsblatt« ins Leben gerufen. Mansion wird Vorsitzender, Van Breda beschränkt sich auf die Rolle eines Vorstandsmitglieds. Am ersten Studientag ergreifen De Waelhens und Edgar de Bruyne das Wort, ein Jahr später, im April 1944, hält Van Breda selbst einen Vortrag.

Van Breda ist nicht allein für die Gründung der Philosophischen Gesellschaft verantwortlich. Große Unterstützung und Hilfe bekommt er von Vaast Leysen, einem jungen, vielversprechenden Studenten. Leysen studiert im vierten Jahr Jura und absolviert außerdem noch das *baccalauréat* in Philosophie; deshalb besucht er auch Van Bredas Lehrveranstaltung. Wie die meisten seiner Kollegen ist auch der Pater von dem jungen Leysen beeindruckt. Albert Dondeyne spricht von ihm immer als vom »Slimme Vaast«, dem klugen Vaast. Nach einer mündlichen Prüfung bewertet Van Breda die Leistung des Studenten mit 18,5 von 20 Punkten. Es ist der Beginn einer intensiven lebenslangen Freundschaft, die noch im selben Studienjahr

Vaast Leysens Leben und Karriere eine unerwartete Wendung gibt.

Nicht lange nach der Gründung der Philosophischen Gesellschaft kommt Jos Van Breda zu seinem jüngeren Bruder in Leuven auf Besuch. Er hat schlechte Nachrichten und ein großes Problem. Jos Van Breda war 1929 bei der Lierse Volksbank angestellt, als diese in Konkurs ging. Eine schreckliche Enttäuschung für ihn, denn Jos Van Breda war davon überzeugt, dass eine solche Bank, wenn sie mit Sorgfalt, Verstand und Besonnenheit geführt wurde, mit Leichtigkeit profitabel sein müsste. Deshalb beschloss er, das Risiko einzugehen und die Bank zu übernehmen. Mit seinem Bruder Maurice, der sich seit einigen Jahren »Lizentiat der Handelswissenschaften« nennen durfte, gründete er am 21. Februar 1930 die Bank J. Van Breda & C°. Jos und Maurice sprachen Eltern, Brüder, Schwestern, Cousins und Cousinen an und sammelten so ausreichend Startkapital, um die geschäftlichen Aktivitäten der Volksbank und das Gebäude zu übernehmen. Ein großer Teil des Kundenstamms, hauptsächlich rekrutiert aus dem Mittelstand von Lier, blieb ihnen treu. Es waren schwere Zeiten, aber die Bank schaffte es, sich über Wasser zu halten. 1937 wurde die Angebotspalette sogar um ein damals noch ziemlich begrenztes Versicherungsportfolio erweitert.

In den ersten Monaten des Jahres 1943 ging es der Bank noch den Umständen entsprechend gut, aber Maurice wurde schwer krank und erfuhr kurz darauf, dass er nicht mehr lange zu leben habe. Ein Schlag für die Familie und für die Bank. Pater Van Breda hatte bis dahin in keiner Weise mit dem Tagesgeschäft einer Bank zu tun, aber Jos flehte ihn fast an, mit ihm eine Lösung zu suchen. Kannte er denn niemanden, der die Belegschaft verstärken könnte, jetzt, wo Maurice im Sterben lag? Van Breda denkt sofort an Vaast Leysen.

»Ich hatte im Juni 1943 mein Studium abgeschlossen«, erinnert sich Leysen. »Ich war bereits als Anwalt vereidigt worden, hatte aber noch nie einen Fall vor Gericht vertreten. Da kam der Pater zu mir und schlug mir vor, in der Bank seiner Brüder zu arbeiten. ›Wenn du Lust dazu hast, kannst du es sechs Monate lang ausprobieren‹, sagte er. ›Jos und die anderen Mitarbeiter der Bank werden dir völligen Aufschluss geben und mit allen Büchern auf dem Tisch erklären, wie die Lage ist. Dann musst du selbst entscheiden, ich will dich zu nichts verpflichten.‹ Ich sah sofort, dass es sich um eine sehr kleine Bank handelte, in der aber ernsthaft gearbeitet wurde. Die Geschäfte wurden gut betreut, es gab eine gewisse Dynamik. Neben Jos Van Breda gab es damals vier Angestellte, einschließlich der Sekretärinnen. Warum eigentlich nicht?, dachte ich mir. Am Ende bin ich geblieben und habe als Rechtsanwalt nie einen Fall vor Gericht vertreten. Und das habe ich niemals bereut.«

Nachdem Maurice Van Breda am 27. Oktober 1943 gestorben ist, wird Leysen als Direktor der Bank Van Breda eingestellt, die er, zusammen mit dem leitenden Angestellten Frans Van Antwerpen, in den kommenden Jahrzehnten weiter ausbaut. Nach einem Schlaganfall Jos Van Bredas wird der Einfluss der Familie geringer, obwohl sie noch lange als stille Teilhaber am Kapital der Bank beteiligt sind.

Nachdem Leysen in der Bank zu arbeiten begonnen hat, findet er heraus, dass Jos Van Breda schon eine ganze Weile den Lebensunterhalt Malvine Husserls und ihrer Haushälterin finanziert. Das ist eine private Regelung nur zwischen Van Breda und seinem Bruder; Frau Husserl weiß nichts davon. Anfangs lebte sie einige Jahre von dem Geld, das ihr Schwiegersohn Jakob Rosenberg ihr übergeben hatte, danach beglich sie ihre Ausgaben aus dem Kaufpreis, den ihr die Universität Leuven für die Bibliothek des Philosophen gezahlt hatte. Seit diese Mittel aufgebraucht waren, hatte die Bank Van Breda die Kosten für ihren Lebensunterhalt getragen.

Das ist noch nicht alles. In den Tresoren der Bank in Lier findet Leysen auch Tausende Seiten Husserl-Handschriften. »Es handelte sich um einen großen Teil des Nachlasses«, erinnert sich Vaast Leysen. »Sie sollten im Banktresor – das war die Hoffnung – auch vor Bombenangriffen geschützt sein. Erst später begann Pater Van Breda, die Husserl-Handschriften auf mehrere Standorte zu verteilen, obwohl ein bedeutender Teil der Dokumente bis nach der Befreiung in der Bank blieb. Van Breda hat nie irgendjemandem davon erzählt.«

Nachdem sich das Kriegsglück gewendet hatte und ein deutscher Sieg nicht mehr selbstverständlich schien, verteilte Van Breda verschiedene Teile des Nachlasses auf Standorte im ganzen Land. »Ich habe dabei ein Aufteilungssystem verwendet, um so selbst im denkbar schlimmsten Fall mindestens eine Kopie der Transkriptionen und einen Teil der noch nicht transkribierten Originalmanuskripte, sowie große Teile der Bibliothek zu retten«, schreibt er später.

Wo er die Archive, Handschriften und Teile der Bibliothek genau unterbringt, verrät Van Breda nie, nicht einmal nach dem Krieg. Aber in seinem Nachlass taucht ein Dokument aus den frühen Vierzigerjahren auf, in dem er, gewissermaßen als Gedächtnisstütze, sehr akribisch aufgeschrieben hatte, welche Dokumente sich wo befanden. Aus Sicherheitsgründen notierte er nur die Ortsnamen. Die Dokumente, die Eugen Fink bei seinem Weggang nach Freiburg mitgenommen hatte, wurden unter der Rubrik »Freiburg« aufgeführt. Auch auf Ludwig Landgrebe (»Reinbek«), Malvine Husserl (»Herent«) und auf die Familie Strasser (»Mechelen«) verweist Van Breda nur durch die Orte, an denen sie zu diesem Zeitpunkt gelagert sind. Einige Manuskripte befinden sich noch immer in Prag, wo Jan Patočka sie in seine Obhut genommen hat. Eine beträchtliche Anzahl von Manuskripten bleibt in den Kellern des HIW und in den Tresoren der Bank Van Breda in Lier; und auch der Leuvener Anwalt Maes, der Van Breda oft Rechtsbeistand leistet, versteckt einen Teil der Papiere. Der Bürgermeister der flämisch-brabanter Stadt Eliksem, heute Teilgemeinde von Landen, hütet einen kleinen Teil aus dem Nachlass, und auch in Wezenbeek sind einige Dokumente untergebracht – bei wem, das weiß allein Van Breda.

Ein weiterer Teil der Handschriften und Transkripte zieht ins Kloster der Norbertiner (auch Prämonstratenser genannt) in Mol-Postel um, wo sie in eine Wand eingemauert werden. Van Breda bat den späteren Abt Celestijn Gregorius Waterschoot darum, der bis 1942 in Leuven Philosophie studiert hatte, aber kriegsbedingt sein Studium nicht abschließen konnte. Seit dieser Zeit pflegte er einen sehr guten Kontakt zu seinem ehemaligen Lehrer. Als Van Breda ihn bittet, ihm bei der Rettung des Archivs behilflich zu sein, zögert der Norbertiner nicht lange.

Einige weitere Seiten, hatte Van Breda ebenfalls notiert, befinden sich zu dem Zeitpunkt in Paris. Bei ein paar neuen Freunden des Paters.

21 Das Ansehen Edmund Husserls blieb nicht allein auf Deutschland beschränkt. Sein Werk genoss auch in Frankreich großes Ansehen und regte dort junge Philosophen zur Nachahmung an. In den Zwanziger- und Dreißigerjahren geriet eine ganze Generation in den Bann Husserls, und zwar in einem solchen Maß, dass sich sogar das Pariser *Rive Gauche*, wo sich Schriftsteller und Intellektuelle in hippen Kneipen und Kaffeebars treffen, allmählich zum neuen Zentrum der Phänomenologie entwickelte. Zwar führte Emmanuel Levinas Husserl in der französischsprachigen Welt ein, doch waren es vor allem die Existenzialisten, die sein Werk berühmt machten. Ihr Denken baut unter anderem auf Nietzsche und Kierkegaard auf, aber sie bedienen sich auch Husserls phänomenologischer Methode.

Ein erster wichtiger Moment in der Geschichte des Existenzialismus ereignete sich im Frühjahr 1933. Der Vorfall hat in den Büchern über die Gründer dieser philosophischen Strömung nahezu mythische Ausmaße angenommen und ist in verschiedenen Versionen überliefert. Es geht um eine Begegnung auf der Terrasse des Cafés Bec de Gaz in der Rue Montparnasse in Paris. Der junge Philosoph Jean-Paul Sartre, damals Studienrat für Philosophie in Le Havre, war mit seiner Freundin, der angehenden Schriftstellerin Simone de Beauvoir, nach Paris gereist. Sie hatten sich auf der Terrasse des Bec de Gaz mit Raymond Aron, einem ehemaligen Klassenkameraden Sartres an der École Normale Supérieure in Paris, verabredet. Aron war gerade aus Berlin zurückgekehrt, wo er als Stipendiat des Institut Français ein Jahr lang Philosophie studiert hatte, und schrieb seine Abschlussarbeit. Einen Nachmittag lang brachten sich die Freunde auf den neuesten Stand, und Aron berichtete von seinen Erfahrungen in Deutschland. Laut Beauvoir tranken sie Aprikosencocktail, die Spezialität des Hauses; Aron erinnert sich später, es sei einfach Bier gewesen. Einerlei, was es war, Aron sagte irgendwann, er habe aus Husserls Phänomenologie gelernt, dass man aus allem im Leben Philosophie machen könne, sogar aus Alkohol. »Siehst du, mon petit camarade – wenn du Phänomenologe bist, kannst du auch über diesen Cocktail sprechen, und das ist dann Philosophie!« Für Sartre war es eine Offenbarung. Die Phänomenologie könnte genau das sein, was er schon immer hatte tun wollen: die Dinge so beschreiben, wie er ihnen in der Welt begegnete, und sie mit der Philosophie zu verbinden.

Sartre wird dieses Gespräch später als den Moment beschreiben, an dem er begann, seine eigene Philosophie zu entwickeln. Und das wollte er auf den Fundamenten tun, die Husserl gelegt hatte. Er beschaffte sich sofort Levinas' 1930 erschienene Doktorarbeit, *Théorie de l'intuition dans la phénoménologie de Husserl* (dt. *Husserls Theorie der Anschauung*), und las in den nächsten sechs Jahren kaum einen anderen Philosophen. Für Sartre war Husserls Werk inspirierend und frustrierend zugleich. De Beauvoir gegenüber soll er gemurrt haben: »Ach, er hat alle meine Ideen schon gefunden.«

Wie Aron wollte Sartre nach Berlin gehen und beantragte ein Stipendium, ebenfalls in der Absicht, Arons Platz beim Institut Français in Berlin einzunehmen. Er bekam das Stipendium und lernte in Berlin das Werk Husserls näher kennen. Im Gegenzug übernahm Aron Sartres Stelle als Gymnasiallehrer in Le Havre. Sartre las in Berlin nur Werke von Husserl und dessen ehemaligem Anhänger Heidegger, anfangs aber nur, um so Husserls Werk besser kennenzulernen.

Zwischendurch schrieb er in Berlin auch die erste Fassung von *La Nausée* (dt. *Der Ekel*), des Romans, mit dem er 1938 seinen Durchbruch hatte.

Levinas, Sartre und Aron waren nicht die einzigen jungen französischen Philosophen, die in den Bann Husserls gerieten. Auch andere Kommilitonen von Aron und Sartre wurden vom phänomenologischen Fieber ergriffen, darunter Paul Nizan, Georges Canguilhem, Maurice Merleau-Ponty und Jean Hyppolite. Merleau-Ponty hörte 1929 Husserls Vortragsreihe in Paris, die später die Grundlage der *Pariser Vorträge* werden sollte. Obwohl er den deutschen Vorträgen kaum folgen konnte, war diese Begegnung eine entscheidende Erfahrung für ihn: Merleau-Ponty sollte sich in seinem eigenen Werk ein Leben lang mit Husserls Denken beschäftigen.

Es ist also möglicherweise kein Zufall, dass Merleau-Ponty der Erste war, der mit Pater Van Breda Kontakt aufnahm. Bereits im März 1939 schrieb er einen ersten Brief an das Husserl-Archiv in Leuven auf Anraten von Jean Hering, Professor für Philosophie in Straßburg und ehemaliger Husserl-Schüler. Bereits wenige Wochen darauf, vom 1. bis 6. April, hielt sich Merleau-Ponty in Leuven auf, wo er – als erster nicht in Leuven tätiger Forscher – verschiedene noch unveröffentlichte Texte Husserls einsehen durfte. Dort lernte er nicht nur Van Breda kennen, er war auch sehr erfreut, Eugen Fink zu treffen, dessen Arbeiten er seit den frühen Dreißigerjahren verfolgt hatte. Merleau-Ponty konsultierte die Texte, die er in Leuven einsehen konnte, für seine Habilitationsschrift *Phénoménologie de la Perception* (dt. *Phänomenologie der Wahrnehmung*), die noch heute als eines seiner wichtigsten Werke gilt.

Während der Besetzung Belgiens versuchte Van Breda, den Kontakt zu den Franzosen nicht abreißen zu lassen und nach Möglichkeit sogar noch zu festigen. Damals war das nicht selbstverständlich, denn seine Briefe wurden oft vom Zensor wieder zurückgeschickt. Er hatte nämlich eine Idee, die ihm in zweierlei Hinsicht nutzen konnte. Sobald der Krieg vorbei wäre (und wenn möglich schon früher), würde er Abschriften der Husserl-Transkriptionen bei einer französischen Universität unterbringen. Das würde dem Husserl-Archiv einen doppelten Vorteil verschaffen: Zum einen gäbe es von allen transkribierten Husserl-Texten eine zweite Abschrift – was in Kriegszeiten sehr beruhigend sein würde – und zum anderen könnte es Geld in die noch immer klamme Kasse des Archivs bringen.

Ende Mai/Anfang Juni 1942 fuhr Van Breda nach Paris. Er wohnte in einem Franziskanerkloster und versuchte, sich vor Ort einen Einblick in die dortige Welt der Philosophie zu verschaffen. Er verabredete sich mit Merleau-Ponty, der ihm versicherte, dass die »junge Generation« sehr glücklich wäre, wenn in Paris ein Depot mit Abschriften aller Husserl-Transkripte zur Verfügung stünde, das sich zu einem Zentrum für das Studium von Husserls Philosophie entwickeln könnte. Merleau-Ponty macht ihn auch mit Jean Cavaillès bekannt, der Husserl einmal in Freiburg aufgesucht hatte und gerade an der Sorbonne Philosophie lehrte. Zurück in Leuven bespricht Van Breda sein Vorhaben mit dem Philosophischen Institut und informiert Merleau-Ponty und Cavaillès über die Möglichkeit, eine Kopie aller Transkriptionen in Paris zu deponieren. Voraussetzung dafür wäre allerdings ein rechtskräftiger Vertrag mit einer Pariser Universitätsbibliothek, in diesem Fall der Bibliothek der Sorbonne.

Das ist leichter gesagt als getan. Bereits im September 1942 reiste Van Breda erneut nach Paris, fand aber keinen Verhandlungspartner, mit dem er ein solches Abkommen hätte vereinbaren können. Cavaillès schien dafür am besten geeignet zu sein, war jedoch schon damals, wie sich später herausstellte, im

Widerstand aktiv. Nach der Gründung von unter anderem der Widerstandsbewegung *Libération* verlässt er Paris Anfang August 1942, um über den unbesetzten Teil Frankreichs nach London zu gelangen. Die bereits im Juni mit Van Breda getroffene Vereinbarung kann deshalb nicht in die Tat umgesetzt werden. Cavaillès' Reise endete in einem südfranzösischen Konzentrationslager. Dort wurde er 1944 von den Deutschen erschossen.

Im Februar 1944 unternahm Van Breda einen zweiten Versuch, in Paris sein Projekt auf den Weg zu bringen. Merleau-Ponty, Sartre und Hyppolite wiederholen gebetsmühlenhaft, dass es in Paris großes Interesse an Husserls unveröffentlichten Arbeiten gebe. Denn diese seien, so Merleau-Ponty in einem Brief an Van Breda, der Kern von Husserls Werk. Das papierne Herzstück seines Lebens und Denkens. In den ersten Tagen des neuen Jahres meldete sich Tran-Duc Thao bei Van Breda. Merleau-Ponty hatte ihm bereits 1942 zu einem Besuch des Archivs in Leuven geraten, doch es sollte noch fast zwei Jahre dauern, bis er den Plan in die Tat umsetzen konnte. Thao studierte ebenfalls an der École Normale Supérieure; er kam aus Phnom Penh in Kambodscha, damals Teil des französischen Protektorats Indochina. Er hatte ein Stipendium bekommen, um in Paris studieren zu können, und beschäftigte sich umfassend mit der Phänomenologie. Später wurde er mit einer Studie zur Verbindung von Phänomenologie und Marxismus berühmt. Als er Van Breda per Brief seinen Besuch ankündigte, schrieb er, »die Schriften Thomas von Aquins« in Leuven studieren zu wollen – die deutsche Zensur las nämlich mit.

Van Breda entwickelte rasch großes Vertrauen zu dem jungen Asiaten und verschaffte ihm Zugang zu allen benötigten Dokumenten – soweit es sich unter Kriegsverhältnissen ermöglichen ließ. Als Tran-Duc Thao im Februar nach Paris zurückreiste, übergab ihm Van Breda einen Brief für Jean Nabert, den

Direktor der Victor-Cousin-Bibliothek an der Sorbonne. In seiner Eigenschaft als Fakultätsvorsitzender hatte auch Léon Noël einen Brief an seinen Kollegen René Le Senne verfasst. Das war noch nicht das Ende der Charmeoffensive, denn Thao bekam auch noch 3000 Seiten Transkriptkopien mit – eine Weitergabe, für die Malvine Husserl im Voraus grünes Licht gegeben hatte. Van Breda und Noël hofften, Nabert und Le Senne würden noch nachträglich dem Plan zustimmen, an der Sorbonne ein Depot für Husserl-Texte einzurichten, und dafür auch einen finanziellen Beitrag leisten. Van Breda schlug Nabert in dem Brief die Gründung eines Schutzkomitees vor, mit unter anderen Merleau-Ponty, Le Senne und Nabert als Mitgliedern. Ein solches Komitee sollte sicherstellen, dass nicht ohne vorherige Zustimmung aus Leuven allzu ausführlich aus den noch unveröffentlichten Texten zitiert werde. Außerdem sollten für jeweils 1000 nach Paris geschickte Seiten 20000 französische Francs auf das HIW-Konto überwiesen werden. Bereits am 19. Februar teilte Le Senne mit, auf diesen Vorschlag nicht eingehen zu können – die erforderlichen Gelder stünden nicht zur Verfügung. Im März wird Thao ein zweites Mal nach Leuven geschickt. Dieses Mal, um die 3000 Seiten Transkriptionen wieder zurückzubringen.

Merleau-Ponty teilt Van Breda mit, er müsse von nun an Le Senne und Nabert außen vor lassen, da sie offenkundig der Phänomenologie und dem aufkommenden Existenzialismus nicht wohlgesonnen seien. Ihm erscheine es besser, mit »vertrauenswürdigen Personen« zu kooperieren. Diese könnten die Transkriptionen für einen bestimmten Zeitraum als Leihgabe übernehmen und sie für ihre Forschungen nutzen. Mit diesem Vorschlag ist Van Breda einverstanden und gibt Thao erneut 2000 Seiten Transkriptionen nach Paris mit, bestimmt für die »junge Generation« der französischen Philosophen, natürlich einschließlich Thaos und Merleau-Pontys. Es handelt sich dabei um die ersten von den Strassers transkribierten Texte. Offenbar hatte Van Breda Thao auch von ihnen erzählt, denn in einem Brief vom 8. August 1944 schreibt er ihm: »Ich habe für meine Mitarbeiter aus Mechelen eine neue Unterkunft suchen müssen, aus dem guten Grund, dass sie in dieser Stadt schwer getroffen wurden.« Auch über die Verteilung der Manuskripte über ganz Belgien gibt er Thao Einblick, ohne ins Detail zu gehen. »Ich muss Ihnen nicht erzählen, welch deprimierenden Anblick meine Bibliothek jetzt bietet.«

Eineinhalb Jahre später wird Van Breda ein letztes Mal versuchen, mit der Sorbonne zu einer Vereinbarung zu kommen. Dafür reist er erneut nach Paris. Wieder muss er sich mit Le Senne und Nabert beraten, trifft aber auch Émile Bréhier, den Dekan der Philosophischen Fakultät. Dieses Mal scheinen die Verhandlungen ein gutes Ende zu nehmen. Vor seiner Abreise wird vereinbart, dass er einen Vorschlag für die Zusammenarbeit ausarbeiten dürfe. Zu seiner großen Verwunderung bekommt Van Breda aber, nachdem er gerade erst wieder in Leuven angekommen ist, einen Brief von Bréhier, in dem jener alle gemachten Zusicherungen wieder zurücknimmt: »Ich habe mich bei unserem Gespräch am vergangenen Sonntag ein wenig überrumpeln lassen. Ich hatte inzwischen Zeit, in aller Ruhe über den freundlichen Leuvener Vorschlag nachzudenken, und ich frage mich, ob es wirklich nützlich ist, in Paris eine Kopie von allen oder von einem Teil der Husserl-Manuskripte zu haben. Zunächst einmal werden, dank Ihres Engagements, die wichtigsten Schriften herausgegeben werden, was sogar noch besser ist; außerdem ist Leuven nicht besonders weit entfernt, und die wenigen Personen, die das Bedürfnis haben, diese Texte einzusehen, können zu Ihnen kommen.«

Es wird Jahre dauern, bis Van Breda wieder den Wunsch verspürt, erneut Gespräche mit der Sorbonne aufzunehmen.

22

Am 1. September 1944 beginnt der deutsche Rückzug, und drei Tage später, am Nachmittag des 4. September 1944, wird Leuven nach einer kurzen, aber heftigen Schlacht von den Briten befreit. Am selben Tag ziehen sich die Deutschen auch aus Antwerpen, Mechelen, Lier und Kortrijk zurück. Das Lager von Breendonk fällt in die Hände der Alliierten und wird ab sofort zum Gefängnis für Kollaborateure.

Es hätte ein Festtag sein müssen, doch der Sieg der Alliierten schmeckt nicht süß. Es wird noch eine Weile dauern, bis Pater Van Breda weiß, ob die verschiedenen Teile des Husserl-Nachlasses die Befreiung wohlbehalten überstanden haben. Und außerdem gibt es noch die große Sorge um Freunde und Bekannte. Leuven ist befreit, die Toten werden gezählt. Die Bestrafung der Kollaborateure ist allumfassend, offene Rechnungen werden beglichen.

Für Stephan Strasser dominiert vor allem die Freude über das Kriegsende. Dass sein Vater und sein Bruder den Holocaust nicht überlebt haben, weiß er noch nicht. Sein Vater starb in der Nähe der lettischen Hauptstadt Riga, sein älterer Bruder Victor wurde am 14. September 1942 in das Vernichtungslager Maly Trostinez in der Nähe von Minsk gebracht, wo er vermutlich unmittelbar nach seiner Ankunft umgebracht wurde. Strasser genießt am 1. September das Wiedersehen mit seiner Familie. Nach 25 Monaten im Untergrund sind Stephan, Gertrude, George und die kleine Liesbeth wieder vereint. Er kann sein Glück kaum fassen. Auch beruflich bedeutet die Befreiung den Beginn eines neuen

Lebens. Von nun an kann Strasser ganz offiziell für das Husserl-Archiv arbeiten. Außerdem darf er sich jetzt voll seiner neuen Berufung, der Philosophie, widmen. Er besucht umgehend Vorlesungen und Seminare am Philosophischen Institut Leuven. Dort lernt er die (neo)thomistische Philosophie und insbesondere das Werk der von Husserl beeinflussten Philosophen kennen. Außerdem hält er vor verschiedenen Fachschaften auch Vorträge über Literatur. Die Tatsache, dass er nach zwei Jahren des erzwungenen Schweigens wieder unterrichten kann, bedeutet für ihn nicht nur eine große Erleichterung, sondern schenkt ihm zugleich viel neue Energie.

1945 bekommt er seine erste Stelle: An der Zentralen Hochschule für christliche Arbeiter in Heverlee erteilt er ein Jahr lang Philosophieunterricht. Ein Jahr darauf wird er in Brüssel Lehrkraft am Hoger Instituut voor Opvoedkunde, der Hochschule für Pädagogik, und betreut als Tutor an den Fakultäten für Psychologie und Philosophie Leuvener Studenten im Aufbaustudium. Obwohl Strasser kein Hochschullehrer ist, führt ihn Van Breda bei den anderen Leuvener Professoren als Kollegen ein und sorgt dafür, dass Strassers erster Artikel, *Het vraagstuk van het solipsisme bij Edmund Husserl* (Die Frage des Solipsismus bei Edmund Husserl), 1945 in der Leuvener *Tijdschrift voor Filosofie* erscheint. Auf Bitten Van Bredas beginnt er auch mit der Vorbereitung einer ersten Ausgabe von Husserl-Texten.

Als die Katholische Universität von Nimwegen 1947 einen Professor für Philosophische Psychologie sucht, scheint der niederländische Psychologe Jan Snijders der am besten geeignete Kandidat für diese Stelle zu sein. Obwohl er alle Voraussetzungen mitbringt, wird er schließlich doch nicht berufen. Der Rechtsträger der Universität, das niederländische Episkopat, hegt den Verdacht, Snijders könne Mitglied der Partij van de Arbeid, der niederländischen sozialdemokratischen Arbeiterpartei, sein.

Daher lehnen die Bischöfe seine Kandidatur ab. Das Stellenangebot wird ein wenig modifiziert und erweitert (nun handelt es sich um den Lehrstuhl für »Philosophische Psychologie und phänomenologische Anthropologie«). Und hier beweist Van Breda, dass er ein ausgezeichneter Diplomat ist, der den richtigen Zeitpunkt zu erkennen weiß. Er schreibt ein ausführliches leidenschaftliches Empfehlungsschreiben, in dem er Strassers Tatkraft, seine Gläubigkeit und Frömmigkeit, seine Beherrschung der niederländischen Sprache und die vielversprechenden wissenschaftlichen Artikel hervorhebt, die Strasser seit der Befreiung veröffentlicht hat.

Van Breda erreicht sein Ziel, und Strasser wird am 2. Oktober 1947 von der Universität Nijmegen zum außerordentlichen Professor ernannt. Eine sogenannte ›credietbenoeming‹, wie es so schön heißt, eine Ernennung eher aufgrund seiner Verdienste, die er sich im Untergrund während des Krieges erworben hat, als wegen seiner akademischen Meriten. Strasser zögert. Er lebt inzwischen seit neun Jahren in Belgien und möchte auch gern bleiben. Außerdem bekommt man nach zehnjährigem Aufenthalt im Land die belgische Staatsbürgerschaft. Wenn er jetzt in die Niederlande geht, verliert er diesen Anspruch. Am Ende entscheidet er sich doch für die Stelle. Aber Strasser, und vor allem seine Frau, transkribieren weiterhin für das Husserl-Archiv und erhalten dafür einen Stundensatz. 1953 wird Strasser die niederländische Staatsbürgerschaft verliehen. Ein bewegender Augenblick für den Wissenschaftler: Fünfzehn Jahre nachdem er Wien verlassen hat, besitzt er wieder eine »objektivierte Identität«. Von nun an ist er Niederländer.

Ein Missklang bleibt trotz allem. Louis Ryckeboer, der den Strassers das Untertauchen ermöglichte und sich auch dafür verantwortlich erklärt hatte, sie im Versteck mit Lebensmitteln zu versorgen, gerät nach der Befreiung in Schwierigkeiten, weil er während der Besatzungsjahre als Stadtsekretär von Mechelen auf seinem Posten geblieben war. Er wird als Kollaborateur aus dem Amt entfernt. »Daraufhin schrieb mein Vater einen Brief an Strasser, in dem er ihn um Unterstützung bat«, erinnert sich Sohn Jan Ryckeboer. »Strasser hat nie auf diesen Brief geantwortet, und eine Unterstützungsbekundung, mit einer Darstellung dessen, was mein Vater für ihn und seine Familie getan hatte, ist nie gekommen. Strasser hat den Leuten, die ihm in Mechelen geholfen haben, den Rücken zugekehrt und ist gegangen, und er hat nie wieder von sich hören lassen.« Der Fall Louis Ryckeboer geht trotzdem gut aus, weil ihn andere Freunde nicht im Stich ließen. Er findet eine Stelle als Berater und Referent für verschiedene katholische Politiker und wird später auch zum Professor an die Universität von Antwerpen berufen. Seine Arbeit als Kolumnist für *De Standaard* nimmt er umgehend auf, als die Zeitung von 1947 an wieder unter dem alten Namen erscheinen kann. Louis Ryckeboer wird später nicht nur rehabilitiert, sondern auch offiziell als Widerstandskämpfer anerkannt. Für Alfons Verbist, der seine politische Karriere wieder sehr erfolgreich aufnimmt, ist der Fall Ryckeboer einer der Gründe, gegen »die Auswüchse der ›Repression‹« (wie man in Belgien die Bestrafung von Kollaborateuren nach dem Zweiten Weltkrieg nannte) vorzugehen, denn »Tausende von guten Menschen wurden zu Unrecht Opfer von falschen Beschuldigungen, Irrtümern und gemeiner Rache«.

Auch Marcel Marinower hat den Krieg überlebt. Im Mai 1945 erhält Anna Katz ein Telegramm aus Deutschland – ihr Mann wurde aus dem Konzentrationslager Bergen-Belsen befreit. Die Erleichterung ist riesengroß, obwohl sich bei seiner Ankunft in Leuven herausstellt, dass er schwere gesundheitliche Schäden davongetragen hat. Er wiegt kaum noch dreiunddreißig Kilo.

Fast unmittelbar nach seiner Rückkehr sucht er Pater Van Breda auf, um den Umschlag mit den Familienfotos abzuholen. »Die habe ich verbrannt«, muss Breda widerwillig eingestehen. »Es war viel zu gefährlich, das wirst du doch verstehen.« Marinower ist fassungslos. Anna Marinower-Katz: »Mein Ehemann war außer sich. In seinem Kloster konnte Van Breda angeblich nicht einmal einen Umschlag mit ein paar Fotos aufbewahren? Also wirklich! Es war das Einzige, was meinem Mann von seiner Familie geblieben war. Und das, obwohl Van Breda Zehntausende Seiten von Husserl hat beschützen können? Das konnte mein Mann wirklich nicht verstehen. Außerdem standen auf den Fotos auch keine Namen. Man sah nicht einmal, dass sie Juden waren … Das hat mein Mann Van Breda nie verziehen, und hielt ihn für einen Hosenscheißer, wenn ich das einmal so ausdrücken darf. Auch hier war der Kontrast zu Monsignore Ryckmans groß, dem Mann, der sehr wohl Kopf und Kragen für meinen Mann riskiert hat. Als er hörte, dass Marcel noch am Leben und wieder in Leuven ist, kam er uns sofort besuchen. Daraus wurde eine lebenslange Freundschaft, die der Grund dafür ist, dass sich mein Mann und ich immer für bessere Beziehungen zwischen Juden und Katholiken eingesetzt haben. Unter anderem hat Marcel einen Verein für jüdisch-christliche Beziehungen gegründet. Der erste Redner, den er einlud, war Monsignore Ryckmans.«

Jahre später gab es noch einen letzten Kontakt zwischen Van Breda und Marinower. Als eine Zusammenarbeit der Universitäten von Jerusalem und Leuven organisiert wird, bittet der Pater Marinower um ein Empfehlungsschreiben. Er wollte sich bei dieser Zusammenarbeit einbringen. »Er bat um die Unterstützung meines Mannes, der damals das Zentral Israelitische Konsistorium von Belgien leitete. Mein Mann sagte ihm, dass er nur die Wahrheit schreiben würde. Nichts als die Wahrheit.

Finie l'histoire de Van Breda!« Damit endet seine Geschichte mit Van Breda.

Marcel Marinower konnte sich als zugelassener Rechtsanwalt in Antwerpen einen Namen machen, doch seine ruinierte Gesundheit machte ihm ständig zu schaffen. Mit 31 hatte er seinen ersten Herzinfarkt. Zehn Jahre später starb er, im Januar 1962. Er hatte sich nicht mehr von den Entbehrungen in den Lagern erholt. Jahrzehnte später wird sein Sohn Claude Marinower Stadtrat von Antwerpen und Vorsitzender des Joods Museum van Deportatie en Verzet (Jüdischen Museums für Deportation und Widerstand), das heute in der Dossin-Kaserne in Mechelen untergebracht ist.

Edmund Husserl, der Begründer der Phänomenologie. Bei seinem Tod hinterließ er 40 000 Seiten unveröffentlichter Manuskripte.

Jan Patočka, Edmund Husserl und Eugen Fink 1934 in Freiburg.

Eine Begegnung im Schwarzwald: Edmund Husserl mit Martin Heidegger, dem Mann, den er lange als seinen geistigen Erben sah, 1922 in St. Märgen.

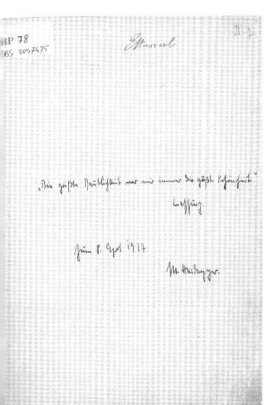

Handschriftliche Widmung Heideggers an Husserl in der Erstausgabe von Sein und Zeit *auf dem fliegenden Blatt, Vorderseite:*
»Die größte Deutlichkeit war mir immer die größte Schönheit.« Lessing
Zum 8. April 1927. M. Heidegger.

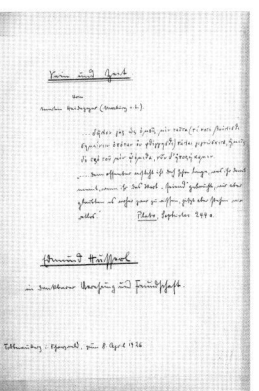

Auf dem fliegenden Blatt, Rückseite, ein eingeklebtes Blatt mit dem Text:
Sein und Zeit von M. Heidegger (Marburg a. L.)
»... denn offenbar versteht ihr doch schon lange, was ihr damit meint, wenn ihr das Wort ›seiend‹ gebraucht, wir aber glaubten es vorher zwar zu wissen, jetzt aber stehen wir ratlos.« Platon, Sophistes 244a
Edmund Husserl in dankbarer Verehrung und Freundschaft
Todtnauberg i. Schwarzwald, zum 8. April 1926.

Pater Van Breda und Malvine Husserl 1945 in Herent bei Leuven,
bei einem Spaziergang im Park in der Nähe des Klosters, in dem die
Witwe des Philosophen jahrelang untergetaucht war.

Ludwig Landgrebe und Ilse
Goldschmidt am 22. Juli
1933, ihrem Hochzeitstag.

Edith Stein konvertierte 1922 zum
Katholizismus und trat 1934 in ein
Karmelitessen-Kloster in Köln ein.

Stephan Strasser (hier bei einem Vortrag im Jahr 1971) transkribierte
in seinem Versteck in Mechelen mithilfe seiner Frau und seiner
Schwiegermutter Husserl-Manuskripte.

Nach dem Studium bei Heidegger in Freiburg arbeiteten Walter und Marly Biemel in den ersten Jahren nach dem Krieg für das Husserl-Archiv.

Rudolf Boehm, mehr als fünfzehn Jahre lang Pater Van Bredas rechte Hand. Rechts zeigt er eine in Gabelsberger-Kurzschrift verfasste Husserl-Handschrift, links die Transkription.

Van Breda unterhält die ganze Gesellschaft, Mitte der Fünfzigerjahre,
unter anderem mit dabei (rechts auf dem Foto) Roman Ingarden und
(ihm gegenüber) Emmanuel Levinas.

Karikatur von Pater Van
Breda aus Palfijn, der Mo-
natszeitschrift der Leuvener Studentenverbindung
Medica. (1965)

Pater Van Breda in Mönchshabit im
Husserl-Archiv.

1973 trifft Pater Van Breda an der Universität von Jerusalem Golda Meir zum zweiten Mal, acht Jahre nach ihrer ersten Begegnung. Inzwischen ist sie Premierministerin von Israel.

Seine Gesundheit machte Van Breda ein Leben lang zu schaffen. Um Schlimmeres zu verhüten, hielt er sich mit Sport fit, unter anderem mit Tennisspielen.

23 Inzwischen setzen die Alliierten ihren Vormarsch fort. Am 12. September 1944 überqueren amerikanische Soldaten im Süden der Provinz Limburg die niederländische Grenze und befreien am 13. und 14. September Maastricht. Die Alliierten beabsichtigen, sofort durchzustoßen, »die großen Flüsse«, das heißt den Niederrhein, Lek, Waal, Merwede und Maas, zu überqueren, um so schnell wie möglich auch die übrigen Niederlande zu befreien. Und zwar nach einem ausgeklügelten, aber riskanten Plan, der als *Operation Market Garden* in die Geschichte eingeht. Nach einer Woche heftiger Kämpfe um Arnheim gelingt es aber den Deutschen, die Amerikaner zurückzudrängen. Im Lauf des Herbstes wird der größte Teil des Gebiets südlich der »großen Flüsse« zwar bereits befreit sein, doch entlang der Maas, im Südosten des Landes, stehen sich die beiden Gegner nach wie vor gegenüber. Das Kloster von Echt, in dem Edith Stein bis zu ihrer Deportation nach Auschwitz lebte, liegt direkt auf der Frontlinie. Im November 1944 wird es Feldlazarett.

Bis dahin bringen die Schwestern einen Teil ihres Besitzes in Sicherheit. Als am 6. Januar 1945 der Befehl kommt, das Kloster binnen einer Stunde zu räumen, ergreifen sie die Flucht, wahrscheinlich, um sich nach Drachten bei Leeuwarden durchzuschlagen, in den zehn Jahre vorher von einigen Schwestern gegründeten Karmel. Edith Steins nachgelassene Schriften nehmen sie mit – bis auf zwei wichtige Texte, die sie aus Sicherheitsgründen bereits eingemauert hatten. Und zwar in einer sehr engen Nische, die nur eine sehr magere Schwester betreten kann. Bei den Texten handelt es sich um die Manuskripte von Steins *Kreuzeswissenschaft* und *Familiengeschichte*.

Der Marsch Richtung Leeuwarden ist ein heikles Unterfangen. Es ist unausweichlich, dass die Schwestern auf deutsche Truppen treffen, die sich auf dem Rückzug befinden; eine von ihnen wird bei einer Granatexplosion verwundet. Bereits nach 20 Kilometern entscheiden die Schwestern im Kirchendorf Herkenbosch, dass sie nicht länger Steins Manuskripte mittragen können. Die Priorin meint, hier gehe es um ihr Überleben, da sei kein Platz für Ballast. Sie lassen die Aufzeichnungen auf dem Dachboden eines kleinen, leer stehenden Klosters zurück und marschieren weiter. Wohl schreibt die Priorin den Franziskanern im benachbarten Vlodrop noch einen Brief mit der Bitte, die Manuskripte aus Herkenbosch zu retten. Wegen des anhaltenden Granatfeuers erreicht der Brief jedoch nie seine Adressaten.

Die Manuskripte bleiben wochenlang ihrem Schicksal überlassen. Bei einer Hausdurchsuchung durchwühlen deutsche Truppen Steins Papiere und lassen alles in wüster Unordnung zurück. Außerdem wird das kleine Kloster mit Mörsern beschossen und die Manuskriptseiten flattern überall herum; einige werden nass, andere von frei laufenden Hühnern zerfleddert. Als die deutschen Truppen am 20. Februar 1945 in Herkenbosch auch noch den Kirchturm der Sint-Sebastianuskerk in die Luft sprengen, damit er nach ihrem Abzug nicht als Ausguck dienen kann, ist das Chaos vollkommen. Niemand scheint sich für das Schicksal von Edith Steins Manuskripten zu interessieren. Die Handschriften liegen auf dem nackten Boden, sind Wind und Wetter ausgesetzt oder wirbeln in dem weitgehend zerstörten Dorf herum.

Zum Glück gibt es im Ort einen Kaplan, Jacobus Verscharen, den Hilfsgeistlichen von Herkenbosch. Er ist seit 1941 im Widerstand aktiv und hat auch mitgeholfen, ein Netzwerk für entflohene Kriegsgefangene aufzubauen. Verscharen bittet seine Gemeindemitglieder, nach den Papieren zu suchen und sie ihm zu bringen. Alles Eingesammelte wird in Jutesäcke verpackt. Vielleicht weiß er damals nicht einmal genau, worum es sich dabei überhaupt handelt.

Doch Pater Van Breda weiß es und macht sich Sorgen um Edith Steins Nachlass. Vermutlich weniger, weil er vom Wert ihrer eigenen Schriften besonders überzeugt wäre, eher, weil er davon ausgeht, dass sich darunter womöglich noch Texte und Transkriptionen von Husserl-Schriften befinden könnten. Daher fährt er im März 1945 selbst nach Maastricht und meldet sich bei der Militärbehörde, die, solange die niederländische Exilregierung noch nicht wieder zurückgekehrt ist, die laufende Verwaltung für das befreite Gebiet übernimmt. Der Pater führt mit Gerard Prick, dem Kulturbeauftragten der dortigen Militärbehörde, ein langes Gespräch, um herauszufinden, ob die Möglichkeit besteht, Edith Steins Manuskripte in Sicherheit zu bringen. Zum Zeitpunkt des Gesprächs geht er noch davon aus, dass sich die Papiere in Echt befinden.

Deshalb fährt Gerard Prick nach Geleen und bespricht die Frage mit dem Prior der dortigen Karmeliterpatres Bruno a Cruce (der Klostername von Joseph Heunen). Dieser verweist auf einen anderen Pater seiner Abtei, Pater Avertanus (geborener Pierre Hennekens). Gemeinsam begeben sich Prick und der Karmeliter nach Echt, wo sie von einer Schwester, die dort die Stellung hält, nach Herkenbosch weitergeschickt werden. Ein gefährliches Unterfangen, denn rund um die Maas toben noch immer heftige Kämpfe. In Herkenbosch übergibt ihnen der Kaplan die Jutesäcke, worauf sie möglichst schnell wieder das Weite suchen. Avertanus bleibt in Geleen, Prick fährt nach Maastricht weiter und kann am Montag, dem 26. März, Van Breda die Säcke übergeben. Am nächsten Tag kehrt er mit Steins Nachlass nach Leuven zurück. Auch die beiden in Echt eingemauerten Manuskripte werden später, zum großen Leidwesen der zurückgekehrten Karmeliterinnen, nach Leuven gebracht.

Am 28. März 1945 bestätigt Van Breda Bruno a Cruce, dass er Steins nachgelassene Schriften nach Leuven überbracht habe und dass sie dort archiviert und erforscht würden. Er schreibt: »Diese Schriften werden uns bis auf Weiteres ausgehändigt: 1) um ihre sichere Aufbewahrung zu gewährleisten; 2) um sie zu ordnen; 3) damit wir bestimmte Texte einsehen und erforschen können, um eventuell Aufschluss über die Lehre oder Person von E. Steins Lehrmeister, Edmund Husserl, zu erhalten.« Van Breda vertraut die Manuskripte seiner Assistentin Lucy Gelber an, die sich im Lauf der nächsten Jahre mit großer Umsicht Edith Steins Nachlass widmen wird. Ihre erste Aufgabe besteht in einer Bestandsaufnahme der oft stark beschädigten Handschriften, in der Entscheidung, welche der losen Seiten zusammengehören, und, wenn möglich, der Vorbereitung von Texten für eine Publikation.

24

Nach einem gelungenen Start (mit Unterstützung der Francqui-Stiftung) ist die Finanzierung des Husserl-Archivs noch immer nicht gesichert. Im September 1942 und im Dezember 1943 beantragte Van Breda bei der Stiftung einen weiteren Zuschuss mit der Begründung, nach dem Krieg im Rahmen des Philosophischen Instituts HIW eine finanziell und organisatorisch unabhängige Struktur aufbauen zu wollen, die sich auf die Archivierung, Betreuung, Transkription und Edition der Manuskripte Husserls konzentrieren werde. Mit einer finanziellen Unterstützung der Francqui-Stiftung sei ein solcher Übergang möglich. Dafür wurden 1942 schließlich bereits 25000 belgische Francs zur Verfügung gestellt und im Jahr darauf weitere 48000. Doch dieser Zuschuss sei definitiv der letzte, den er bei der Francqui-Stiftung beantragen könne.

Nach Kriegsende sucht Van Breda neue Geldgeber. Der Erfolg scheint keineswegs sicher. Er wendet sich an sein immer größer werdendes Netzwerk, das mitunter »Wunder geringerer Ordnung« möglich macht, wie er selbst es bezeichnet, aber es ist weiterhin nicht einfach. Bei seinen Bitten beruft sich Van Breda sehr oft auf die Tradition der christlichen Nächstenliebe und verpflichtet sich dem Spender gegenüber, dessen Namen nicht preiszugeben. Die Sorge um die finanzielle Lage des Archivs wird in den kommenden Jahren einen Großteil seiner Zeit und Energie beanspruchen. Zum Glück kommt gelegentlich auch von unerwarteter Seite Schützenhilfe, etwa von der flämischen Presse. Zwei westflämische Industrielle, die Stahldrahtherstel-

ler Léon Bekaert und Tony Herbert, hatten bereits zu Kriegszeiten in aller Stille die Gründung eines Verlags vorbereitet. Sie
planten, nach dem Krieg die Tageszeitung *De Standaard* wieder
herauszubringen. In der Vorkriegszeit wurde die Zeitung von
der Familie Sap verlegt; die letzte Ausgabe erschien am 16. Mai
1940, als die Deutschen kurz vor der Einnahme Brüssels standen.
Im Krieg gab die N V (Aktiengesellschaft) De Standaard unter
strengen deutschen Auflagen die Tageszeitung *Het Algemeen Nieuws* heraus. Bekaert und Herbert waren davon überzeugt, dass
dieses Unternehmen wegen der – wenngleich auch erzwungenen – Zusammenarbeit mit der Besatzungsmacht *De Standaard*
nicht sofort wieder herausbringen dürfe. Daher gründeten sie
die NV De Gids. Direkt nach dem Abzug der Deutschen sicherte
sich das Unternehmen von der Familie Sap vertraglich für zwei
Jahre die Namensrechte an *De Standaard*. Am 5. Oktober wird
das erste Exemplar der neu lancierten Zeitung gedruckt. Damit
ist nicht jeder zufrieden und daher liegt die Zeitung – unter dem
Druck ihrer Gegner – nach einigen Tagen unter dem Namen *Nieuwe Standaard* in den Zeitungskiosken.

»*De Standaard* sticht mit einer neuen Besatzung in See. Zwar
ist die See, auf der sie segeln muss, aufgewühlt, aber die Matrosen wollen zäh kühlen Kopf wahren«, heißt es auf der Titelseite
der ersten Ausgabe. Einer der Matrosen ist Professor Edgar de
Bruyne von der Universität Gent, der in den Verwaltungsrat der
N V De Gids berufen wurde, ein alter Bekannter des Paters und
einer der ersten Unterstützer des Husserl-Archivs. *De Nieuwe
Standaard* ist eine flämisch-nationalistische, aber nicht anti-
belgische Zeitung. Außerdem ist sie strikt katholisch ausgerich-
tet. Betsy Hollants, die über journalistische Erfahrung verfügt
und auch im Widerstand aktiv war, übernimmt die Redaktions-
leitung und wird damit die erste Chefredakteurin einer flämischen Zeitung.

De Nieuwe Standaard ist eine Erfolgsgeschichte, und NV De Gids erweitert systematisch die Anzahl ihrer Titel. Herbert, der zehn Jahre zuvor selbst den mit dem deutschen Nationalsozialismus sympathisierenden Parteien nahegestanden hatte, sich später allerdings wieder davon distanzierte, stellt zwar einige Mitarbeiter mit politisch nicht ganz reiner Weste ein – aber das Rückgrat der Redaktionen der verschiedenen Zeitungen und Zeitschriften bildet eine Gruppe junger, engagierter Neueinsteiger.

Herbert und Bekaert finden es wichtig, dass ihre Zeitung auch politisch eine Rolle spielt, und sie verwenden das zügig hereinfließende Geld nicht nur für die Erweiterung der Redaktion und für Investitionen in neue Titel. So wurde die nach dem Krieg neu gegründete flämische katholische Partei, die Christliche Volkspartei (CVP), gewissermaßen in der Redaktion von *De Nieuwe Standaard* erdacht. Mehr noch, die ersten Führungskräfte der Partei, etwa der spätere Premierminister Théo Lefèvre, stehen auf der Lohnliste der NV De Gids, ohne dass sie dafür irgendeine journalistische Leistung erbringen. Auch Edgar de Bruyne ist noch immer politisch aktiv, inzwischen für die CVP, und wird Anfang 1945 sogar für einige Zeit Kolonialminister.

Die Großzügigkeit der NV De Gids beschränkt sich nicht auf die neue, im Aufbau begriffene politische Gruppierung. Dank Edgar de Bruyne kommt der Wohlstand des Unternehmens auch Van Breda und dem Husserl-Archiv zugute. Gerade als dem Pater finanziell das Wasser bis zum Hals steht, kommt mit der NV De Gids ein Abkommen zustande, wodurch das HIW eine einmalige Zuwendung von 300 000 Franken erhält. Als Gegenleistung erhält die NV De Gids das Recht, Husserls Schriften in niederländischer, französischer und englischer Übersetzung herauszubringen und in die Zeitschriften aufzunehmen, die das Unternehmen bereits herausgibt bzw. herausgeben wird. Am

21. Januar 1946 ist das Geld tatsächlich auf dem Konto. Trotzdem wird nie auch nur ein Wort von Husserl von der NV De Gids verlegt oder gedruckt werden. Am Ende zeigt sich, dass es sich um eine Schenkung handelt, die Van Breda wenigstens vorübergehend hilft, die finanziellen Schwierigkeiten zu meistern.

Inzwischen hat Pater Van Breda auch Kontakt zu dem neuen Bildungsminister aufgenommen, dem flämisch-nationalistischen Sozialisten Herman Vos. Am 6. November 1946 schickt er dem Minister ein umfangreiches Memorandum in Sachen Husserl-Archiv, einen Monat später ergänzt um eine schriftliche Erläuterung. Das Husserl-Archiv sei keine Einrichtung der Universität Leuven, sondern eine unabhängige Institution, und sollte die belgische Regierung keine Mittel zur Verfügung stellen, sehe sich Van Breda gezwungen, Unterstützung bei »den Amerikanern« zu suchen, was möglicherweise bedeute, dass er auch bestimmte Rechte werde abtreten müssen. »Nur mithilfe der Zuwendung eines belgischen Ministeriums können wir den unserem Land anvertrauten wertvollen Besitz vollständig in belgischer Hand behalten«, argumentiert er. Erst im Juni 1947 bringt das 200000 belgische Francs ein, einen Betrag, der jedoch erst vierzehn Monate später überwiesen wird.

Auch die Berichterstattung über die Gründung der United Nations Educational, Scientific and Cultural Organization (meist UNESCO genannt) am 16. November 1945 verfolgt Van Breda mit großem Interesse. Weil eine der Aufgaben der Organisation darin besteht, im Bereich von Kultur, Wissenschaft und Bildung den interkulturellen Dialog zwischen den Ländern zu fördern, glaubt Van Breda, dass das Husserl-Archiv garantiert für eine Förderung in Betracht komme. Inzwischen kennt der Pater den Weg nach Paris gut, und er geht regelmäßig bei der UNESCO ein und aus.

Er startet eine beeindruckende Offensive und sammelt von überall Empfehlungsschreiben. Van Breda hat bei der frisch gegründeten Organisation einen Antrag eingereicht, der vom Ausschuss in den Unterausschuss weitergeschoben wird. Daher ruft er eine Art philosophisches Beistandskomitee ins Leben und hofft, dadurch den Antrag zu unterstützen. Merleau-Ponty schreibt ein herzliches Empfehlungsschreiben für das Husserl-Archiv, in dem er noch einmal darauf hinweist, von welch großer Bedeutung die noch unveröffentlichten Manuskripte des Philosophen sind. Er aktiviert ebenfalls sein Netzwerk und ruft Freunde und Kollegen dazu auf, den Antrag aus Leuven zu unterstützen. Nahezu alle bedeutenden europäischen Philosophen sagen ihre Unterstützung zu.

Der größte Abwesende ist Jean-Paul Sartre, in der Nachkriegszeit allmählich zum populärsten Philosophen Europas avanciert – unter anderem dank seiner zugänglichen Romane und Theatertexte. Van Breda hatte schon vor Jahren Sartre gelesen, hauptsächlich das philosophische Werk, aber er ist kein Anhänger des Philosophen. Am 17. Dezember 1945 hatte er an Merleau-Ponty geschrieben: »Ich sage Ihnen ehrlich, dass mich Sartres Publikationen in philosophischer Hinsicht enttäuschen, obwohl ich nicht zu denen gehöre, die vom Lesen seiner Werke ›in Bildungseinrichtungen‹ abraten … Meine philosophische Bildung ist umfassend genug, um mich in die Lage zu versetzen, den unbestreitbaren Tiefgang einiger seiner Analysen und die Größe seiner philosophischen Vision schätzen zu können. Dennoch kann ich – weder als Philosoph und noch weniger als Mensch – die Prinzipien, von denen er sich inspirieren lässt, und die Gedanken, die er zum Ausdruck bringt, billigen. Ich bin davon überzeugt, dass Sie meine Einwände gegen Sartre nicht als Ausdruck der herkömmlichen Kritik an einem Ungläubigen sehen, die man von einem Priester erwarten könnte. In meinem Fall handelt es sich um eine von meiner philosophischen Überzeugung inspirierte Kritik; ich bin in der Tat der Meinung, dass Sartre sowohl die authentische Inspiration der phänomenologischen Strömung als auch die des Existenzialismus verrät. Ich finde seinen existenzialistischen Standpunkt unhaltbar und nicht zu rechtfertigen.«

Dennoch möchte er ihn kennenlernen, mehr noch, er ist ganz versessen darauf. Er schickt Merleau-Ponty einen Brief mit der Bitte, ihn Sartre zu übergeben. Der stets witzige und gut aufgelegte Merleau-Ponty kennt Sartre seit Jahren über Simone de Beauvoir, eine ehemalige Mitstudentin. So kurzfristig gelingt es ihm aber nicht, den Brief weiterzugeben, was das Fehlen von Sartres Namen in dem UNESCO-Antrag erklärt; einige Jahre später kommt es doch noch zu einem Kennenlernen. Van Breda wird im Haushalt des Philosophen sehr freundlich empfangen. Jedenfalls von Sartre. Simone de Beauvoir bleibt bei der Begrüßung des Paters sehr distanziert. »Einem katholischen Geistlichen gebe ich nicht die Hand«, sagt sie abweisend.

25 Inzwischen hegt Van Breda Ambitionen, die Belegschaft des Husserl-Archivs zu vergrößern. Es wird Zeit, mit der Veröffentlichung der nachgelassenen Husserl-Schriften zu beginnen, umso mehr, weil das Interesse an der Phänomenologie während der ersten Nachkriegsjahre noch zu wachsen scheint. Mit dem zunehmenden Erfolg der französischen Existenzialisten wächst auch Husserls Ansehen.

Auf Fink und Landgrebe kann Van Breda nicht zählen, denn die beiden haben keineswegs die Absicht, nach Leuven zurückzukehren. Fink war bis zum Ende des Kriegs Soldat in der Flugabwehr, überwiegend in der Umgebung von Freiburg eingesetzt. Als er bei Kriegsende von der französischen Armee gefangen genommen wird, sucht Fink, der in Frankreich studiert hatte und fließend Französisch sprach, das Gespräch mit dem Kommandanten der Siegermächte und berichtet ihm kurz von »seinem Lebens- und Leidensweg« in den vergangenen Jahren. Alle anderen Soldaten seiner Kompanie wurden in ein Kriegsgefangenenlager abgeführt, Fink dagegen sofort freigestellt. An der entnazifizierten Universität Freiburg machte er rasch Karriere und wurde 1948 zum ordentlichen Professor für Philosophie und Pädagogik ernannt. Eine Rückkehr nach Leuven steht daher nicht zur Debatte.

Ludwig Landgrebe, seine jüdische Frau und seine Kinder sehen am 3. Mai 1945 die Engländer in Reinbek einmarschieren, wo sie den größten Teil des Kriegs verbracht haben. »Warum weint Mutti?«, fragt Detlev Landgrebe seinen Papa. »Weil Deutschland den Krieg verloren hat«, antwortet der Vater, der offenbar nicht vorhat, seine widerstreitenden Gefühle mit dem Sohn zu diskutieren. Zu der Zeit wissen sie noch nicht, dass Ilses Vater Arthur Goldschmidt im tschechischen Konzentrationslager Theresienstadt das Kriegsende überlebt hat. Er kommt erst im September 1945 nach Hause zurück.

Nachdem er sich mehr als vier Jahre mit kaufmännischen Hilfsarbeiten den Lebensunterhalt verdient hat, möchte Ludwig Landgrebe so schnell wie möglich zur Philosophie zurückkehren und nimmt Kontakt zu Bruno Snell auf, einem Altphilologen, der sich in der Nazizeit nicht mitschuldig gemacht hat und von den Briten als Dekan eingesetzt wurde, um die Philosophische Fakultät in Hamburg zu entnazifizieren. Bereits im August informiert er Landgrebe, dass er mit rückwirkender Kraft als Dozent angestellt sei. Bereits im Folgejahr wird Landgrebe, am 27. September 1946, nach Hamburg umhabilitiert und ist vom 1. April 1947 an als Ordinarius der Kieler Philosophischen Fakultät tätig. Deshalb hegt auch er keinerlei Ambitionen, nach Leuven zurückzukehren. Nur Lucy Gelber steht Van Breda noch immer zur Seite, verlegt sich allerdings zunehmend auf die Inventarisierung, das Ordnen und Redigieren der nachgelassenen Schriften Edith Steins.

Genau zu dem Zeitpunkt, als die NV De Gids die benötigten Mittel zur Verfügung stellt und Van Breda neue Mitarbeiter suchen kann, melden sich der in Belgrad geborene rumänisch-deutsche Philosoph Walter Biemel und seine Verlobte Marly Wetzl in Leuven. Die beiden haben während der Kriegsjahre in Freiburg studiert und an ihrer Doktorarbeit bei Heidegger gearbeitet. Beide geben zu, mehr am Werk Heideggers als an dem Husserls interessiert zu sein. Nach der Schließung der Freiburger Universität kamen sie im August 1944 nach Waimes im Hohen Venn und hielten sich dort auch noch auf, als das Dorf von den Amerikanern befreit wurde. Fast ein Jahr später suchen sie in Leuven Alphonse De Waelhens auf, der mit der Veröffentlichung seiner Doktorarbeit *La philosophie de Martin Heidegger* 1942 den Philosophen in die französischsprachige Welt eingeführt hatte. Die beiden hoffen, dass er ihnen zu einer Stelle an der Universität Leuven verhelfen kann. De Waelhens selbst kann ihnen nichts anbieten, bringt die Bitte der Biemels aber bei Van Breda zur Sprache. Der Pater hat für sie eine Stelle im Husserl-Archiv, allerdings unter der Voraussetzung, dass sie sich die notwendigen Kenntnisse der Transkriptions- und Editionsarbeit aneignen, und unter dem Vorbehalt, dass er sie nur beschäftigen könne, »solange es finanziell möglich sein wird«. Er findet für sie am Tiensesteenweg in Korbeek-Lo auch eine Wohnung.

Die Biemels integrieren sich viel stärker als der ziemlich distanzierte Strasser ins Professorenkollegium. Sie sind auch bei den Studierenden beliebt, unter anderem wegen der Diskussionsabende, die sie bei sich zu Hause organisieren. Walter Biemel übersetzt zusammen mit De Waelhens zwei Werke Heideggers ins Französische. Marly Biemel-Wetzl dagegen verlegt sich auf die Edition und Herausgabe der Husserl-Manuskripte, wobei sie sich eine immer größere Expertise erwirbt. Für ihre Arbeit stützt sie sich auf die schon von Edith Stein und Landgrebe transkribierten Texte.

26 Während der deutschen Besatzung hatte es sich als unmöglich erwiesen, Van Bredas Doktorarbeit drucken zu lassen. Nun, nach der Befreiung Belgiens, scheint es schnell voranzugehen. Van Breda schreibt am 20. November 1944 in einem Brief an Gerhart Husserl, dass seine Doktorarbeit Anfang 1945 in dem flämischen Verlag Het Kompas erscheinen werde. Dieser 1929 in Mechelen gegründete Verlag hatte unter anderem auch philosophische Werke von Van Bredas Kollegen Louis De Raeymaeker im Programm, war aber vor allem für seine Feniks-Reihe bekannt. In dieser Reihe erschienen ab 1933 preiswerte Neuausgaben flämischer oder niederländischer Autoren (wie August Vermeylen, Louis Couperus, Stijn Streuvels, Cyriel Buysse oder Herman Teirlinck) und von ausländischen Klassikern (wie Hamsun, Kipling, Undset, Gorki, Gogol). Vor allem während der Kriegsjahre wurden die Klassiker dieser Reihe ungemein gern gelesen. Kálmán Kollár vom Amsterdamer Pantheon Verlag, mit dem Van Breda schon früher über die Veröffentlichung seiner Dissertation und von Husserls Werken verhandelt hatte, kaufte im Namen der Familie Veen und des Verlags L. J. Veen im Frühjahr 1943 die Anteile des Verlags Het Kompas auf. Der Ungar, der als zweiter Ehemann von Maria Theresia ›Mies‹ Veen in die Verlegerfamilie einheiratete, hatte davor eng mit dem flämischen Verlag zusammengearbeitet. Am 20. Juli 1944 beschloss die Geschäftsleitung von Het Kompas, den Namen des Verlags mittelfristig in Uitgeverij Pantheon zu ändern, für die literarischen Texte jedoch den eingeführten Markennamen Het Kompas beizubehalten.

Kollár bringt seinen Plan für eine Husserl-Ausgabe erneut zur Sprache. Die neue Direktorin von Pantheon/Het Kompas, die Niederländerin Catharina Van Breda-de Vries, verhandelt mit dem Pater (trotz Namensgleichheit sind sie weder verwandt noch verschwägert) über die Veröffentlichung. Die Doktorarbeit soll der erste Band einer geplanten Reihe namens *Husserliana* werden, in der später auch Stephan Strassers und Lucy Gelbers Husserl-Editionen erscheinen sollen. Van Breda verspricht, den ersten Teil seiner Dissertation am 15. Januar 1945 druckreif vorzulegen, den zweiten Teil im Monat darauf. Im April 1945 informiert der Autor den Verlag, die ersten hundert Seiten seien fertig und er habe den Text direkt an den Drucker geschickt. Doch das Buch erscheint nicht, und zu einer Edition der *Husserliana* unter den Fittichen von Pantheon/Het Kompas wird es nie kommen. Ob es an dem ziemlich chaotisch und laienhaft geführten Verlag oder an Van Breda lag, der seine Abgabetermine nicht einhält, lässt sich nicht sagen. Noch im November 1946 schreibt der Pater an Malvine Husserl, dass er einen französischen Übersetzer für seine Doktorarbeit gefunden habe – und das ist das Letzte, was über eine bevorstehende Publikation vernommen wird. In einem Brief aus dem Jahr 1950 soll Van Breda der Druckerei noch die Genehmigung erteilt haben, den nie verwendeten Satz der ersten hundert Seiten seines Buches zu vernichten.

Inzwischen liegen die Verlagsrechte für Husserls Werke bereits seit sieben Jahren in Leuven, ohne dass es zu einer echten Veröffentlichung gekommen wäre. Nicht, dass irgendjemand Van Breda etwas verübeln wollte – immerhin hat er dafür gesorgt, dass die Manuskripte den Krieg unbeschadet überstanden haben –, doch das bedeutet nicht, dass andere die ganze Zeit untätig gewesen wären: Die Konkurrenz schläft nicht. Marvin Farber, beispielsweise, war sehr aktiv. Farber ist ein alter Bekannter des Paters. Sie kennen sich seit November 1939, als einige Briefe über den Atlantik geschickt wurden. Farber, ein im Staat New York geborener amerikanischer Jude, studierte 1923 und 1924 bei Husserl in Freiburg und hatte sich dort mit Landgrebe angefreundet. In den USA brachte er es zum Professor für Philosophie und Dekan der Philosophischen Fakultät der Universität von Buffalo, New York. In dieser Funktion teilte er Malvine Husserl in einem Brief mit, am 26. Dezember 1939 sei in New York eine *International Phenomenological Society* gegründet worden, mit ihm als Chefredakteur, die eine neue Zeitschrift herausbringen wolle: *The Journal of Philosophy and Phenomenological Research.* Malvine war begeistert, umso mehr, als ihr Sohn Gerhart an der Zeitschrift mitarbeiten sollte. Auch Gaston Berger und der in die USA geflohene österreichische Philosoph Alfred Schütz waren an dem Projekt beteiligt.

Farber wollte vor allem mit amerikanischen Philosophen arbeiten, die sich dem Denken Husserls verpflichtet fühlten, hätte aber auch gern unveröffentlichte Texte Husserls in seiner neuen Zeitschrift gebracht. Auch in die erste von der neuen Vereinigung herausgegebene Publikation, *Philosophical Essays in Memory of Edmund Husserl,* wollte er einen unveröffentlichten Text des Philosophen aufnehmen. Malvine leitete Farbers Anfrage an Van Breda weiter, der ihn umgehend informierte, er habe die Angelegenheit mit Léon Noël besprochen und sehe keinerlei Probleme. In den ersten Kriegsjahren, als man noch mit Amerika korrespondieren konnte, hatte Van Breda Farber regelmäßig kurze Texte für dessen Publikationen geschickt.

Sobald die neue Zeitschrift eingeführt war, hatte Farber mit fast jedem, der in irgendeiner Hinsicht etwas mit Husserl oder Husserls Philosophie zu tun hatte, Verbindung aufgenommen. Von den USA aus schrieb er Edith Stein in Echt einen Brief mit der Bitte um ihre Mitarbeit, aber sie teilte ihm mit, sie habe alle

Hände voll zu tun. Henk Pos bekam sogar im Konzentrationslager Buchenwald Post von Farber, der den Niederländer bat, ihm einen Beitrag für seine Zeitschrift zu liefern. Pos hielt seine damaligen Lebensumstände für nicht geeignet und lehnte dankend ab.

Nach dem Kriegseintritt der Vereinigten Staaten beschränkte sich Farber auf die in den USA lebenden Phänomenologen und baute ein engmaschiges Netzwerk auf. Nun, nach Kriegsende, versuchte er erneut, die europäischen Kollegen in sein Projekt einzubeziehen. Einige der in die USA emigrierten Philosophen warnen ihn, dass Martin Heidegger im Nachkriegseuropa offenbar eine größere Anhängerschaft habe als Husserl und dass er sehr darauf achten müsse, mit wem er sich einlassen wolle. Die Familie Husserl hatte nämlich nicht vergessen, dass sich Heidegger in den frühen Dreißigerjahren den Nationalsozialisten angeschlossen und jegliche Verbindung zu seinem Lehrer abgebrochen hatte. Als Gerhart Husserl, der an Farbers Projekt mitarbeitet, über Van Breda zu Ohren kommt, dass Fink an der Freiburger Universität eine Dozentenstelle bekommen habe und dort unter Heideggers Fittichen seine Habilitation schreiben wolle, wird er formell: »Wenn es zutrifft, dass Fink kürzlich seine Habilitation bei Heidegger vorbereitet hat, muss das Husserl-Archiv jede Verbindung zu ihm abbrechen«, schreibt er an Van Breda. Als wiederum Fink zu Ohren kommt, was über ihn geredet wird, ist er wütend. »Wenn ich das gewollt hätte, hätte ich es billiger haben können, ich hätte bloß 1933 meinen Lehrer verlassen und zu Heidegger übergehen müssen, dann hätte ich mir 12 Jahre der Armut, der Zurücksetzung, der Sorge und Entbehrungen ersparen können – auch die politische Belastung, die Bespitzelung und allgemeine Diffamierung als ›Judenknecht‹.«

Zwischen Gerhart Husserl und Eugen Fink ist das Tischtuch endgültig zerschnitten. Wie Landgrebe bleibt Fink als Berater an den Ausgaben von Farber und dessen Vereinigung beteiligt. Aus der Korrespondenz zwischen Fink, Farber und Van Breda geht hervor, dass Fink der Meinung zu sein scheint, im Husserl-Archiv verfüge man nicht über genügend Expertise, um die Edition des Husserl-Nachlasses zu einem erfolgreichen Abschluss zu bringen. Transkriptionen, das mochte ja noch angehen, aber die Textedition, das müsse doch die Arbeit ausgewiesener Phänomenologen sein, die möglichst Husserl sehr nahegestanden haben. »Ich habe Farber geschrieben, dass Leuven nicht die Absicht haben kann, eine Werkausgabe zu planen, ohne den Rat der maßgeblichen Phänomenologen einzuholen«, schreibt Fink. »Aus diesem Grund müsste Farbers Society, als Vereinigung von Phänomenologen, an dieser Planung beteiligt werden.« Er plädiert für die Hinterlegung von Textabschriften in verschiedenen Ländern, damit sie auf der ganzen Welt Forschern zur Verfügung stehen könnten.

Weil Van Breda fühlt, dass ihm von verschiedenen Seiten Misstrauen entgegengebracht wird, versucht er, von einer möglichen Zusammenarbeit mit Farber zu profitieren. Er will der *International Phenomenological Society* Husserl-Texte anbieten, auch zur Veröffentlichung in der Zeitschrift, sähe dafür aber gern eine kleine finanzielle Unterstützung, vorzugsweise in Form einer jährlichen Subvention. Farber umschifft diese Klippe mit der nötigen Umsicht und bietet Van Breda, neben Fink und Landgrebe, einen Platz in der Redaktion seiner Zeitschrift an.

Fink geht am Ende noch ein ganzes Stück weiter. Über Farber schlägt er Gerhart Husserl vor, man solle die Husserl-Handschriften in die Vereinigten Staaten bringen, um sie dort »unter die Ägide der International Phenomenological Society zu stellen«. Zusammen mit Landgrebe will er auch eine Unterabteilung der IPS gründen, um ein deutschsprachiges Jahrbuch herauszubringen. Van Breda erkennt sofort die Brisanz des Unternehmens. Sollte sich Finks Idee durchsetzen, brächte er damit den Fortbestand des Leuvener Archivs in Gefahr. Dennoch reagiert er zunächst diplomatisch. Am Ende torpediert Malvine Husserl diesen Vorschlag. Sie kann sich unmöglich vorstellen, dass alle Manuskripte nach Amerika gebracht werden sollen, weil »Van Breda durch tausend Mühen und mit Sorgen die Manuskripte vor den Bombenangriffen gerettet hat, von dem moralischen Recht der Universität Louvain ganz zu schweigen, die Geld und Sorge für die Erhaltung der Manuskripte opferte«.

Erst 1947 kommt es zu einer endgültigen Regelung, nach dem Besuch von Gerhart Husserl in Leuven, wo er Van Breda zum ersten Mal persönlich begegnet. »Die zahlreichen Besprechungen mit Pater Van Breda und seinen Mitarbeitern haben mich überzeugt, dass Papa's Werk dort in besten Händen ist«, schrieb er seiner Mutter. »Bei unseren Besprechungen haben sich keine wesentlichen Meinungsverschiedenheiten ergeben. Der günstige Eindruck, den ich seit langem von Pater Van Breda hatte, hat sich in diesen Tagen voll bestätigt. Ich habe Vertrauen zu ihm.«

Als Farber einige Monate darauf, im September desselben Jahres, nach Leuven kommt, glätten sich die Wogen endgültig. Die Publikationen des Husserl-Archivs erscheinen mit dem ausdrücklichen Hinweis »publiée sous les auspices de l'International Phenomenological Society« (»veröffentlicht unter der Schirmherrschaft der International Phenomenological Society«), aber die Rechte bleiben in Leuven. Die Universität von Buffalo, New York, wo Farber lehrt, erhält kostenlose Kopien sämtlicher Husserl-Transkriptionen.

Van Breda wird von nun an endgültig zum Herausgeber der Werke Husserls. Ihm ist klar, dass er jetzt rasch Veröffentlichungen vorlegen muss. Daher schließt er mit dem Verlag Martinus Nijhoff in Den Haag eine Vereinbarung, in der dieser sich dazu verpflichtet, die *Husserliana* herauszubringen.

27 In den ersten Monaten und Jahren nach der Befreiung hat Van Breda wirklich größere Sorgen. Bei ihm klopfen häufig Menschen an die Tür, die sich unmittelbar nach dem Abzug der Deutschen Repressionen ausgesetzt sehen, weil sie zu Recht oder zu Unrecht der Kollaboration verdächtigt werden. Wo immer er kann, versucht er zu vermitteln. Er springt auch für seine niederländischen Kollegen in die Bresche. Dort hat die Befreiung viel länger auf sich warten lassen als in Belgien. Das Gebiet »oberhalb der großen Flüsse« wird erst im Frühjahr 1945 befreit; die deutsche Besetzung dauert dort acht Monate länger als im Süden. In all der Zeit gibt es einen großen Lebensmittelmangel. Im Lauf des furchtbaren »Hungerwinters« 1944/45 verhungern 20 000 Niederländer.

Auch die akademische Welt ist betroffen. Ab Februar 1945 ist Van Breda die treibende Kraft hinter der Gründung des Akademischen Hilfs- und Vermittlungskomitees, einer in Leuven ansässigen Organisation, die notleidende niederländische Kollegen unterstützt. Van Breda wird – als ob er nicht genug zu tun hätte – als Verwalter delegiert und die Organisation in den Räumen des HIW untergebracht. Den Vorsitz führt der Gynäkologe Rufin Schockaert. Er hat sich während der deutschen Besetzung bereits für die »Winterhulp« (Winterhilfe) engagiert, eine Hilfsorganisation, die gegenüber der deutschen Militärverwaltung einen ziemlich unabhängigen Kurs steuern konnte – im Gegensatz zu ihrer gleichnamigen niederländischen Schwesterorganisation, die sich voll und ganz in die Kollaboration mit den Nazis verstrickt hatte. Über Gerard Prick von der Militärverwaltung, der ihm bereits bei der Rettung des Nachlasses von Edith Stein geholfen hat, erhält Van Breda die erforderlichen Genehmigungen der niederländischen Behörden.

Das Komitee sammelt Lebensmittel, die gleich nach Kriegsende nach Amsterdam gebracht werden. Unermüdlich sucht Van Breda Unterstützer und Geld, unter anderem bei Fernand Toussaint Van Boelaere, dem umstrittenen Vorsitzenden der Vereniging van Vlaamse Letterkundigen (Vereinigung flämischer Literaturwissenschaftler) und des niederländischsprachigen belgischen PEN-Clubs. Toussaint, bis zu seiner Pensionierung 1940 Ministerialdirektor im Justizministerium, will die Literaturwelt von ehemaligen Kollaborateuren säubern und geht dabei mit ziemlich harter Hand vor.

Die Korrespondenz mit Van Breda verläuft freundlich. Der Pater plant, niederländische Professoren nach Belgien einzuladen, damit sie sich hier erholen und wieder zu Kräften kommen, und Toussaint erklärt sich bereit, einen Teil der Aufenthaltskosten zu übernehmen. Die niederländischen Kollegen reagieren bewegt auf die belgische Hilfe, wie Van Breda am 16. Juni 1945 Toussaint mitteilt, nachdem eine Lebensmittelsendung in Amsterdam angekommen ist: »Die Dankbarkeit der niederländischen akademischen Kreise angesichts des Leuvener Versuchs, Unterstützung zu bieten, war wirklich bewegend.«

In den folgenden Monaten kommen unter anderem der Psychiater Lammert van der Horst, der Historiker Pieter Geyl, Henk Pos, der Kunst- und Literaturwissenschaftler Gerard Brom und der Soziologe (und spätere Bürgermeister von Tilburg) Wim de Kort nach Flandern. Für einige von ihnen organisiert Van Breda Vortragsreihen, andere wohnen eine Weile in einem Ferienhaus. Henk Pos und seine Frau halten sich im September 1945 zwei Wochen in Leuven auf. Pos steckt in einer psychischen Krise. Während des Krieges hatte das Ehepaar ein jüdisches Pflegekind bei sich aufgenommen, Sandra, und es sehr lieb gewonnen. Als die leiblichen Eltern nach der Befreiung aus Bergen-Belsen zurückkehrten, wurde die Familie wiedervereint. Pos freut sich zwar für die drei, doch der Abschied fällt ihm sehr schwer. Genau in dieser Zeit liegt dann die Einladung aus Leuven in ihrem Briefkasten.

Van Breda nimmt den niederländischen Kollegen für zwei Wochen unter seine Fittiche und stellt ihn all seinen Kollegen vor. Pos ist beeindruckt und schreibt in einem unveröffentlichten Bericht über seinen Aufenthalt: »Im stillen Leuven wird, von Mercier erneuert, die philosophische Tradition mit großer Hingabe fortgesetzt und mit den Entdeckungen der neuen Wissenschaft in Verbindung gebracht. Bei allem Handlungsspielraum gibt es eine Einheit von Grundgedanken, die in einer philosophisch durchdachten Weltanschauung wurzelt. Diese zentrale Einheit der Universität Leuven ist eher eine philosophische denn eine theologische.« Damit hat Van Breda die Grundlagen für eine lebenslange Verbindung zu Pos gelegt, die sich noch als sehr lohnend erweisen wird.

Das ist noch nicht alles. Die niederländischen Universitäten haben es nach der Befreiung sehr schwer, wieder in Gang zu kommen, und zwar aus mehreren Gründen, von der Papierknappheit bis zur Zerstörung zahlreicher Universitätsgebäude. Die Landbouwhogeschool (Landwirtschaftliche Hochschule) Wageningen etwa kann wegen der weitreichenden Beschädigungen nicht mehr genutzt werden. Das Komitee hilft auch Studenten, die bis zu einem Neustart in Belgien studieren wollen; sechzig von ihnen werden finanziell unterstützt. Darüber hinaus möchte das Komitee beim Wiederaufbau helfen, bei der Wiedereröffnung von Bibliotheken und beim Kauf neuer Geräte – denn auch die meisten Laboratorien wurden im Krieg zerstört oder geplündert.

Im September besucht eine Leuvener Delegation unter Leitung von Rektor Van Waeyenbergh und mit Van Breda als Vertreter des Komitees die Universitäten von Amsterdam, Utrecht und Nijmegen. Am 17. September 1945 sind sie präsent, als die Leidener Universität von Königin Wilhelmina und Prinzessin Juliana feierlich wiedereröffnet wird. Sie sind in Begleitung von Betsy Hollants, der Chefredakteurin von *De Nieuwe Standaard*, die in ihrer Zeitung über die Situation in den Niederlanden und die Anstrengungen des Komitees berichtet. Dem Besuch in Leiden folgen noch zahlreiche weitere, unter anderem in Groningen, wobei auch Austauschprogramme für Studenten vereinbart werden. 1946 werden Henk Pos und Edgar de Bruyne im Rahmen der belgisch-niederländischen Verbrüderung auf Reisen geschickt.

Die Dankbarkeit der Niederländer ist groß. Beim Besuch von Königin Wilhelmina am 25. Oktober 1946 in Leuven erhält nicht nur Rektor Van Waeyenbergh einen niederländischen Orden, auch Van Breda bekommt von der Königin den Offiziersorden von Oranje Nassau angesteckt. Es ist die erste von zahlreichen weiteren Medaillen, die er sich mit immer sichtbarer Freude überreichen oder anstecken lässt. Das Komitee wird bis in die Fünfzigerjahre hinein bestehen.

28 Trotz aller Turbulenzen bleibt Van Bredas Gesundheitszustand ziemlich stabil. In den ersten Monaten nach dem Krieg scheint er vor Energie fast zu platzen und geht ein Problem nach dem anderen an. Ende 1945 schreibt er an Merleau-Ponty einen Brief, in dem er auf die vergangenen Monate zurückblickt. »Nach der Befreiung habe ich eine sehr schwierige Phase durchgemacht. Zuerst musste ich sämtliche Texte des Husserl-Archivs wieder zusammentragen; dann war die juristische Situation Frau Husserls und der derzeitigen Archivmitarbeiter zu regeln; ich musste das benötigte Geld für die Bearbeitung der Manuskripte und die Vorbereitung der Editionen herbeischaffen; und schließlich hat es mich eine Menge Zeit und Mühe gekostet, die Verbindung zu Landgrebe und Fink in Deutschland und zu Farber in Amerika wieder aufzubauen. Allmählich normalisiert sich mein Leben jetzt wieder.«

Besonders zu Landgrebe entwickelt Van Breda in den Jahren nach dem Krieg wieder ein sehr gutes Verhältnis. Sogar so gut, dass er dessen Sohn Detlev in den Sommerferien mehrmals nach Flandern einlädt. Er bringt den Jungen bei Freunden und Verwandten unter, zum Beispiel in Hoogstraten und in Balen, und dem jungen Deutschen bleiben aus dieser Zeit sogar ein paar Freundschaften.

Nur Malvine Husserls Situation erfüllt Van Breda immer wieder mit Sorge. Von September 1941 bis in den Dezember 1944 hatte Malvine keinen Kontakt zu ihren Kindern. Erst Anfang 1945 kommt eine Verbindung zustande und sie wird erneut finanziell unterstützt, erhält von ihren in den USA lebenden Kindern auch wieder Lebensmittelpakete. Zur Enttäuschung des Paters erweist es sich selbst nach dem Krieg noch ungeheuer schwierig, für Frau Husserl und ihre Haushälterin ein Visum für die Vereinigten Staaten zu organisieren. Vor allem für Josephine ist es viel komplizierter als gedacht. An eine baldige Überfahrt nach Amerika ist nicht zu denken.

Sobald der Briefverkehr mit den Vereinigten Staaten wieder aufgenommen wird, gehen Briefe zwischen Malvine und ihren Kindern hin und her, und zum ersten Mal kommt es zu Irritationen. Husserls Witwe scheint die Geduld zu verlieren und beginnt, Van Breda für die Verzögerung verantwortlich zu machen. Dass er gegenüber Elli und Gerhart die finanzielle Situation der Mutter angesprochen hat, gefällt ihr ebenfalls nicht. Aber es gibt noch mehr: »Um mein Verhältnis mit dem Pater mache Dir keine Sorgen, ich weiß, was ich ihm (u. er aber auch mir) schulde«, schreibt sie im November 1945. »Er ist ein sehr kluger Mann, aber als Politiker ein Vogel Strauß, er lebt stets in leichtem Optimismus, unterschätzt ungelöste Schwierigkeiten, indem er den Wunsch an die Stelle einer vollzogenen Tatsache setzt. Auch ist er maßlos ehrgeizig u. will dauernd Lorbeeren ernten, aber leider hat er dadurch viele u. wesentliche Fehler gemacht. Daß ich das Visum im Jahre 39 nicht bekam, ist einzig u. allein seine Schuld, ebenso, daß der wertvolle u. unersetzliche Lift, den er am gefährdetsten Ort der Welt, am Bahnhofe (!) von Anvers stationierte, vernichtet wurde.«

Das ändert nichts an der Tatsache, dass Van Breda in den darauffolgenden Monaten mit Lucy Gelbers tatkräftiger Unterstützung völlig damit ausgelastet ist, die Überfahrt der beiden Frauen zu ermöglichen. Weiter scheint es zwischen Van Breda und Frau Husserl keine Zerwürfnisse zu geben. »Die Reise dieser beiden Damen hat mir unglaublich viel Mühe verursacht. Es war beinahe unmöglich ein Visum zu erlangen und vielleicht noch schwieriger, eine Reisegelegenheit ausfindig zu machen. Während eines Zeitraumes von mehr als fünf Monaten hat es mich meine gesamte freie Zeit gekostet.«

Schließlich fahren Van Breda, Malvine und Josephine am 6. Mai 1946 nach Göteborg, wo die beiden Frauen am 14. Mai zur Überfahrt in die Vereinigten Staaten an Bord der Gripsholm gehen. Der Abschied ist bewegt, eine Woche später wird Frau Husserl ihre Kinder wiedersehen. Sie zieht zu ihrer Tochter und deren Ehemann, Elli und Jakob Rosenberg, nach Arlington, Massachusetts.

Die Reise nach Göteborg tut Van Breda gut. Zum ersten Mal seit langer Zeit hat er Ruhe. Durch Malvines Abreise in die USA fällt ihm endlich, nach vielen Jahren, eine Riesenlast von den Schultern. Die Erleichterung ist groß. Auch bei Malvine, die ihm am 6. Juni 1946 ihre wohlbehaltene Ankunft mitteilt und ihm ausdrücklich für das danken möchte, was er für sie getan hat: »Oft habe ich Ihrer gedacht u. der liebevollen Freundschaft mit der Sie mich der Gripsholm überlieferten. Damit war eine große u. wichtige Epoche meines Lebens, 7 Jahre in Belgien, abgeschlossen u. ein neuer Anfang eröffnet. In solchen Momenten wendet sich der Blick ganz selbstverständlich dem zu, was man besessen hat, nun verläßt, aber ja nicht verlieren will u. kann. Diese 7 Jahre habe ich nicht nur neben Ihnen verlebt, ich muß besser sagen: mit Ihnen verlebt, gehofft, geplant, gefürchtet u. erreicht. Der Eintritt in das Reich der katholischen Kirche ist der ewige Markstein dieser Epoche. [...] Meine Gedanken werden oft zu Ihnen wandern u. immer werde ich Ihrer treuen Fürsorge mit ganzem Herzen gedenken. [...] In unverbrüchlicher Zuneigung und Dankbarkeit. Ihre Freundin, Malvine Husserl.«

III Die Obsession eines Franziskaners

29 Als der französische Philosoph Jean Wahl im Januar 1947 anfragt, ob bereits irgendwelche Husserl-Texte ins Französische übersetzt seien, die er in der vierteljährlich erscheinenden Zeitschrift *Deucalion, cahiers de philosophie* veröffentlichen könne, schreibt ihm Pater Van Breda erst am 3. Mai zurück. Aus dem einfachen Grund: »Ich antworte Ihnen erst jetzt, weil ich in den vergangenen Monaten gewissermaßen von der Verantwortung erdrückt wurde, die auf mir als Direktor des Husserl-Archivs lastet, und in concreto von der Überwindung der finanziellen Probleme, die zum x-ten Male aufgetreten sind«, schreibt er. »Sie wissen natürlich, dass ich mit fünf Fachleuten im Archiv tätig bin; Sie können sich unser Jahresbudget vorstellen. Dem füge ich noch hinzu, dass ich dafür die alleinige Verantwortung trage und die benötigten Gelder selbst auftreiben muss.«

Wahl weiß, wovon Van Breda spricht. Er lehrte als Professor an der Sorbonne, als er mit Kriegsbeginn als Jude festgenommen wurde. Er landete im Lager von Drancy, konnte aber entkommen und emigrierte umgehend in die Vereinigten Staaten, wo er bis 1945 lebte. 1942 war er in New York an der Gründung der *École Libre des Hautes Études* beteiligt, sozusagen eine französische »Exil-Universität«, die aus Europa geflüchteten Intellektuellen eine wissenschaftliche Heimat bieten wollte. Jean Wahl wurde dort, unter anderem, Kollege des Anthropologen Claude Lévi-Strauss, des Linguisten Roman Jakobson und seines guten Freundes, des Musikwissenschaftlers und Philosophen Vladimir Jankélévitch. Die Finanzierung des Instituts war schwierig, aber

Wahl und seine Schicksalsgefährten konnten schließlich Gelder bei der Rockefeller Foundation auftreiben, was auch die Unterbringung der *École Libre des Hautes Études* in einem Gebäude in der 12th Street ermöglichte.

Auch Van Breda versucht, unterstützt von Henk Pos, an Gelder der Rockefeller Foundation zu kommen. In den Vorkriegsjahren hatte die Stiftung bereits das Husserl-Projekt des Prager *Cercle philosophique* unterstützt. Um den Antrag auf finanzielle Absicherung zu untermauern, bittet Van Breda Marvin Farber um Schützenhilfe. In einem Brief vom 29. Februar 1948 informiert er Farber, dass der Antrag zweigliedrig sein werde. »Wir wollen darin um Folgendes bitten: 1) um eine Unterstützung für die Veröffentlichung der Handschriften Husserls (die es noch immer nicht gibt, weil uns dafür die Mittel fehlen), 2) um Unterstützung der Foundation für ein großes Werk zur Phänomenologie, das unter der Leitung von Professor Pos in Europa herausgegeben werden soll – mit Ihrer geschätzten Mitwirkung, wenn das möglich wäre.«

Die Rockefeller Foundation stellt keine Gelder zur Verfügung. Gleichzeitig läuft noch die Anfrage bei der UNESCO. Dieser Antrag wird einige Jahre hin und her geschoben, eine Entscheidung jedoch noch nicht gefällt. Solange Van Breda keine definitive Absage bekommen hat, gibt er die Hoffnung nicht auf. Weil er dem möglichen Einwand, das Archiv sei eine katholische Organisation, zuvorkommen möchte, stellt er ein neues, pluralistisches Direktorium für das Archiv zusammen – mit Edgar de Bruyne von der Universität Gent als Vorsitzendem. Lediglich die Hälfte der Mitglieder ist an der Universität Leuven angestellt.

Die Bearbeitung des Leuvener Antrags dauert ewig. Die UNESCO möchte keine vorschnelle Entscheidung treffen und bittet alle möglichen Experten um Rat. Van Breda baut seine Unterstützungskampagne für das Husserl-Archiv ständig weiter aus und bezieht Philosophen auf der ganzen Welt mit ein. Dabei achtet er auf eine straffe Durchführung der Kampagne, denn jeder bedeutende Philosoph, der dafür infrage kommt, erhält im Sommer 1949 einen Brief aus Leuven mit der Bitte, eine Solidaritätsadresse für das Husserl-Archiv an die UNESCO zu senden. In einem Standardbrief legt er ihnen nahe, für welche fünf Argumente die UNESCO empfänglich sein könnte: »1) die Bedeutung von Husserls Philosophie; 2) der Kontrast zwischen den Ideen Husserls und denen der Nazis; 3) die Bedeutung von Husserls Ideen für die Wiederherstellung des demokratischen Denkens im heutigen Deutschland; 4) eventuell die Bedeutung, die Sie den unveröffentlichten Schriften Husserls beimessen, die wir in unserem Archiv haben, und Ihr Wunsch, diese Schriften veröffentlicht zu sehen; 5) wenn möglich, falls Sie dem zustimmen, eine Würdigung unserer Arbeitsweise hier in Leuven; dies könnten Sie noch mit dem Zusatz versehen, dass Sie den Wert unserer Arbeitsergebnisse de visu haben überprüfen können.«

Henk Pos zieht als Mitglied des Ständigen Ausschusses der UNESCO ebenfalls alle Register. Doch das ist Van Breda noch nicht genug. Er fragt Pos, ob er von ihm, in seiner Eigenschaft als Präsident der Internationalen Föderation der Philosophiekreise, noch ein zusätzliches Empfehlungsschreiben bekommen könne. Van Breda wendet sich auch an den niederländischen Priester und Philosophen Ferdinand Sassen, der Mitglied der UNESCO-Generaldirektion ist, und bringt bei ihm den Antrag zur Sprache. Mit Erfolg. Es gelingt ihm, in den Ständigen Ausschuss des Internationalen Rats für Philosophie und Humanwissenschaften (Conseil International de la Philosophie et des Sciences Humaines, CIPSH) aufgenommen zu werden, der die UNESCO berät. Van Breda wird dort »conseiller technique«, technischer Berater für Philosophie. Und damit kann er sich persönlich an die Personen wenden, die über den Antrag entscheiden. Endlich kommt weißer Rauch aus Paris. Von 1950 an unterstützt die UNESCO das Husserl-Archiv, und die Organisation schreibt dies bis 1969 fort. Als die erste jährliche Tranche von 2000 Dollar eintrifft, jubiliert Van Breda in einem Brief an Strasser: »Halleluja!« Die schlimmste finanzielle Not scheint hinter ihm zu liegen und er kann sich wieder mit inhaltlichen Fragen befassen. Erst recht, als er von 1960 an auch Geld aus dem belgischen Fonds für wissenschaftliche Forschung (Fonds voor Kollektief Fundamenteel Onderzoek, FKFO) erhält. Van Breda kann sein Glück kaum fassen und dankt Pos in einem begeisterten Brief im Namen aller Mitarbeiter ausdrücklich für alle unternommenen Bemühungen. »Wir wissen, was Sie für uns getan haben.«

Zu guter Letzt, nach zwölf langen Jahren, haben die großen Geldnöte ein Ende. Genau zu dem Zeitpunkt, als die ersten Texteditionen der Husserl-Manuskripte beim Drucker liegen. Nachdem nunmehr die Manuskripte gerettet sind, kann Van Breda eine völlig neue Rolle übernehmen – die des Förderers und Hüters des geistigen Erbes und des Werks von Edmund Husserl.

30

Währenddessen gerät Lucy Gelber mehr und mehr in den Bann der Schriften von Edith Stein. In einem Brief an Pater Avertanus vom Kloster in Geleen beschreibt Van Breda am 23. Dezember 1945 den »erbärmlichen Zustand«, in dem sich die Manuskripte befanden, als er sie nach Leuven brachte. Dabei singt er Lobeshymnen auf Lucy Gelber, die »monatelang die nachgelassenen Papiere bearbeitet hat und der es gelungen ist, nahezu alle Manuskripte wieder in ihren ursprünglichen Zustand zurückzuversetzen und zu datieren«. Dies habe, so Van Breda, seine Mitarbeiterin »eine unerhört große Anstrengung« gekostet.

Van Breda bestätigt im selben Brief, dass sich die Manuskripte zwar im Husserl-Archiv befinden, die Rechte jedoch noch beim Kloster in Echt und dem niederländischen Orden liegen. Er hoffe aber dennoch, dass Teile des Nachlasses – jene, »die für das Forschungsgebiet der Phänomenologie wichtig sind« – in die Editionen des Husserl-Archivs aufgenommen werden können.

P. Lambert Romaeus a S. Teresia a Jesu Infante Leuven (kurz Romaeus Leuven), ein Karmeliter, der Philosophie lehrt, nimmt sich der Sache an. Er wird von seinem Orden beauftragt, die Konservierung und Publikation des Nachlasses von Edith Stein im Auge zu behalten und in gute Bahnen zu lenken. Es wird eine enge Zusammenarbeit mit Lucy Gelber vereinbart, um Steins nachgelassene Schriften herauszugeben. Dazu wird in einem Vertrag zwischen den niederländischen Karmeliten und dem Husserl-Archiv festgehalten, dass das Husserl-Archiv die Manuskripte in Verwahrung nimmt und sie für wissenschaftliche

Forschungen zur Verfügung stellen darf. Das Husserl-Archiv verpflichtet sich dazu, an der wissenschaftlichen Aufbereitung aller Texte mitzuarbeiten – eine Aufgabe, die Lucy Gelber ohnehin bereits wahrnimmt. Vertragsunterzeichner sind Pater Romaeus Leuven und Herman Leo Van Breda.

Für Van Breda hat Steins Werk eine besondere Bedeutung, weil sie Husserls Mitarbeiterin war. Mit ihren mystischen Schriften kann er allerdings wenig anfangen und schätzt sie auch als Philosophin nicht besonders. »Wir müssen dabei zunächst die Tatsache berücksichtigen, dass diese Frau nie eine echte Chance hatte. Die Umstände waren immer ein wenig gegen sie«, sagte er 1967. »Sie hat immer an philosophischen Themen gearbeitet, aber Sie werden mir zustimmen: die Umstände, in denen sie als Gymnasiallehrerin gelebt hat, ja, als Hochschullehrerin, aber doch nur an einer Pädagogischen *Hochschule* und schließlich im Karmel, das sind nicht die besten Voraussetzungen, um ein großes philosophisches Werk zu schaffen. Ich bin davon überzeugt, dass das, was sie veröffentlicht hat, ausgezeichnetes und solides Material ist. Aber ich halte es für ziemlich übertrieben, dass jetzt manche Kreise die Neigung verspüren, in ihr einen der großen Philosophen des Jahrhunderts zu sehen. Persönlich bin ich davon überzeugt, dass sie eine solide philosophische Autorin ist und auch bleiben wird. Aber ich glaube nicht, dass sie jemals wirklich Schule machen wird, und ich befürchte, dass ihr philosophisches Werk allmählich dort versinken wird, was man auf Französisch als *le fond de la bibliothèque* bezeichnet. Normalerweise wird gesagt, dass sie von Husserl ausgegangen sei und, nach ihrer Bekehrung, schließlich eine Synthese zwischen Husserl und Thomas von Aquin zustande gebracht habe. Dem möchte ich widersprechen. Sie ist nicht wirklich von Husserl ausgegangen, und sie ist nie ganz bei Thomas angekommen. Am nächsten steht sie noch immer – und aus dem Munde eines

Franziskaners werden Sie das doch mit ein wenig Wohlwollen begreifen – den großen Franziskanern des dreizehnten Jahrhunderts, Bonaventura und Duns Scotus.«

Lucy Gelber und Pater Romaeus Leuven sehen das anders; sie halten Steins Werk für wichtig genug, um ein eigenes Stein-Archiv auszugründen. Das führt zu Spannungen zwischen den beiden Klerikern, die freilich immer wieder beigelegt werden. Währenddessen erscheinen unter Herausgeberschaft von Gelber und Romaeus Leuven die ersten Bände der Stein-Werkausgabe. Wirklich textkritisch ist diese Ausgabe noch nicht.

Als Van Breda nachträglich einen Teil von Steins Schriften in seiner Husserl-Reihe veröffentlichen möchte, scheint das zum offenen Konflikt mit Romaeus Leuven zu führen. In einem Brief an Van Breda fragt sich der Herausgeber, wie man Steins Werk denn überhaupt herausgeben könne, »wenn der wichtigste Teil des Nachlasses für die *Husserliana* reserviert sei«. Am 24. April 1957 treffen sich die beiden Patres in Maastricht, um eine neue Vereinbarung zu verabreden. »Da er seine Einschätzung der Bedeutung von Schwester Benedictas Vermächtnis für das Husserl-Archiv revidiert hat, konnten wir uns voll und ganz einig werden«, schreibt Romaeus Leuven an Lucy Gelber, zu der er im Lauf der Jahre ein sehr gutes Verhältnis aufgebaut hat.

Vorübergehend scheint ein Rechtsstreit unter Katholiken die Angelegenheit zu verkomplizieren. Edith Steins Umzug 1938 von Köln in den niederländischen Karmel von Echt scheint nie offiziell geregelt worden zu sein. Als sie in Auschwitz-Birkenau ums Leben gebracht wird, ist Stein formal noch immer eine Kölner Nonne. Jegliche Ansprüche aus den Niederlanden sind daher nach Ansicht der deutschen Ordensprovinz nicht gerechtfertigt. Der Vatikan muss den gordischen Knoten durchschlagen und gibt den Niederländern am Ende das Recht, Steins Gesammeltes Werk herauszubringen.

Dann gibt es nur noch Geldprobleme. Van Breda hat eine Finanzierung für alle Arbeiten organisiert, die im Zusammenhang mit dem Werk Husserls anfallen, jedoch nicht für eine Edition der Werke Edith Steins. Lucy Gelber arbeitet mehr oder weniger ehrenamtlich und schreibt im Frühjahr 1949 an Romaeus Leuven, Van Breda gehe »davon aus, dass ich von nun an völlig ohne Bezahlung mitarbeiten werde«. Schließlich ist kein Geld mehr da, um sie weiter zu finanzieren. Zwei Monate später verpflichten sich die niederländischen Karmeliten zur Zahlung von 8000 belgischen Francs für die vom Husserl-Archiv geleisteten Tätigkeiten, sodass die Arbeit an der Edith-Stein-Ausgabe fortgesetzt werden kann. Das freut Van Breda, aber er verlangt, dass von nun an alle Ausgaben, die dem Archiv für die Arbeit an der Stein-Edition entstehen, durch Einnahmen aus derselben finanziert werden.

Vorläufig geht Romaeus Leuven nicht darauf ein. Das bringt zumindest vorübergehend einen Waffenstillstand. Solange der Konflikt nicht eskaliert oder beigelegt wird, arbeitet Lucy Gelber weiter emsig an der Herausgabe der Werke von Edith Stein.

31 Endlich. Am 10. März 1950 ist es so weit. Pater Van Breda hält das allererste Exemplar des ersten Bands der *Husserliana* in der Hand, der Reihe, in der in den nächsten Jahren alle nachgelassenen Schriften des Philosophen veröffentlicht werden sollen. Das Werk erscheint in einer Auflage von dreihundert Exemplaren im niederländischen Martinus Nijhoff Verlag in Den Haag, mit dem Van Breda einige Jahre zuvor einen Vertrag über die Veröffentlichung von Husserls Werken unterzeichnet hatte. Mit großer Freude bringt Van Breda die ersten Exemplare zur Post. Das erste geht an Henk Pos, wie es ihm ein dankbarer Van Breda kaum eine Woche zuvor bei der Zusage der UNESCO versprochen hatte.

Dieser erste Band enthält einen Teil der handschriftlichen Texte, die Stephan Strasser mithilfe seiner Frau und seiner Schwiegermutter während des Kriegs transkribiert hat. Es handelt sich um *Cartesianische Meditationen und Pariser Vorträge*, die Texte, die Husserl 1929 als Grundlage für seine Vorlesungen und Ausführungen an der Sorbonne verwendet hatte.

Anfang April nimmt Van Breda einige Exemplare mit nach Deutschland. In Frankfurt, wo Gerhart Husserl inzwischen lebt, übergibt er dem Sohn des Philosophen sowie Fink und Landgrebe die ersten Exemplare. Bei dieser Gelegenheit spricht Husserl zum ersten Mal ein Anliegen der Familie an – die Urheberrechte. Der erste Band liegt nun vor, aber es sind noch immer keine Vereinbarungen getroffen. Van Breda ist überrascht und bittet Husserl, sich noch ein wenig zu gedulden. Mit einem Mal wird dem Pater klar, dass dringend ein zweiter Vertrag mit der Familie erarbeitet werden muss.

Am 2. April überreicht er in Freiburg mit berechtigtem Stolz Malvine Husserl den ersten *Husserliana*-Band. Die hochbetagte Witwe des Philosophen ist inzwischen, nachdem sie eine Weile bei ihrer Tochter in den USA gelebt hat, mit ihrem Sohn nach Deutschland zurückgekehrt und wohnt wieder in Freiburg. Sie ist schwach und erschöpft, und als Van Breda sie besuchen möchte, findet er sie nicht in ihrer Wohnung, sondern muss zu ihr ins Krankenhaus. Das Gespräch gestaltet sich schwierig, ihr Zustand ist besorgniserregend. Dennoch ist Frau Husserl bewegt, als sie nach all den Jahren den ersten Band der nachgelassenen Schriften ihres Mannes in der Hand hält.

Bei seiner Rückkehr nach Belgien erwartet Van Breda bereits der zweite Band der *Husserliana*. Dieses Mal handelt es sich um die Veröffentlichung einer von Walter Biemel edierten Ausgabe, *Die Idee der Phänomenologie: Fünf Vorlesungen*, Vorlesungsskripte aus dem Jahr 1907, in denen Husserl unter anderem das Prinzip der phänomenologischen Reduktion erklärt. Und im Juni rollt der umfangreiche dritte Band von den Druckpressen: *Ideen zu einer reinen Phänomenologie und phänomenologischen Philosophie*, erneut in einer von Walter Biemel bearbeiteten und eingeleiteten Ausgabe. Mit schöner Regelmäßigkeit sollen von nun an die nächsten Bände erscheinen. Zwei Anthologien mit den Texten, die Marly Biemel ediert hat, stehen ganz oben auf der Publikationsliste.

Anfang November macht sich Van Breda auf der Rückreise von Basel erneut zu einem Besuch bei Malvine Husserl auf. Ihm wird klar, dass der endgültige Abschied von der neunzigjährigen Frau bevorsteht. Als er am 21. November, gerade wieder in Leuven angekommen, die Nachricht von ihrem Tod erhält, ist das für ihn keine Überraschung. Postwendend fährt er nach

Freiburg und hält dort am Freitag, dem 24. November, den Begräbnisgottesdienst. Malvine Husserl wird eingeäschert und ihre Urne in der Kirche von Günterstal beigesetzt, einem Stadtteil von Freiburg, wo 1951 auch die Urne mit der Asche ihres Mannes bestattet wird.

Edmund und Malvine Husserl ruhen dort neben der Straße nach Todtnauberg, einem bei Wanderern beliebten Dorf im bergigen Schwarzwald, das damals bekannt war, weil hier der allererste deutsche Skiklub gegründet wurde. Heute kennt man es, weil sich Husserls philosophischer Erbe Martin Heidegger regelmäßig hier in eine Hütte zurückzieht, um über das Leben und die Welt nachzudenken und seine Texte dem Papier anzuvertrauen.

32 Es gibt mehrere Gründe, weshalb Pater Van Breda mit Martin Heidegger eigentlich gut auskommen sollte. Zunächst natürlich wegen Heideggers enger Beziehung zu Husserl. Außerdem hat er sich in seiner Habilitationsschrift, dem Text, mit dem er sich für seine Lehrbefugnis, die Venia Legendi, qualifizieren musste, mit Duns Scotus befasst, einem mittelalterlichen Philosophen, über den Van Breda seit mehr als einem Jahrzehnt lehrt. Mit Edmund Husserls festen Mitarbeitern und Assistenten (Fink, Landgrebe und Stein) hatte Van Breda bereits regen Kontakt gehabt, Heidegger dagegen begegnet er am 2. April 1950 zum ersten Mal. Nach Van Bredas Besuch bei Malvine im Freiburger Krankenhaus schaut er am Nachmittag mit Walter Biemel bei Heidegger vorbei. Drei Monate später erneuert er mit seinem Kollegen Alphonse De Waelhens, der Heideggers Werk sehr gut kennt, die Bekanntschaft, wieder in Freiburg.

Diese beiden Begegnungen machen Van Breda keineswegs zum großen Verehrer Heideggers. Ganz im Gegensatz zu seinem Verhalten beispielsweise gegenüber Edith Stein unternimmt Van Breda nur wenige Anstrengungen, um von ihm alles über dessen Verhältnis zu Husserl zu erfahren, der einst sein Lehrer war und auf dessen Gedanken Heideggers eigenes Werk aufbaut. Er unternimmt auch keinen Versuch, den Kontakt aufrechtzuerhalten, geschweige denn zu vertiefen. Der Grund dafür ist offensichtlich. In den Dreißigerjahren hatte sich Heidegger, der sich damals schon längst von Husserl und dessen Philosophie distanziert hatte, auf die Seite Hitlers und der Nationalsozialisten geschlagen. Und bei Husserls Begräbnis 1938 hatte Heidegger durch Abwesenheit geglänzt. (Henk Pos fand die Weigerung, Husserl die letzte Ehre zu erweisen, unverzeihlich und teilte dies Heidegger auch umgehend in einem Brief mit. Später sollte sich der Philosoph damit entschuldigen, er sei wegen einer Krankheit ans Bett gefesselt gewesen.)

Bereits in jungen Jahren war Heidegger in den Bann des Philosophen und dessen Idee der Phänomenologie geraten. Als Husserl 1916 nach mehr als 15 Jahren erster Lehrtätigkeit in Göttingen einem Ruf nach Freiburg folgte, suchte der 27-jährige, damals schon vor drei Jahren als Philosoph graduierte Heidegger sofort den Kontakt zu ihm. Anfangs kam er nur mühsam zustande, doch nach dem Tod von Husserls jüngstem Sohn Wolfgang, der im Frühjahr 1916 bei Kämpfen in der Nähe von Verdun gefallen war, wurde die Bindung zwischen dem Philosophen und dem immer mehr an der Phänomenologie interessierten Heidegger zunehmend enger. Nachdem auch Gerhart, der ältere Sohn Husserls, verwundet wurde und man sogar kurz um sein Leben fürchten musste (er hatte eine Kopfschussverletzung), wusste sich Husserl keinen Rat. Er wandte sich an Heidegger, den er von nun an sogar »meinen phänomenologischen Sohn« nannte. Immer mehr begann er ihn als einzigen Philosophen von Bedeutung zu sehen, der seine Phänomenologie fortsetzen und weiterentwickeln könnte. Am 1. Januar 1919 wurde Heidegger, der bereits seit einiger Zeit Seminare an der Universität hielt, an der Philosophischen Fakultät Freiburg zum Assistenten ernannt. Es war eine enge Beziehung, aber Heidegger – anders als Stein, Fink und Landgrebe – arbeitete kaum an der Edition von Husserls Schriften mit.

Offenbar äußerte Heidegger, vor allem im privaten Umfeld, bereits damals Vorbehalte gegen Husserls Denken. 1917 schrieb er an seine Frau: »Ich kann Husserls Phänomenologie, auch

wenn sie zur Philosophie kommt, nicht als Endgültigkeit annehmen – weil sie im Ansatz und entsprechend im Ziel zu eng
und zu blutlos ist und weil sich eine solche Ansetzung nicht
verabsolutieren läßt.« Und am 30. August 1919, nachdem er als
Assistent in Freiburg angefangen hatte: »Vor allem ist es so, daß
mir Husserl mit allem Neuen doch nicht direkt hemmend und
als die Selbständigkeit störend kommt – die wissenschaftliche
Philosophie geht mir auch über Husserl. Wie Du früher einmal
richtig bemerktest, ich bin schon sicher und mit viel weiteren
Horizonten und Problemen über ihn hinaus. Aber man ist auch
mit 30 Jahren noch nicht ausgegoren und haut noch gern, wenn
auch nur privatim über die Stränge – da ist Husserl ein gutes Re-
gulativ, trotz der unverkennbaren Alterserscheinungen. Trotzdem hab ich mich zur Zusammenarbeit entschlossen, einmal
weil sich in der Wissenschaft das Persönlichste nur bekundet
in der allerobjektivsten Hingabe und Gestaltung der Sache und
dann aus praktischen Rücksichten mit Husserl auf einem Titelblatt zu stehen dürfte etwas besagen – im Kreis der Freiburger
Universität wie überhaupt in der wissenschaftlichen Literatur.«
    Im Fall Heidegger scheint also eine gewisse Berechnung im
Spiel gewesen zu sein. Husserl glaubte blind und bedingungs-
los an seinen Schüler. Heidegger, das war für ihn »Husserl im
Kleinen«, der Mann, der sein Werk fortsetzen würde. Als die
Assistentenstelle an der Fakultät auslief, tat Husserl alles, damit
Heidegger von März 1923 an zum Professor für Philosophie an
der Universität Marburg ernannt werden sollte. Mit Erfolg: Heidegger wurde eingestellt.
    Husserl weiß nicht, dass Heidegger sich in Gesprächen und
Korrespondenz mit Freunden und Kollegen oft mit einiger Ar-
roganz und viel Aplomb von seinem Denken und seiner Person
distanziert. Seinem Freund Karl Jaspers, den er drei Jahre zuvor
auf einer Geburtstagsfeier bei den Husserls kennengelernt hat,

antwortet Heidegger am 14. Juni 1923 auf ein Glückwunsch-schreiben zu seiner Ernennung in Marburg: »Husserl ist gänz-lich aus dem Leim gegangen ... er ... sagt Trivialitäten, daß es einen erbarmen möchte. Er lebt von der Mission des ›Begrün-ders der Phänomenologie‹, kein Mensch weiß, was das ist.«

Wenig loyal, aber seinem Freund Karl Löwith gegenüber, der zuerst bei Husserl und später bei ihm studierte, geht er noch weiter. Am 20. Februar 1923, als Husserl noch hart für Heideg-gers bevorstehende Ernennung in Marburg arbeitet, schreibt er ihm: »Huss war nie auch nur eine Sekunde Philosoph. Er wird immer lächerlicher.« Drei Monate später, am 8. Mai 1923, erwägt er in einem weiteren Schreiben an Löwith, aus taktischen Grün-den einen Text über Aristoteles nicht zu veröffentlichen, weil er nicht will, dass Husserl etwas von seinen Vorbehalten gegen ihn merkt. »Ich überlege mir ernstlich, ob ich meinen Aristoteles nicht zurückziehen soll. – Mit dem ›Rufen‹ wird es wohl nichts werden. Und wenn ich erst publiziert habe, wird es gar aus sein mit den Aussichten. Vermutlich merkt der Alte dann wirklich, daß ich ihm den Hals umdrehe – und dann ist es mit der Nach-folgerschaft aus. Aber ich kann mir nicht helfen.«

Der Wechsel nach Marburg ist ein Erfolg. Der junge Philo-soph wurde dort sehr beliebt und erwarb sich den Ruf des Man-nes, der da weitermachte, wo Husserl aufgehört hatte. Immer mehr Studenten besuchten seine Vorlesungen und Seminare und wurden seine Schüler. Hannah Arendt, eine seiner Schü-lerinnen und später seine Geliebte, schrieb: »Das Gerücht, das sie [die Studenten] nach Freiburg zu dem Privatdozenten und etwas später nach Marburg lockte, besagte, dass es einen gibt, der die Sachen, die Husserl proklamiert hatte, wirklich erreicht, der weiß, dass sie keine akademische Angelegenheit sind, son-dern das Anliegen von denkenden Menschen, und zwar nicht erst seit gestern und heute, sondern seit eh und je, und der, gerade weil ihm der Faden der Tradition gerissen ist, die Vergangenheit neu entdeckt.«

Zu der Zeit war Heidegger damit beschäftigt, die Grenzen der Phänomenologie zunächst auszudehnen, um sie später zu überschreiten. Die Ergebnisse dieser Entwicklung brachte er in seinem im Frühjahr 1926 abgeschlossenen Werk *Sein und Zeit* zu Papier, das sich schon deutlich von Husser entfernte, dem er aber eine Widmung mitgab: »Edmund Husserl in Verehrung und Freundschaft zugeeignet. Todtnauberg i. bad. Schwarzwald Zum 8. April 1926«. In der 4. Auflage von 1935 war sie noch enthalten, in der 5. von 1942 wurde diese Widmung entfernt. Sehr betrüblich, umso mehr, weil *Sein und Zeit* zunächst als Band 8 des *Jahrbuchs für Philosophie und phänomenologische Forschung* erschienen war, das von Edmund Husserl und dessen ebenfalls jüdischem Philosophenkollegen Max Scheler herausgegeben wurde. Scheler hatte Vorbehalte gegen *Sein und Zeit* geäußert, aber Husserl setzte die Veröffentlichung des Buches durch – ohne es zu diesem Zeitpunkt selbst genau gelesen zu haben. Ursprünglich sollte ein zweiter Band von *Sein und Zeit* in derselben Reihe erscheinen, doch dieser Text wurde nie geschrieben.

Im Frühjahr 1928, nach Husserls Emeritierung, wurde Heidegger als dessen Nachfolger an die Universität Freiburg berufen – massiv unterstützt und maßgeblich betrieben von seinem Amtsvorgänger. Damit hätte eine lebenslange Freundschaft besiegelt werden können, doch das Gegenteil geschah. Lange war Husserl der Überzeugung geblieben, dass Heidegger sein philosophisches Erbe antreten würde, musste aber schließlich feststellen, dass Heidegger in erster Linie seinen eigenen Weg ging und seinen eigenen Stern aufgehen sehen wollte. So wandte sich Heidegger denn auch nach seiner Berufung mehr oder weniger von Husserl ab. Mitunter war das verletzend, wie etwa 1930, als Heidegger Husserls Vorschlag ablehnte, Landgrebe als Assistenten zu übernehmen. Natürlich hatte dieser (zumindest für Husserl) dramatische Bruch mit einem Generationenkonflikt zu tun und mit einer wachsenden Distanz zwischen den Vorstellungen des Lehrers und seines Schülers (Husserl versah sein Exemplar von *Sein und Zeit* mit zahlreichen Randbemerkungen, aus denen hervorgeht, dass er oft nicht mit Heidegger einverstanden war). Die Tatsache, dass Husserl Jude war, war nicht ursächlich für diese innere Entfremdung, hat aber später alles eskalieren lassen. Für Heidegger hatte die nationalsozialistische Bewegung, sobald sie an der Macht war, eine »wichtige Mission«, und dafür wollte er gern jeden Kontakt zu den damals sogenannten »jüdischen Parasiten« abbrechen. So schlug er sich in den Dreißigerjahren voll auf die Seite der neuen Machthaber.

Heidegger erlebte seinen großen Triumph am 21. April 1933, als er zum Rektor der Universität Freiburg gewählt wurde. Am 1. Mai 1933 trat er mit der Mitgliedsnummer 3 125 894 in die NSDAP ein (wegen einer offiziellen Mitglieder-Aufnahmesperre ab dem 2. Mai wurde das eigentliche Eintrittsdatum 3. Mai rückdatiert), in die Partei des neuen Reichskanzlers Adolf Hitler, sodass seiner Ernennung nichts mehr im Wege stand. In seiner Antrittsrede am 27. Mai sang er ein Loblied auf Adolf Hitler und die Nationalsozialisten und verglich die Arbeit der Wissenschaftler mit der von Soldaten und Arbeitern. Die »Sieg Heil«-Rufe wollten kein Ende nehmen, und auch das Horst-Wessel-Lied, die inoffizielle Hymne der Nationalsozialisten, wurde gesungen. Wenig später deklamierte er: »Die große Erfahrung und Beglückung, dass der Führer eine neue Wirklichkeit erweckt hat, die unserem Denken die rechte Bahn und Stoßkraft gibt.« In den Wochen vor Heideggers Ernennung war Husserl, aufgrund einer später wieder aufgehobenen Verordnung, die bestimmte, dass alle Juden, die als Beamte tätig waren, mit sofortiger Wirkung entlassen werden sollten, vorübergehend vom

Dienst suspendiert. Edmund und Malvine Husserl bekamen damals auch einen Blumenstrauß und einen großspurigen Brief von Frau Heidegger, in dem sie den beiden für ihre Unterstützung in all den Jahren dankte. Ein Dankeschön, das zugleich ein Abschied war. Für Husserl bedeutete Heideggers »immer stärker zum Ausdruck kommender Antisemitismus« das Ende einer Freundschaft.

Ein Jahr später, 1934, trat Heidegger, nach Differenzen mit der Fakultät und der Partei, bereits wieder als Rektor zurück, fiel aber trotzdem nicht in Ungnade. In einem geheimen Bericht des Sicherheitsdienstes des Reichsführers SS vom 3. Juni 1938 heißt es: »[Er] legte aber 1934 sein Amt nieder, da er nicht die notwendigen taktischen Fähigkeiten zu einer solchen Amtsführung besaß.«

Heidegger zog sich ganz in seine Arbeit zurück und verfolgte das Geschehen in Deutschland und der Welt nun aus etwas größerer Entfernung. Seine Überzeugung änderte er nach seiner Entlassung nicht, seine Faszination für den Nazismus blieb. Er sah ihn als Lösung aller deutschen Probleme, wie man 2014 nachlesen konnte, als seine *Schwarzen Hefte* aus dieser Zeit publiziert wurden, *Denktagebücher,* die seine persönlichen Notizen aus dieser Zeit enthalten. »Das Weltjudentum, aufgestachelt durch die aus Deutschland hinausgelassenen Emigranten, ist überall unfassbar und braucht sich bei aller Machtentfaltung nirgends an kriegerischen Handlungen zu beteiligen, wogegen uns nur bleibt, das beste Blut der Besten des eigenen Volks zu opfern«, schrieb er.

Wusste er nicht, was vor sich ging? Heidegger hatte zwei Tageszeitungen abonniert, den *Völkischen Beobachter* für die nationalen Nachrichten und *Der Alemanne* für die Berichterstattung über Freiburg und Umgebung – zwei überzeugt nationalsozialistische Blätter. Darin wird natürlich über »das Judenproblem«

geredet. Aus den *Schwarzen Heften* behält man vor allem den Eindruck, dass es Heidegger alles nicht weit und nicht schnell genug ging. »Es ist ein schlecht gehütetes Geheimnis, daß isolierte Intellektuelle und Menschen, die ihr Leben in Wörter, in Texte vergraben verbringen, mit besonderer Intensität die Verführungen gewalttätiger politischer Angebote erfahren können, ganz besonders dort, wo solche Gewalttätigkeit ihre eigene Person nicht berührt«, wird George Steiner später über solche Phänomene schreiben. Das Schicksal von Husserl und seinem Nachlass interessierte Heidegger nicht mehr. Nicht zu Zeiten, als sein Mentor noch lebte, und auch nicht nach dessen Tod.

Als der Krieg ausbrach, blieb Heidegger bei seiner Meinung, den Kampf Hitlers gegen den Rest der Welt als Verteidigungskrieg zu sehen, in dem sich Deutschland und das Abendland gegen Bedrohungen von außen gewehrt hätten. Selbst als sich das Kriegsglück wendete und die Alliierten die Oberhand gewannen, änderte er seine Einstellung nicht. Allerdings war er schon lange von Hitler und der NSDAP enttäuscht. »Was der ›Weltgeist‹ mit den Deutschen vorhat, ist ein Geheimnis. Gleich dunkel ist, warum er sich der Amerikaner und Bolschewisten als seiner Schergen (!) bedient«, schrieb er am 18. Januar 1945 an seinen Bruder. Auch nach dem Krieg sah er die Deutschen weiterhin als Opfer.

Als Pater Van Breda ihm fünf Jahre später zum ersten Mal begegnet, hat Heidegger einige schwere Jahre hinter sich, familiär wie beruflich. Beispielsweise musste er sehr lange auf die Rückkehr seiner Söhne, die an der Ostfront gekämpft hatten, aus russischer Gefangenschaft warten. Das Schicksal der Juden hatte den Philosophen kaum oder nicht berührt, aber um seine Söhne machte sich sogar ein neurotischer Narzisst wie Heidegger große Sorgen. Außerdem zeigte sich allmählich, dass nicht jeder so leichthin über die Haltung des Philosophen vor und während des Krieges hinwegsehen wollte. Mit Schwester Adelgundis Jaegerschmid verwendete sich in dieser schwierigen Nachkriegszeit eine alte Bekannte sehr wohl für Heidegger und dessen Familie. Nach Malvines Rückkehr aus den Vereinigten Staaten strebte sie nach einer Aussöhnung der Familien Husserl und Heidegger, mit dem Erfolg einiger vorsichtig wiederaufgenommener Kontakte. Heidegger entschuldigte sich sogar anlässlich Malvines neunzigstem Geburtstag. Van Breda konnte sich also mit Heidegger treffen, ohne die Familie Husserl vor den Kopf zu stoßen. Obwohl es ihn vermutlich nicht gerade glühend nach einer solchen Begegnung verlangte, denn, wie bereits zu lesen, hatte *Sein und Zeit* den Pater nicht besonders beeindruckt. Er hält das Buch für unlesbar. Und für Heideggers Haltung während Husserls letzter Lebensjahre hat er ebenfalls kein Verständnis – selbst als er hört, dass sich Heidegger dafür bei Malvine entschuldigt hat.

Unterstützung findet Schwester Adelgundis bei ihren Bemühungen, der Familie Heidegger zu helfen, in der Philosophenszene. Einige seiner ehemaligen Studenten, die inzwischen selbst am Beginn einer akademischen Karriere stehen, versuchen, die universitäre Laufbahn ihres Lehrers wieder in Gang zu bringen. Sie suchen für Heidegger nach einem Assistenten, den sie auch aus der eigenen Tasche bezahlen wollen. Sie kommen auf den 21-jährigen Rudolf Boehm. Der an Heiligabend 1927 in Berlin geborene Boehm studierte gleich nach dem Krieg Mathematik, Physik und Philosophie an den Universitäten in Leipzig und in Rostock. Dieses Angebot stellt ihn nun vor eine heikle Entscheidung. »Ich arbeitete damals als Assistent des Philosophen Karl-Heinz Volkmann-Schluck, der 1948 von der Universität Leipzig weg nach Rostock berufen wurde, um dort eine außerordentliche Professur zu übernehmen«, berichtet Rudolf Boehm. »Hans-Georg Gadamer, Volkmann-Schlucks

Lehrer, stand in direktem Kontakt mit Heidegger, und so ist die Anfrage über Volkmann-Schluck bei mir gelandet. Ich habe lange darüber nachgedacht, am Ende aber doch abgelehnt. Ich war damals kaum 21 Jahre alt und befürchtete, dass ich zu jung wäre, um mich *in den Käfig eines solchen Dinosauriers* zu begeben. Ich weiß nicht, ob ich seinem Einfluss hätte standhalten können. Außerdem war diese ganze Nazi-Sache noch immer anhängig. Ich war damals nicht in der Lage, mich dazu zu äußern, der Fall lag zu dem Zeitpunkt noch in den Händen einer *Spruchkammer*. Dort musste erst darüber entschieden werden, ob Heidegger einen Fehler begangen hatte und ob er verurteilt würde oder eben nicht. Diese Institution hatte im Rahmen der Entnazifizierung die Aufgabe, die Haltung von Universitätsangehörigen, Polizisten und Beamten während der Nazizeit zu untersuchen, um so über deren Verantwortlichkeit urteilen zu können. Es hat Jahre gedauert, bis der Fall Heidegger abgeschlossen wurde. Ich hatte damals genug gesunden Menschenverstand, um das Angebot, Heideggers Assistent zu werden, abzulehnen.«

Rudolf Boehm fällt eine andere Entscheidung: Er entscheidet sich für Van Breda.

33 Als Karl-Heinz Volkmann-Schluck 1949 eine Stelle in Köln angeboten wurde, beschloss er, auf das Angebot einzugehen. Er schlug seinem Assistenten Boehm vor, ihn zu begleiten, und auch Boehm sagte zu. Er wechselte also ebenfalls von Rostock nach Köln. Dort lernte er schon bald Pater Van Breda kennen. Denn der Pater hatte seinen Plan, in verschiedenen Städten Zweigstellen des Husserl-Archivs zu errichten, noch immer nicht aufgegeben. Es war eine Möglichkeit, die Überlieferung der Husserl-Texte sicherzustellen und obendrein noch Gelder von anderen Regierungen einzuwerben. In erster Linie dachte er dabei an Buffalo (bei Marvin Farber), Freiburg (bei Eugen Fink) und an Köln, wohin er gleich fuhr, um mit dem neu ernannten Professor Volkmann-Schluck diese Frage zu besprechen. Denn schließlich gab es die Vorbedingung, dass die Zweigstellen des Husserl-Archivs mit der Philosophischen Fakultät der örtlichen Universität verbunden waren.

»Die ersten Verhandlungen mit Van Breda unternahm Volkmann-Schluck auf eigene Faust, aber wie es immer so geht, am Ende landen alle praktischen Dinge bei den Assistenten. Also bei mir«, berichtet Rudolf Boehm, der von Van Breda auch nach so vielen Jahren noch immer als vom »Pater« spricht, der Bezeichnung, unter der Van Breda seit den Fünfzigerjahren in der internationalen Gemeinschaft der Philosophen immer bekannter wurde. »Volkmann-Schluck war sehr von der Idee einer Zweigstelle des Husserl-Archivs angetan, er verfolgte sie zwar weiterhin mit großem Wohlwollen, aber im Grunde rührte er keinen Finger. Der Pater und ich haben zu zweit das Kölner Husserl-

Archiv aufgebaut. Die Unterrichtsräume, die Möbel, die Bibliothek, sogar das Personal, all das musste organisiert werden, und das war meine Aufgabe, immer in Absprache mit Van Breda. Ab und zu kam er eine Woche oder länger nach Köln; dann sind wir gemeinsam alles durchgegangen und haben in Absprache alle Probleme gelöst.«

Von jeder Transkription, die in Leuven gemacht wird, werden von nun an mithilfe von Kohlepapier vier Kopien angefertigt. Die »Originalversion« des Transkripts bleibt in Leuven, die vierte (und schlechteste) Kopie ist für die Person, von der die Transkription verfasst wurde. Die anderen drei gehen nach Buffalo, Freiburg und Köln.

Nun gibt es nur noch ein Problem – der Kölner Ableger des Husserl-Archivs braucht Personal. Walter und Marly Biemel wollen nach acht Jahren Leuven wieder nach Deutschland zurückkehren. Walter Biemel hatte noch im Krieg bei Heidegger eine Doktorarbeit begonnen und dann über dessen Werk in Leuven promoviert; er möchte weiterhin an der Universität bleiben. Van Breda hat über Henk Pos schon einmal vergeblich versucht, für ihn in Utrecht eine Stelle zu finden. Am Ende wird vereinbart, dass Biemel in der Kölner Dependance des Husserl-Archivs als leitender Mitarbeiter Volkmann-Schlucks anfangen kann.

Rudolf Boehm: »Dem weiteren Ausbau der Zweigstelle stand nichts mehr im Wege, und um das Happy End zu feiern, genehmigten der Pater und ich uns eine Tasse Kaffee mit Kuchen in einer Kölner Konditorei. ›Ich möchte Ihnen für all Ihre Unterstützung danken‹, sagte er, ›aber ich möchte Sie doch noch um einen letzten Gefallen bitten. Würden Sie mir helfen, einen Nachfolger für Walter Biemel zu finden? Es müsste jemand sein, der sich in Husserls Philosophie auskennt und hervorragend Deutsch spricht.‹ ›Geben Sie mir zehn Minuten zum Nachdenken‹, sagte ich. Während ich mein Stück Kuchen verspeiste, dachte ich darüber nach. Nach zehn Minuten hatte ich eine Lösung und sagte: ›Ich werde mich selbst bewerben.‹ Der Pater war begeistert, er hielt es gleich für eine großartige Idee. Binnen einer halben Stunde war alles geregelt. Keine Verhandlungen, ganz unkompliziert … als ich ihn fragte, ob ich mich um die Stelle bewerben oder nachweisen müsse, dass ich Niederländisch beherrsche, wischte er diese Fragen gleich vom Tisch. Wir haben einen persönlichen Termin vereinbart, und das reichte. Der Rest erledigte sich von selbst.«

Die ersten Monate des Jahres 1952 bleibt Boehm noch in Köln. Inzwischen ist Walter Biemel dort eingetroffen und gibt ihm eine intensive Einführung in Husserls Biographie, sein Werk und in die Archivarbeit. Dann zieht der junge Deutsche nach Leuven um, wo er im Haus der Biemels eine Wohnung findet. Marly Biemel lebt und arbeitet noch immer in Flandern, und gemeinsam machen sie mehrere Husserl-Texte druckreif. Die Frau des Philosophen weiht ihn in die Tricks und Kniffe der Transkriptionsarbeit ein. Inzwischen wurden einige von Strasser erstellte Transkriptionen den redaktionellen Richtlinien für die *Husserliana*-Reihe angepasst, die inzwischen erarbeitet wurden. Nachdem Marly Biemel ihrem Mann ein Jahr nach dessen Wechsel nach Köln folgt, ist Boehm auf sich allein gestellt.

In seinen Leuvener Jahren wird Rudolf Boehm (zusammen mit De Waelhens) Heideggers *Sein und Zeit* zum ersten Mal ins Französische übersetzen; als Nächstes überträgt er die *Phénoménologie de la perception* (dt. als *Phänomenologie der Wahrnehmung*) von Merleau-Ponty aus dem Französischen ins Deutsche. Doch seine wichtigste Aufgabe bleibt die Tätigkeit im Husserl-Archiv, wo er Van Bredas Assistent und rechte Hand wird. Eine Stellung, die er fünfzehn Jahre lang innehat. Niemand wird jemals so eng mit Van Breda zusammenarbeiten wie Boehm: »Sie dürfen mich ruhig als seine rechte Hand bezeichnen. Ich habe ein sehr vertrautes, wirklich freundschaftliches Verhältnis zum Pater aufgebaut. Wenn es doch einmal zu einem Konflikt kam, wurde das immer freundschaftlich ausdiskutiert. Meine Haupttätigkeit bestand in der Transkription der Husserl-Handschriften und der Aktualisierung des Katalogs. Ich entwickelte auch ein Steckkartensystem für die noch nicht transkribierten Manuskripte, jedes Manuskript bekam sozusagen einen Personalausweis. Außerdem habe ich natürlich auch die Editionen vorbereitet.«

Boehms Aufgabenbereich wird allmählich immer mehr erweitert. Er leitet das Doktorandenprogramm des Husserl-Archivs und empfängt Gäste und Forscher, die ins Archiv kommen. Oft zusammen mit Van Breda, aber wenn sich der Pater im Ausland aufhält, muss er selbstständig die Honneurs wahrnehmen. »Viele große Berühmtheiten der Philosophiegeschichte haben uns aufgesucht. Besonders schöne Erinnerungen habe ich an den Besuch von Aron Gurwitsch, mit dem wir in enger Verbindung standen. Leider hat sein Werk nie die Aufmerksamkeit gefunden, die es verdient hätte, aber es ist sehr wichtig. Gurwitsch war ein litauischer Jude, der in Deutschland studiert und dort auch promoviert hatte. Vor dem Krieg floh er nach Paris, von wo aus er noch rechtzeitig nach Amerika emigrieren konnte. Ich erinnere mich, dass er ständig jüdische Witze erzählte. Seine Frau, die ihn begleitete, sagte einmal: ›Aber Herr Boehm versteht doch gar kein Jiddisch.‹ Worauf Gurwitsch antwortete: ›Aber natürlich versteht Herr Boehm Jiddisch.‹ Durch die Umstände, unter denen das Husserl-Archiv entstanden war, nahm er an, dass ich Jude sei. Aber nein, ich verstand kein Jiddisch.«

Als die Finanzierung des Archivs allmählich gesichert ist, muss sich Boehm auch um die weitere Förderung kümmern. Der mit den Subventionen verbundene Papierkram macht den Pater ganz nervös. »Es war im Grunde recht merkwürdig«, erinnert sich Boehm. »Jahrelang hatte Van Breda hier alles am Laufen gehalten, indem er an den obskursten Stellen nach Geld gesucht und es auch gefunden hat, indem er alles Mögliche auf den Weg gebracht und organisiert hat, indem er Kontakte mit den Universitäten gepflegt und ausgebaut hat. Und jetzt lief mit einem Mal alles in geordneten Bahnen, und dann stellt sich plötzlich heraus, dass das Ausfüllen der vielen Fragebögen, die Ausarbeitung von Jahresberichten und das Erstellen der Abrechnung nichts für den Pater war. Lediglich mit den harten Zahlen, mit den finanziellen Grundlagen, damit beschäftigte er sich noch. Den ganzen anderen Rest überließ er mir.«

Dass er all seine Ausgaben belegen soll, findet Van Breda sehr mühselig. Es ist für ihn eine völlig neue Erfahrung und nicht gerade eine, die seinem Temperament entspricht. Glücklicherweise konnte er mit Frans Dierckx, einem Freund aus seinem Heimatort, eine weitere Finanzierungsquelle auftun. Zusammen mit seinen beiden Brüdern ist Dierckx seit 1932 Geschäftsführer der Molkerei Sint-Clemens in Lier. Die Familie Dierckx ist begütert, ihre Geschäfte laufen gut. Unter den Markennamen Bonilac und Babymel erobert ihr Unternehmen einen großen Marktanteil, insbesondere in und um Lier. Der alleinstehende Frans Dierckx lässt seinen Freund Van Breda an seinem Reichtum teilhaben. Boehm: »Frans Dierckx kam regelmäßig ins Husserl-Archiv und tat viel für den Pater. Oft einfach, indem er ein paar Geldscheine herauszog und sie Van Breda zuschob. Er finanzierte auch viele Reisen des Paters, manchmal hat er ihn auch begleitet. Wenn wir Transportprobleme hatten, fuhr er mit seinem Wagen vor, einem großen Amischlitten. Zum Beispiel, als der Mikrofilm eingeführt wurde; auch wir wollten die Husserl-Manuskripte auf Mikrofilm sichern lassen. Dieses Umkopieren wurde in der St.-Willibrords-Abtei im niederländischen Doetinchem durchgeführt. Zu dritt haben wir damals alles in

Dierckx' Auto nach Doetinchem gebracht. Auf dem Weg dorthin lud uns ›der Milchmann‹, wie wir ihn nannten, zu einem ausgezeichneten Essen ein.« Die St.-Willibrords-Abtei wurde erst 1952 von Benediktinern erbaut. Die Mönche lebten nicht nur im Kloster, sie mussten auch Einkünfte generieren, um die Abtei finanzieren zu können. Das Hobby eines der Patres, die Fotografie, hatte Entwicklungspotenzial und er baute ein Fotoatelier auf, das von wichtigen religiösen und wissenschaftlichen Werken Mikrofilme herstellte. Für Van Breda waren die Mikrofilme ein Geschenk des Himmels: In sehr kurzer Zeit besaß das Archiv Kopien der Husserl-Texte. Sollte den Originalmanuskripten etwas zustoßen, dann stünden sie von nun an noch immer auf Mikrofilm zur Verfügung.

Das heikelste Problem schleppte das Archiv bis weit in die Fünfzigerjahre mit sich herum. Als die ersten Bände der *Husserliana* herauskamen, beschwichtigte Van Breda Gerhart Husserl noch mit der Ankündigung, er werde sich bald um die Urheberrechte kümmern. Dieses Versprechen hielt er jedoch nicht. Boehm berichtet: »Irgendwann wurden Niemeyer, der deutsche Verleger, der zu Husserls Lebzeiten die Werke des Philosophen veröffentlicht hatte, und der Herausgeber der *Husserliana*, Martinus M. Nijhoff in Den Haag, in die Sache involviert. Das Misstrauen war sehr groß, und auch die Unsicherheit. Der Pater mochte derlei Gewese gar nicht. Und vor allem fühlte er sich gekränkt. Schließlich war er der Mann, der den Nachlass gerettet hatte, ohne dabei einen Cent zu verdienen, und außerdem hatte er dafür gesorgt, dass die Edition finanziert wurde ... Nun wagte man es zu unterstellen, dass er die Einkünfte daraus für sich selbst in Anspruch nähme, obwohl sie eigentlich der Familie zustünden.«

Jedes Mal, wenn Gerhart Husserl dieses Thema anspricht, reagiert Van Breda emotional und erregt – zumal Husserl gegen

Van Breda auch noch weitere Anschuldigungen vorbringt. Als ein Liber Amicorum zu Ehren des hundertsten Geburtstags seines Vaters erscheint, beklagt sich Gerhart Husserl in einem Brief vom 13. März 1958 nicht nur darüber, dass man ihn nicht ins Redaktionskomitee aufgenommen hatte, er ist auch sehr unzufrieden mit der Auswahl der Angehörigen dieses Redaktionskomitees. Seiner Meinung nach handelt es sich dabei um Personen, die, »wie Volkmann-Schluck, weit von Husserl stehen, oder, wie Fink und Landgrebe, sich weit von ihm entfernt haben«. Dabei verweist er auf Landgrebes kleines Buch *Philosophie der Gegenwart*, das »wiederum ein Hymnus auf den Heidegger [ist], der die Phänomenologie pervertiert und meinen Vater schmählich verraten hat«. Das macht Van Breda wütend und verzweifelt, aber er unternimmt nur wenig, um den Konflikt zu entschärfen. Gerhart Husserl hat gesundheitliche Probleme, was seiner Stimmung ebenfalls abträglich ist. Ihm geht alles nicht schnell und vor allem nicht weit genug: Als Van Breda ihm die Hälfte aller Tantiemen für alle Übersetzungen der vom Husserl-Archiv herausgegebenen Texte anbietet, findet er das mehr als unzureichend.

»Mit einem brieflichen Gedankenaustausch kommen wir offensichtlich nicht weiter«, schreibt Gerhart Husserl am 20. September 1961 an Van Breda. »Sie sind ein sehr beschäftigter Mensch und finden anscheinend nicht die Zeit (was ich gut verstehen kann), sich mit dem, was ich Ihnen schreibe, gedanklich auseinanderzusetzen. Auf der anderen Seite sehe ich mit Bedauern, wieviel Mühe Sie sich damit machen, mir in ausführlichen Darlegungen Dinge zu sagen, die mir lange bekannt sind und über die ich teilweise besser Bescheid weiß als Sie selber, oder mir Rechtsausführungen zu übermitteln, die ich nur mit einigem Kopfschütteln zur Kenntnis nehmen kann.« Es scheint einfach keine Lösung für die verfahrene Situation zu geben.

Nach einem letzten Besuch Van Bredas bei Gerhart Husserl in Freiburg Ende 1961 beschließen sie in gegenseitigem Einvernehmen, dass Rudolf Boehm, der ein gutes Verhältnis zu Husserls Sohn aufgebaut hat, die Sache weiterverfolgen wird, um eine Lösung zu finden. Es verlangt viel Fingerspitzengefühl, aber schließlich gelingt es ihm, einen Vergleich auszuarbeiten – nachdem ein Vertragsvorschlag mindestens sechs Mal geändert und angepasst wurde. Nachdem er in Freiburg das Problem mit Gerhart Husserl erneut Punkt für Punkt durchgegangen ist, besprechen sie sich noch mit dem Berater der Familie, Walter Bapper, darüber, dem damals angesehensten deutschen Urheberrechtsexperten. Einer der letzten Stolpersteine bezieht sich auf das, was Gerhart Husserl als »nicht autorisierte Ausgaben« bezeichnet, das heißt wissenschaftliche Texte von Philosophen, die im Archiv Einsicht in unveröffentlichte Husserl-Texte hatten und nun ausführlich daraus zitieren. Van Breda findet das typisch für wissenschaftliches Arbeiten, Husserl meint, dass auch dafür bezahlt werden müsse. Schließlich werden ihm diese Rechte für die runde Summe von 3000 DM abgekauft.

Zu einer endgültigen Einigung zwischen den Kindern Husserls und dem Archiv kommt es im Sommer 1966. In einem detaillierten Vertrag wird festgelegt, welche der beiden Parteien welche Rechte und Pflichten hat und wie viele Tantiemen der Familie für Editionen, Neuausgaben und Übersetzungen aus den Werken Husserls zustehen. Eine Schwierigkeit liegt darin, dass für eine ganze Reihe von Dingen das Einverständnis der Familie erforderlich ist – was eine umfangreiche Korrespondenz mit sich bringt. Eine Aufgabe, die Van Breda ebenfalls weitestgehend seinen Mitarbeitern überlässt.

In den Gesprächen mit Boehm geht es Gerhart Husserl zwischendurch auch oft um Heidegger, über dessen NS-Vergangenheit er eine Menge zu wissen scheint. »Das war eine unangenehme Situation«, erinnert sich Boehm. »Den einen Tag saß ich bei Gerhart Husserl, am nächsten Tag musste ich, ebenfalls in Freiburg, Heidegger aufsuchen. Wir wollten ein Werk von Husserl neu herausbringen, das bereits 1928 auf Bitten von Husserl selbst von Heidegger herausgegeben worden war. Ich musste Heidegger zwangsläufig fragen, welche redaktionellen Entscheidungen er damals getroffen hatte. Er hatte zwar keine kritische Ausgabe gemacht, aber ich musste schon wissen, wie er dabei vorgegangen war und was er selbst beigetragen hatte. Dann stellte sich heraus, dass er so gut wie nichts geändert hatte, sondern einfach von einer Transkription Edith Steins ausgegangen war.« Boehm wird Heidegger insgesamt drei- oder viermal aufsuchen. Auch als er mit De Waelhens an der französischen Übersetzung von *Sein und Zeit* arbeitet. »Es gab Fragen, die nur Heidegger selbst beantworten konnte. Persönlich habe ich nichts als angenehme Erinnerungen an ihn. Bei diesen Begegnungen ging es sehr gemütlich und einfach, sogar behaglich zu ...«

Eine Regelung in Sachen Urheberrechte muss unbedingt gefunden werden. Auf der ganzen Welt beginnt man, Husserls Werke zu übersetzen, was zum Teil der Popularität der Existenzialisten geschuldet ist. Die Existenzialisten sind viel mehr als eine philosophische Schule, sie sind ein Hype. Ein Hype, bei dem auch gelegentlich das Werk Husserls in den Fokus der Aufmerksamkeit rückt. Die Rechte an den Husserl-Übersetzungen liegen bei Martinus Nijhoff, der in erster Linie die Verhandlungen führt. Dennoch bittet der Verlag jedes Mal das Husserl-Archiv um eine Beurteilung der eingereichten Übersetzung. Boehm: »In Englisch, Französisch oder anderen romanischen Sprachen war das durchaus zu machen, aber was tun mit einer Übersetzung ins Hebräische oder Japanische? In Sprachen, die keiner von uns beiden lesen konnte? Das war eine unbefriedigende und zeitraubende Arbeit.«

Außerdem werden Kongresse und Studientage zu Husserl und Husserls Werk organisiert, und bei einem davon erlebt Van Breda seine Sternstunde. Anfang November 1956 kommt die gesamte internationale phänomenologische Gemeinschaft im deutschen Krefeld zusammen. Buytendijk, De Waelhens, Fink, Ingarden, Landgrebe und Volkmann-Schluck halten dort Vorträge. Aber Van Breda wird minutenlang mit stehenden Ovationen bedacht, als er akribisch beschreibt, wie das Husserl-Archiv nach Leuven gekommen ist und wie er den Nachlass des Philosophen durch den Krieg gelotst hat. Vierzig deutsche und achtzig ausländische Teilnehmer erweisen ihm lang anhaltend die Ehre. In den nächsten zwei Tagen fungiert er als Dolmetscher. Er fasst für die deutschen Teilnehmer die französischen Vorträge vor Ort in Kürze zusammen und umgekehrt und beeindruckt alle durch seine Sprachkenntnisse und synthetischen Fähigkeiten. Der Kongress wird so zu einem der Höhepunkte seines intellektuellen Lebens.

Seinen Vortrag zur Entstehungsgeschichte des Archivs hat er in den Monaten davor Wort für Wort und Satz für Satz mithilfe von Rudolf Boehm verfasst und redigiert. Jedes Satzzeichen wird diskutiert. Es wurde ein sehr geschönter Bericht über die gesamte Operation, in dem Van Breda, um ein Beispiel zu nennen, kein Wort über Frau Binswangers Weigerung verliert, die Manuskripte in Empfang zu nehmen. Als Maria Verstraeten von der Katholischen flämischen Hochschule für Frauen 1970 zu Besuch ins Husserl-Archiv kommt, wird Van Breda für sie einen Band, in dem der Text seines Vortrags steht, signieren, mit dem Zusatz: »Der einzige je von mir verfasste Roman – stark autobiographisch!«

34 Bei Van Bredas Ernennung zum außerordentlichen Professor im Juli 1951 erhält der vierzigjäh-
rige Geistliche Glückwünsche von Pater Romaeus
Leuven, der die Gelegenheit nutzt, das Fehlen einer angemesse-
nen Vergütung für Lucy Gelber zur Sprache zu bringen. »Frau
Dr. Gelber hat in den vergangenen Jahren völlig selbstlos an der
Stein-Edition gearbeitet, die uns bisher keinen Gewinn gebracht
hat, sondern im Gegenteil vom Karmel neue Investitionen erfordert ... Deshalb sehe ich mich nicht in der Lage, auf die – von
Frau Gelber niemals ausgesprochene, aber dennoch – sehr vernünftige Forderung einer Ausgleichszahlung einzugehen. Wäre
es Ihnen möglich, Frau Gelber offiziell für ihre Arbeit zu würdigen, zum Beispiel indem Sie ihr als einer an der Universität tätigen Archivarin des Husserl-Archivs ein angemessenes Honorar
zahlen?«

Van Breda gibt nicht nach. Zu der Zeit bleibt ihm nicht genügend finanzieller Spielraum, um seinen Mitarbeitern eine
regelmäßige Bezahlung in Aussicht stellen zu können. Sogar die
Vergabe des Titels Archivarin, ohne finanziellen Ausgleich, ist
nicht möglich. Lucy Gelber darf im Archiv aktiv bleiben und an
der Edition des Nachlasses von Edith Stein weiterarbeiten, doch
mehr kann er nicht versprechen. »Diese prinzipielle Haltung
gilt natürlich nur, solange Frau Gelber nicht selbst zurücktritt
und solange sie die wesentlichen Prinzipien der Zusammenarbeit im Archiv akzeptiert.« Van Breda und Leuven einigen sich
dann darauf, den Erlös aus dem Verkauf der Stein-Ausgaben zur
Entlohnung von Lucy Gelbers Tätigkeiten zu verwenden.

Wenig später kommt es zum großen Konflikt. Am 5. Februar 1952 bittet Romaeus Leuven Lucy Gelber, von nun an keine Konsultationen unveröffentlichter Manuskripte »aus dem Stein-Archiv« mehr zu erlauben. Er bereitet einen ersten Antrag zur Seligsprechung Edith Steins vor und möchte die Manuskripte selbst durchgehen. Als sich Hilda Graef wegen der Biographie beim Husserl-Archiv anmeldet, die sie über Edith Stein schreiben möchte, führt das zu einer Auseinandersetzung zwischen Gelber und Van Breda. Der Pater meint, dass es gar kein Stein-Archiv gebe. Im Gegenteil, es handle sich um ein »Husserl-Archiv, in dem auch Manuskripte von Edith Stein aufbewahrt werden«. Das Husserl-Archiv heiße jeden willkommen, der im Rahmen einer wissenschaftlichen Forschungsarbeit unveröffentlichte Dokumente einsehen möchte. Van Breda erlaubt Graef, einen Teil der angeforderten Dokumente durchzusehen. Gelber befolgt dagegen Romaeus Leuvens Anweisungen und verbietet ihr den Zugang zu weiteren Dokumenten.

1955 schreibt Graef im Vorwort zu ihrem Buch *Leben unter dem Kreuz:* »Der Direktor des Husserl-Archivs in Löwen, wo sich ein großer Teil des Edith-Stein-Materials befindet, Professor P. Van Breda, O. F. M., machte mir soviel davon zugänglich, wie er konnte: aber leider blieb mir ein großer Teil verschlossen, besonders autobiografische Notizen aus der Zeit vor ihrer Konversion, einige geistliche Schriften und Aufzeichnungen wie auch verschiedene Briefe; denn trotz meiner dringenden Vorstellungen und Bitten an die Autoritäten der niederländischen Provinz der Unbeschuhten Karmeliten gelang es mir nicht, die Zustimmung der mit der Ordnung dieses Materials betrauten Dame zu erhalten.«

Nach Graefs Besuch gibt es einen reservierten, recht kühlen, aber deutlichen Briefwechsel. Zu einem offenen Konflikt der beiden Kleriker kommt es allerdings nicht; immer wieder bereinigen Van Breda und Romaeus Leuven Schwierigkeiten in einem guten Gespräch. Inzwischen sind bereits drei Bände von Steins gesammelten Schriften erschienen, Außenstehenden erscheint alles in bester Ordnung. Dennoch wird die Forderung nach einem separaten Stein-Archiv lauter vernehmbar. In einem Brief Lucy Gelbers an Romaeus Leuven vom 25. April 1954 fällt zum ersten Mal der Name, den eine solche Institution bekommen müsste: Archivum Carmelitanum Edith Stein.

Als Gelber im Juli 1954, während sich Van Breda einige Monate in den USA aufhält, feststellt, dass Manuskripte aus dem Tresor entnommen, konsultiert und sogar ausgeliehen wurden, holt sie alle Dokumente aus dem Safe und legt sie in einen Schrank in ihrem eigenen kleinen Arbeitsraum im Archiv. Romaeus Leuven ist damit einverstanden. Er fühlt sich beleidigt und wendet sich in einem langen Brief an Louis De Raeymaeker, inzwischen Direktor des HIW. Er schreibt: »Im Grunde ist es während seiner Abwesenheit zu einem Bruch mit Pater Van Breda gekommen«, und er schlägt vor, das Stein-Archiv vom Husserl-Archiv abzukoppeln und es als eigenständige Einheit innerhalb des HIW fortzuführen. »Kann das Archivum Carmelitanum Edith Stein beim Philosophischen Institut (HIW) untergebracht werden und Frau Dr. Gelber den Titel ›Archivarin‹ dieses Archivs bekommen?«, fragt er nach. Am Ende ist es Lucy Gelber, die das Versenden des Briefs verhindert: »Es könnte zu Missverständnissen führen.«

Erst im September ist Van Breda wieder in Belgien und schlägt Romaeus Leuven vor, das Problem am 15. November zu erörtern. Diesmal bleibt Letzterer fest, und es wird keine Einigung erzielt. Van Breda ist der Überzeugung, dass man alle Dokumente zur Einsicht zur Verfügung stellen müsse, Romaeus Leuven findet bestimmte Briefe und Notizen dafür zu intim. Er

will Lucy Gelber die Entscheidung überlassen, welche Manuskripte eingesehen werden können und welche nicht. Währenddessen schreibt Gelber in einem Brief an Romaeus Leuven, er
solle »die Gründung eines Carmelitanum Archivum Edith Stein
in Ruhe überlegen«. Romaeus Leuven macht sich auf die Suche
nach einem neuen Standort. Der Leuvener Verlag Nauwelaerts,
der die Gesamtausgabe von Edith Steins Schriften herausbringt,
möchte das Archiv bei sich unterbringen.

Noch immer steht Lucy Gelber mit beiden Herren auf gutem
Fuß und versucht durch separate Briefe an Romaeus Leuven
bzw. an Van Breda zu vermitteln. Ohne Erfolg. Die Meinungsdif-
ferenzen eskalieren und enden schließlich in einem Ultimatum.
Van Breda hat eine ganze Liste von Forderungen zusammen-
gestellt. Sollten sie nicht erfüllt werden, will er am 1. Juli 1955
die Zusammenarbeit beenden. Das Husserl-Archiv wird dann
die Edith-Stein-Manuskripte nicht länger lagern, und auch für
Lucy Gelber wird es im Husserl-Archiv keinen Platz mehr geben.
Romaeus Leuven wartet den 1. Juli nicht ab und teilt Van Breda
umgehend mit, dass er das Ultimatum nicht akzeptieren werde.
Er kündigt die Zusammenarbeit auf. Lucy Gelber wird daraufhin sofort darüber informiert, dass sie das Husserl-Archiv bis
zum 1. Mai verlassen müsse. Romaeus Leuven legt ihr nahe,
nicht ohne die Manuskripte zu gehen. Wohl unterzeichnet Gelber eine Vereinbarung mit Van Breda, in der sie auf alle Rechte
und Pflichten an den Texten, die sie im Husserl-Archiv bearbeitet hat, verzichtet. Van Breda bittet um die Erlaubnis, erst noch
einige für das Husserl-Studium wichtige Dokumente kopieren
zu dürfen. Sie wird ihm erteilt. Die Edition der gesamten Werke
von Edith Stein wird fortgesetzt und die Manuskripte werden,
nachdem sie lange in Brüssel im Depot lagerten, im Jahr 2000
endlich in den Kölner Karmel gebracht.

Für die katholische Kirche wird Edith Stein in darauffolgenden Jahrzehnten immer wichtiger. Der junge polnische Priester Karol Wojtyla steht während seines Studiums in Krakau völlig im Bann von Edith Steins (Schwester Benedictas) Leben und Werk. Später, nachdem er unter dem Namen Johannes Paul II. Papst geworden ist, wird er dafür sorgen, dass Stein zuerst selig- (1987) und dann (1998) heiliggesprochen wird. 1999 wird er sie zu einer der drei Schutzpatroninnen Europas erklären.

Wojtylas Faszination für Edith Stein bringt auch Kontroversen mit sich. Er ist der erste Papst, der am 7. Juni 1979 offiziell Auschwitz besucht; das Bild von Johannes Paul II., wie er vor den Gaskammern kniet, geht um die Welt. Dass er in seiner Predigt auch Edith Stein erwähnt, macht böses Blut. Können die Schrecken des Holocaust auf die Erfahrungen einer gebürtig jüdischen, dann zum Katholizismus bekehrten Nonne reduziert werden? Schließlich wurde Edith Stein im Konzentrationslager umgebracht, weil sie Jüdin war, nicht wegen ihres katholischen Glaubens, oder nicht? Wojtylas Plan, auf dem Gelände von Auschwitz, in den Gebäuden, in denen die Nazis das Zyklon B gelagert hatten, mit dem Juden vergast wurden, ein Karmeliterkloster als Hommage an Edith Stein zu gründen, führt zu einem immensen Konflikt. Dennoch wird der Plan von den polnischen Bischöfen in die Tat umgesetzt. Will der Papst die Erfahrungen der Juden während des Zweiten Weltkriegs für das Christentum reklamieren? Das ist eine, vor allem in der jüdischen Gemeinde, oft gestellte Frage. Am Ende entscheidet Wojtyla im April 1993, das Kloster wieder zu schließen; die vierzehn Schwestern müssen sich ein neues Zuhause suchen.

35 Obwohl die unmittelbare Kriegsgefahr gewichen scheint, hat Van Breda noch immer kein gutes Gefühl. Der ständig weiter eskalierende Kalte Krieg macht ihm große Sorgen. Um nicht wieder in dieselbe Situation wie zu Zeiten der deutschen Besetzung zu geraten, will er Kopien der Husserl-Handschriften auf der ganzen Welt verteilen, vorzugsweise an Dependancen des Husserl-Archivs.

Die Zusammenarbeit mit den beiden Zweigstellen in Köln und Freiburg verläuft bisher problemlos. Umso mehr, als Ludwig Landgrebe 1954 von Kiel nach Köln umzieht, um dort einen Lehrstuhl zu übernehmen, vor allem aber, um an der Seite von Volkmann-Schluck Co-Direktor des Archivs zu werden. Damit ist, geographisch gesehen, die Vorkriegsmannschaft wieder vereint. Van Breda führt das Mutterhaus in Leuven, Landgrebe leitet die Dependance in Köln, Fink ist Ordinarius an der Universität Freiburg, wo ebenfalls Kopien aller transkribierten Texte hinterlegt sind. Dennoch ist es vor allem Finks Nachfolger Werner Marx, der sich in Freiburg um das Husserl-Archiv kümmert, denn Fink beschäftigte sich damals überwiegend mit Heidegger, seine Begeisterung für Husserl ist im Schwinden begriffen.

Für Marvin Farber scheint das Husserl-Archiv in erster Linie ein Prestigeprojekt zu sein. Er fordert, von jedem transkribierten Text solle eine Kopie nach New York geschickt werden; und das geschieht auch. Nach seiner Emeritierung in den frühen Siebzigerjahren des 20. Jahrhunderts werden allerdings die meisten dieser Pakete ungeöffnet wieder nach Leuven zurückgeschickt. Doch für Van Breda ist es wichtig, dass die Transkripte in die

USA versandt werden. Bereits am 25. Juli 1947 teilte er Gerhart Husserl mit: »Es wird festgestellt, dass die heutige Lage Europas besondere Maßnahmen für die Sicherstellung des Nachlasses erfordert. Es wäre wünschenswert, so bald wie möglich eine Kopie aller wichtigen Dokumente in Amerika unterzubringen.«

Auch in Paris tut sich plötzlich etwas, zehn Jahre nachdem Van Bredas Pläne zum Aufbau einer dortigen *dépendance* endgültig ad acta gelegt zu sein schienen. Die Philosophen, die bereits vor zehn Jahren auf ein Husserl-Archiv gedrängt hatten, haben es inzwischen in der akademischen Welt zu etwas gebracht und versuchen nun erneut, die Frage auf die Tagesordnung zu setzen. Gaston Berger, dem Van Breda einst bei Malvine Husserl in Freiburg zum ersten Mal begegnet war, Paul Ricœur, der während des Zweiten Weltkriegs in der Kriegsgefangenschaft ein Werk Husserls übersetzt hatte (den ersten Band der *Ideen*), der nach Frankreich zurückgekehrte Jean Wahl, der begeisterte Dozent Jean Hyppolite und dessen Busenfreund Maurice Merleau-Ponty unternehmen jetzt gemeinsame Anstrengungen. Bergers Unterstützung ist besonders wichtig, denn er wurde 1957 zum Generaldirektor des französischen Hochschulwesens befördert und kann die erforderlichen Mittel freigeben. Dieses Mal ist ihr Bemühen von Erfolg gekrönt und im Mai 1958 wird an der Pariser Sorbonne das *Centre d'Archives Husserl* eröffnet. Merleau-Ponty, der einzige Vollblut-Phänomenologe unter den Existenzialisten, wird der erste Direktor. Nach dessen frühem Tod 1961 übernimmt Paul Ricœur, der bereits mehrere Male Leuven besucht und sich ausgiebig mit Husserl beschäftigt hat, dessen Stelle.

Der Ruhm Van Bredas und des von ihm geführten Archivs nimmt solche Ausmaße an, dass sich jeder, der nicht eingebunden wird, übergangen fühlt. Roman Ingarden erbost sich in einem Brief an

Van Breda darüber, dass bei den Husserl-Editionen des Leuvener Husserl-Archivs niemand, der den frühen Husserl noch gekannt habe, einbezogen wurde. Fink und Landgrebe hatten Husserl erst kennengelernt, als ihr Lehrer bereits alt war. Außerdem sind weder Van Breda noch seine Mitarbeiter Husserl jemals persönlich begegnet. »Ich möchte am Aufbau der Sammlungen des Husserl-Archivs irgendwie beteiligt werden«, schreibt Ingarden am 5. Mai 1956. Zwei Jahre später wird Ingarden - zum großen Ärger Van Bredas - seinem Unmut auch coram publico Luft machen, und zwar in einer Fußnote zu einem Artikel über die Editionen der Husserl-Handschriften. »Bis auf die letzten beiden Assistenten wurden alle noch lebenden Schüler Husserls von der Veröffentlichung ausgeschlossen«, schreibt Ingarden mit Ingrimm. Van Breda antwortet ihm per Brief: »Ich habe ehemalige Schüler Husserls stets um ihre Mitwirkung gebeten, habe sie jedoch nie erhalten.« Doch seine Worte besänftigen den polnischen Philosophen nicht. »Sie haben kein Beratungsgremium, in dem Schüler des früheren Husserl mitarbeiten; wohl suchen Sie den Rat von Heideggerianern und werfen uns (den älteren Schülern) vor, dass wir den jungen Husserl nicht verstanden hätten«, schreibt ihm Ingarden zurück.

Im April 1957 treffen sich Ingarden und Van Breda auf einem Kolloquium im Internationalen Kulturzentrum der Zisterzienserabtei von Royaumont, nördlich von Paris. Doch das bringt trotzdem keine Annäherung der Standpunkte. »Wenn ich die berührten Probleme nicht während des Kolloquiums in Royaumont persönlich mit Ihnen besprochen habe, so lag es nur daran, dass Sie in Royaumont mir gegenüber einen sehr diktatorischen und apodiktischen Ton angeschlagen haben, so dass ich nicht hoffen konnte, dass Sie meine Bemerkungen werden anhören wollen«, schreibt Ingarden Van Breda am 10. Oktober 1958. Eugen Fink rät Van Breda, der sich in seiner Ehre gekränkt fühlt, nicht auf die Vorwürfe einzugehen und die Sache auf sich beruhen zu lassen. Van Breda befolgt den Ratschlag. Später geht Ingarden wieder auf ihn zu und es kommt zu einer Einigung mit Leuven. Ingarden erteilt ihm die Genehmigung, die Briefe, die Husserl an ihn schrieb, in der *Husserliana*-Reihe zu veröffentlichen. (Ingardens Antwortschreiben gingen im September 1940 bei der Zerstörung des Containers im Hafen von Antwerpen verloren.) Als Ingarden stirbt, reist Van Breda in das kommunistische Polen, um am 19. Juni 1970 in Krakau an der Beerdigung des Philosophen teilzunehmen. Kardinal Karol Wojtyla, der damalige Erzbischof von Krakau, hält dabei den Begräbnisgottesdienst.

Nachdem nun regelmäßig neue Bände der *Husserliana* erscheinen, wächst auch die Aufmerksamkeit für die Arbeit des Archivs immer mehr. Seit Mitte der Fünfzigerjahre konzentriert sich Van Breda fast ausschließlich auf das Promoten von Husserl und Husserls Werk. In ganz Europa werden Kongresse organisiert, in deren Zentrum Husserl und die Phänomenologie stehen. Selbst wenn es keine direkte Verbindung zu Husserl gibt, lässt sich Van Breda gern einladen, huldigen und ehren. 1959, dem Jahr, in dem Husserl hundert Jahre geworden wäre, wird dem belgischen Pater von der Universität Freiburg die Ehrendoktorwürde verliehen. Ein Jahr später wird er von der Regierung der Bundesrepublik Deutschland mit dem Bundesverdienstkreuz ausgezeichnet. Bei jeder Ehrung informiert er alle Verwandten und seinen gesamten Freundeskreis in aller Ausführlichkeit, und es gibt eine Eucharistiefeier und ein Festmahl. Meistens in Lier, mitunter auch in Leuven oder Antwerpen.

Im Leuvener Philosophischen Institut (HIW) ist Van Breda auf eigenen Wunsch auch für die Gebäude verantwortlich. Eine Verantwortung, die er sehr ernst nimmt und die ihm auch innerhalb der Leitung und Verwaltung des HIW eine zentrale Position verschafft. Als ein Aufzug an die Fassade der HIW-Gebäude angebaut werden soll, sorgt er natürlich dafür, dass damit auch das damals noch im Dachgeschoss eines der Gebäude untergebrachte Husserl-Archiv zu erreichen ist.

Im Übrigen zieht er sich zunehmend ins Archiv zurück, das er als sein eigenes Territorium ansieht. Er lässt sich ein eigenes Radio-, später auch ein Fernsehgerät einbauen und arbeitet an Husserls Schreibtisch, den Malvine ihm geschenkt hat. In seinem Arbeitszimmer stehen auch die Bücherschränke aus dem Nachlass des Philosophen, der Aschenbecher ist der Husserls, und der Pater ist umgeben von Husserls Bibliothek. Die Werke, die einst dem Philosophen gehörten, stehen jetzt Seite an Seite mit Van Bredas Büchern. Die Büste des Philosophen, ebenfalls ein Geschenk von Husserls Witwe, steht an zentraler Stelle. Mit dem Archiv als Epizentrum pflegt er unermüdlich sein riesiges Netzwerk, was sich beispielsweise in der astronomisch hohen Zahl von Weihnachtskarten äußert, die er jedes Jahr in die Welt hinausschickt, jede einzelne mit einer persönlichen Nachricht versehen. Und jedes Jahr prahlt er wieder, wenn er jemandem zeigen kann, wie viele Karten er selbst bekommen hat: mehr als einen ganzen Tisch voll!

Er versucht auch, das Husserl-Archiv zu einem »allgemeinen internationalen phänomenologischen Zentrum« auszubauen, in dem Platz für die Manuskripte anderer Philosophen ist, die in die phänomenologische Bewegung passen. Die Manuskripte von Husserls Schüler Fritz Kaufmann werden im Archiv untergebracht, und später wird auch der Sohn Brentanos, des Lehrers von Husserl, Van Breda einen Mikrofilm mit dem gesamten Nachlass des Vaters übergeben. Der Großteil von Brentanos Papieren war im März 1939, mit dem letzten kommerziellen Flugzeug, das Prag verließ, aus der Tschechoslowakei in die USA gebracht worden, mit der Houghton-Bibliothek der Harvard-Universität als endgültigem Ziel.

Van Breda geht zukunftsgerichtet vor und sucht proaktiv die Erben von Philosophen auf. Mit Walter Biemel fährt er zum Beispiel zu Max Schelers Witwe nach Garmisch-Partenkirchen, da sie auf der Suche nach einem Ort für die nachgelassenen Manuskripte ihres Mannes ist. Die Erhaltung und Veröffentlichung der Schriften Schelers könnte für das phänomenologische Zentrum, das Van Breda aus dem Leuvener Archiv machen möchte, einen wichtigen Mehrwert bedeuten, deshalb erarbeitet er einen Vorschlag. Frau Scheler ist entzückt, sagt sogar, sie sei gerührt von dem Angebot, befürchtet aber auch, dass Schelers Kritik an der katholischen Kirche in einer eventuellen Ausgabe unter den Teppich gekehrt werden könnte. Am Ende werden Schelers Manuskripte der Max-Scheler-Gesellschaft in Tübingen übergeben.

Auch mit Heidegger pflegt er trotz großer Vorbehalte noch immer Kontakt. Gegenüber Walter Biemel hat Heidegger schon einmal erwähnt, er sei von der Art und Weise beeindruckt, wie Van Breda Husserls Nachlass verwalte. Seine Hochachtung vor Van Breda ist nicht gespielt. Als ihn der Pater im Juni 1967 in die Philosophische Gesellschaft Leuven (Leuvens Wijsgerig Gezelschap) einlädt, sagt er zu, bittet aber um einen Aufschub. Im Februar 1968 sagt er den Vortrag doch noch ab. »Ich habe mich darauf gefreut, mit Ihnen, den Kollegen und den Studenten ins Gespräch zu kommen. Mein Alter setzt dem nun eine Grenze«, schreibt er. Im Oktober desselben Jahres fährt Van Breda zur Gedenkfeier von Husserls dreißigstem Todestag nach Freiburg und sucht mit Eugen Fink auch Heidegger auf. Im Vorstandsbericht des Husserl-Archivs vom 18. Dezember, sechs Wochen später, ist nachzulesen, dass es dort nicht nur um philosophischen Small Talk ging. »Bei einem längeren Besuch, den der Direktor / Verwalter, in Begleitung von Professor E. Fink, am Samstag, dem 26. Oktober 1968, im Haus von Professor M. Heidegger absolvierte, ließ dieser sich lobend über die Arbeit und die Publikationen des Husserl-Archivs aus. Während des Gesprächs hatten die Besucher wiederholt den Eindruck, dass Heidegger auf die Möglichkeit anspielte, vielleicht einen Teil seines geistigen Erbes dem Archiv anvertrauen zu wollen und zu können.« Zwar wurden einige Vorbehalte geäußert, doch am Ende wird Van Breda damit beauftragt, »zu prüfen, ob Heidegger tatsächlich ein solches Projekt in Betracht ziehen möchte. Falls erforderlich, müsse alles dafür getan werden, damit die betreffenden Dokumente nach Leuven kommen.« Es wird bei der Absicht bleiben.

Van Bredas beständiger, unablässiger Einsatz für das Werk verstorbener Philosophen – man kann es ruhig als Obsession bezeichnen – entlockt Eric Weil einmal schmallippig die Frage: »*Le père Van Breda, est-il toujours nécrophage?*« Ist Pater Van Breda noch immer so ein Leichenfresser?

36 Neben den Ausgaben der *Husserliana*, die inzwischen auf Hochtouren laufen, ist eine zweite Reihe in Vorbereitung. Van Breda will nicht nur Husserls eigene Schriften veröffentlichen, sondern auch Studien über das Werk des Philosophen und die Phänomenologie. Diese Serie soll den Namen *Phaenomenologica* bekommen, und dafür wirbt er den jungen wallonischen Philosophen Jacques Taminiaux als Redaktionssekretär an. Gemeinsam stellen sie ein Redaktions- und Lesekomitee zusammen, das natürlich von Van Breda persönlich geleitet wird, dabei unterstützt von Fink, Landgrebe, Farber, Hyppolite, Wahl, Volkmann-Schluck, Paul Ricœur und (bis zu dessen Tod) von Merleau-Ponty. Dieses Gremium bestimmt, welche Titel in die Reihe aufgenommen werden. Van Breda will für die Person und das Gedankengut Husserls Aufmerksamkeit generieren, vor allem, seit Heideggers Philosophie die seines ehemaligen Mentors in der internationalen philosophischen Welt zu verdrängen droht. Selbst in Leuven wächst Ende der Fünfzigerjahre das Interesse an Heidegger. Nach vier Jahren der Überprüfung war Heidegger 1949 lediglich als *Mitläufer* der Nazis eingestuft worden – das Beste, was er sich zu dem Zeitpunkt erhoffen konnte. Ein Jahr später durfte er wieder lehren. Zehn Jahre darauf kann auch wieder über sein Werk diskutiert werden, nicht nur über seine Haltung während der zwölf Jahre des Dritten Reichs.

Von 1958 an erscheinen unter dem Namen *Phaenomenologica* Studien von Eugen Fink, Alfred Schütz, Jan Patočka, Alphonse De Waelhens und von den wichtigsten Mitarbeitern des Archivs. Dennoch wird vor allem der achte Band dieser Reihe in die Annalen der Geschichte eingehen. *Totalité et Infini* (*Totalität und Unendlichkeit*) von Emmanuel Levinas wird 1960 gedruckt und setzt sich als Standardwerk des Philosophen durch. Levinas hatte 1930 seine Doktorarbeit *Théorie de l'intuition dans la Phéno-ménologie de Husserl* in Frankreich herausgebracht und damit die Phänomenologie in Frankreich eingeführt; durch diese Schrift war auch Sartre auf das Werk Husserls aufmerksam geworden. Levinas übersetzte auch Werke von Husserl. Ende der Fünfzigerjahre fand er für seine sehr umfangreiche Studie *Totalité et Infini* keinen Verlag, nicht in der Schweiz, auch nicht in Frankreich, wo unter anderem Gallimard das Manuskript ablehnte. Am Ende mit seinem Latein, bot Levinas das Buch Van Breda an, obwohl ihm klar war, dass es sich dabei um keinen rein phänomenologischen Text handelte. Zudem war er womöglich auch zu umfangreich für eine Veröffentlichung in der *Phaenomenologica*-Reihe.

Van Breda findet Levinas' Text ziemlich zäh und ist zunächst nicht gerade enthusiastisch. Auch bei Martinus Nijhoff, dem Den Haager Verleger der neuen Reihe, hält sich die Begeisterung in Grenzen. Die bereits in dieser Reihe erschienenen französischsprachigen Texte haben sich sehr schlecht verkauft. Eine Ablehnung ist zu befürchten. Aber Van Breda bittet auch Jacques Taminiaux und Rudolf Boehm um eine Beurteilung. Entgegen seinen Erwartungen sind beide von der Lektüre begeistert. Sie meinen, das Buch müsse unbedingt in Leuven verlegt werden. »Wochenlang haben wir darüber diskutiert«, erinnert sich Boehm, »und am Ende hat sich Van Breda überzeugen lassen. Das war sehr schön. Er hat auf uns gehört. ›Wenn ihr das meint, sollten wir es machen‹, war seine Schlussfolgerung. Von diesem Augenblick an tat er alles in seiner Macht Stehende, um auch den Verleger zu überzeugen.« Zu Theo de Boer, einem niederländischen Studenten, der eine Weile in Leuven studierte, sagte er in dieser Zeit, wobei er auf einen Stapel Papier deutete, der auf seinem Schreibtisch lag: »Theo, was ich hier habe, begreife ich nicht – aber ich werde es trotzdem herausbringen.« De Boer, der später eine Professur für Philosophie an der Universität von Amsterdam innehatte, arbeitete schließlich an der niederländischen Übersetzung des Buches mit.

Levinas ist Van Breda und seinen Mitarbeitern unendlich dankbar, dass sie bereit sind, seine Dissertation zu publizieren. Malvine Husserl hatte ihm bereits berichtet, was Van Breda während der Kriegsjahre für sie und für andere Juden getan hatte. Das ist für Levinas, der selbst Jude ist, ein weiterer Grund zur Hochachtung für Van Breda. Bei jedem Aufenthalt in Leuven, wo er regelmäßig ziemlich hermetische Vorträge hält, trifft er sich mit dem Pater.

1973 erscheint als Band 54 ein zweites Werk von Levinas in der *Phaenomenologica*-Reihe, *Autrement qu'être, ou au-delà de l'essence*. Levinas schickt das Manuskript als handschriftlichen Text nach Leuven; dort diktiert es Van Breda tagelang seinen Sekretärinnen vom Blatt. Keine leichte Aufgabe, denn die Sekretärinnen sprechen nicht alle gleichermaßen gut Französisch. Häufig stehen seine beiden Füße dabei in einem Bottich mit heißem Wasser. Ein Anblick, den seine Mitarbeiter niemals vergessen werden.

Levinas hatte in Freiburg ein Jahr lang bei Husserl studiert. Dennoch war er während dieser Zeit vor allem von Husserls Nachfolger beeindruckt: von Martin Heidegger. »In der Sprache des Touristen würde ich sagen, ich bin zu Husserl gekommen und habe Heidegger gefunden«, sagt er 1981 in einem Interview. Heidegger, fand Levinas, sei 1928 überraschender gewesen als Husserl. Der Krieg brachte ihn jedoch dazu, seine große Wertschätzung für Heidegger zu überdenken. Seine Familie wurde ermordet, er selbst war in einem deutschen Arbeitslager interniert.

In seinen Publikationen in der Nachkriegszeit sucht Levinas die Ursachen für die Gewalt im Zweiten Weltkrieg zu ergründen und muss zu seinem Entsetzen feststellen, dass auch in der westlichen Philosophie ein Nährboden für die Massenvernichtung der Nazis zu finden ist. Denn zu solchen Gräueltaten kann es kommen, wenn die Totalität über das Individuum gestellt wird, wie es im Krieg geschieht. Levinas fordert, dass die Ethik künftig die Grundlage einer jeden Philosophie sein müsse. Heidegger stellt die Quintessenz der Existenz in Beziehung zur Welt, für Levinas liegt dieser Wesenskern hingegen in der Beziehung zum Anderen, zum Mitmenschen. Das »Gesicht des anderen Menschen«, das »Antlitz« des Anderen, wird zum zentralen Begriff seiner Philosophie. Er distanziert sich immer mehr von Heidegger, dessen Haltung während der Nazizeit er unverzeihlich findet. »Vielen Deutschen kann man verzeihen, aber es gibt Deutsche, denen zu verzeihen schwerfällt. Es fällt schwer, Heidegger zu verzeihen«, schreibt er 1968 in *Quatre lectures talmudiques,* seinen Talmud-Lektionen.

Wo Heidegger, ein großer Philosoph, das schlechte Beispiel abgegeben hatte, war Van Breda für Levinas der Mann, der bewiesen hat, wie man hätte handeln müssen. Er war sozusagen der »Anti-Heidegger«. Als es darauf ankam, erwies sich Heidegger als skrupelloser Opportunist, der sich mühelos der neuen Ordnung anpasste und sich umgehend von seinem Lehrer und seinen jüdischen Studenten distanzierte. Van Breda blieb aufrecht. Er war vielleicht kein so großer Philosoph, doch im entscheidenden Moment, als es darauf ankam, stand er auf der richtigen Seite. Daher widmet Levinas 1972 sein Buch *Humanisme de l'autre homme* (dt. *Humanismus des anderen Menschen*) Leo

Van Breda. Und das, obwohl Van Breda ihm gegenüber durchaus fordernd auftrat. Wenn er möchte, dass Levinas etwas für ihn tut, hören ihn seine Mitarbeiter gelegentlich sagen: »Sie haben es doch mir zu verdanken, dass Sie so berühmt sind.« Levinas hatte den Ruf, ziemlich cholerisch zu sein – beim Rigorosum, der Verteidigung einer Doktorarbeit, konnte er Karrieren ruinieren –, doch Van Breda gegenüber bleibt er unter allen Umständen gleichermaßen höflich.

Jahre später, nach Van Bredas Tod, veröffentlicht Emmanuel Levinas den Band *Noms propres* (dt. 1975 als *Eigennamen*). Eine Textsammlung, in der er dreizehn Porträts von Menschen skizziert, die für ihn wichtig waren. Es sind einige Schriftsteller darunter, allen voran Paul Celan und Marcel Proust, doch bei den meisten handelt es sich um Philosophen. Kierkegaard, Jean Wahl, Jacques Derrida und Martin Buber passieren Revue. Auch Van Breda bekommt in diesem Buch einen Ehrenplatz als jemand, der für Levinas als Musterbeispiel der Rechtschaffenheit gilt. »Seine Güte und seine akademische Feinsinnigkeit manifestierten sich immer in diesem Lachen, in der Fröhlichkeit des zufriedenen Bauern, der weiß, dass er dem Teufel ein Schnippchen geschlagen hat«, charakterisiert er ihn.

37

Jahrelang ist es Van Breda gelungen, seine Krankheit vor dem Großteil der Außenwelt geheim zu halten. Das fällt zunehmend schwerer. Seine engsten Mitarbeiter sind es, die als Erste an seinem Verhalten Spuren seines Zustands erkennen. Mitunter muss er auch für längere Zeit zur Behandlung ins Krankenhaus. Niemals machte Van Breda den Eindruck, er könne krank sein, doch vor allem, nachdem er die vierzig überschritten hatte, fällt es ihm schwer, seine Blutzuckerwerte in den Griff zu bekommen und sie stabil zu halten. Vor allem die Beine werden zum Problem. Kleine Wunden heilen nicht, die Füße schwellen an; mitunter geht Van Breda in Pantoffeln statt in Sandalen durch die Stadt. Immer öfter zeigen sich klassische Warnzeichen der Hypoglykämie, der Unterzuckerung, bei der Van Breda in eine Art Trance verfällt. Rudolf Boehm wird als einer der Ersten in den frühen Fünfzigerjahren damit konfrontiert. »Wenn der Pater zu wenig Zucker im Blut hatte, konnte so ein *Hypo* auftreten. Das war ein ziemlich schlimmer Zustand, eine Art Trunkenheit. Für die Person, die es betrifft, ist es schrecklich. Es muss ein fast psychotisches Gefühl sein, das sich überwiegend körperlich auswirkt, aber es können auch enorme Stimmungsschwankungen auftreten. Dann regte er sich fürchterlich auf, wurde wütend und sah den Weltuntergang bevorstehen. Alles war dann eine große Verschwörung seiner drei schwarzen Bestien: des Papstes, Stalins und De Waelhens. Deshalb musste ich immer ein Zuckerstückchen bei mir haben, in jeder Situation. Meist wollte er nicht zugeben, dass etwas nicht stimmte, das war das Schwierige dabei. Obwohl ein einziges Zuckerstückchen reichte, um ihn wieder zu beruhigen. Wenn er nur eines gegessen hatte, hörte er zu fluchen und zu schimpfen auf, und er beruhigte sich wieder. Manchmal spürte er, dass ein Anfall bevorstand. Wenn er dann keinen Zucker bei sich hatte, kam er zu mir. Er zwinkerte mir zu und ich wusste sofort, was zu tun war.«

Die Beziehung zu Alphonse De Waelhens ist in der Tat ziemlich zerrüttet. Das liegt am Temperament der beiden, hängt aber auch mit ihrer Stellung innerhalb der Philosophie-Szene zusammen: De Waelhens kann eine beeindruckende Reihe international beachteter Publikationen vorweisen, was man von Van Breda keineswegs sagen kann. Aber der Pater ist schon ein »akademischer Manager« und »Netzwerker«, noch bevor diese Begriffe geprägt wurden, er ist der Mann mit den internationalen Kontakten. Wenn er wieder einmal zu irgendeinem Kongress reist, kann De Waelhens es sich nicht verkneifen, hämische Bemerkungen zu machen. »Ach ja, Sie mit Ihren vielen *Komiteechen* ...« Nach einer solchen Stichelei kommt Van Breda jedes Mal wutschnaubend ins Archiv, um bei seinen Mitarbeitern Dampf abzulassen. Wenn De Waelhens beim Belgischen Zentrum für phänomenologische Forschung (Belgisch Centrum voor Phaenomenologisch Onderzoek) das große Wort führt, sucht Van Breda seinen Kollegen André Wylleman auf, um seinen Grimm loszuwerden: »Als ob die das Husserl-Archiv gerettet hätten!« Van Breda lässt auch durchblicken, dass De Waelhens sein internationales Ansehen zu einem großen Teil ihm zu verdanken habe: »Schließlich bin ich es, der ihn überall eingeführt hat.«

Jeder, der in den letzten zwei Jahrzehnten eng mit dem Pater zusammenarbeitet, wird irgendwann einmal Opfer seiner Reizbarkeit. Manchmal wirken diese Launen fast wie eine bipolare Störung. In dem einen Moment ist er ausnehmend positiv, fröhlich, optimistisch und macht Witze. Sekunden später hat er einen Zusammenbruch und sieht keinen Ausweg mehr. Dieser fast fieberhafte Tatendrang hatte auch mit dafür gesorgt, dass er Husserls Nachlass retten konnte und es geschafft hat, das Archiv aufzubauen, doch inzwischen scheint er manchmal verrücktzuspielen. In diesen Augenblicken großer Erregung sehen die Studenten Van Breda über den Innenhof des Philosophischen Instituts hasten und sich schrecklich darüber aufregen, dass Fahrräder oder Mopeds an Orten abgestellt sind, wo es nicht erlaubt ist. Ihn packt dann ein so großer Jähzorn, dass man meinen könnte, er hätte den Verstand verloren. Studenten, die zwar die Geschichte des Husserl-Archivs kennen, aber nicht wissen, wie Van Breda aussieht, können sich nicht vorstellen, dass dieser wutschnaubende, blindwütige Franziskanerpater der große Retter des Husserl-Nachlasses sein soll. Seine Geschichte macht noch immer Eindruck, er selbst immer weniger. Die Krankheit (und die Tatsache, dass er keineswegs so vernünftig lebt, wie er eigentlich sollte) macht ihm zunehmend Probleme. »Seit Jahren leide ich an leichtem Diabetes«, schreibt er Marvin Farber im Juli 1964, »doch inzwischen machen sich die Folgen viel stärker bemerkbar.«

Rudolf Bernet, ein junger Schweizer Philosoph, der seit 1970 für den Pater und das Husserl-Archiv arbeitet, erlebt genau wie alle anderen Assistenten gelegentlich einen Hypo mit. »Das war etwas, das man nicht vergessen konnte«, sagt auch er. »Van Breda drehte durch. Er wurde unglaublich aggressiv und begann, die Leute zu beschimpfen. Wenn man ihm dann riet, ein Stückchen Zucker zu nehmen, brauste er noch mehr auf. Immer öfter bekam sein Verhalten manische Züge. Er konnte nicht mehr still sitzen. Es gab keinen Vortrag im Kardinal-Mercier-Saal, in dem er nicht aufstand, um ein Fenster aufzureißen. Kurz darauf erhob er sich erneut, nun, um das Fenster wieder zu schließen. Er musste immer auffallen. Sein Benehmen bekam kindische Züge.

Es gelang ihm so gut wie gar nicht mehr, etwas zu Papier zu bringen; nicht einmal die simple Begutachtung eines Manuskripts, das für die *Phaenomenologica* eingereicht worden war. Er ließ sich immer neue Ausreden einfallen. Das hing zweifellos mit seiner Krankheit zusammen, aber auch mit seinem Temperament. Außerdem hatte er selbst nur sehr wenig publiziert. Im Deutschen gibt es den Begriff der *Ideenflucht*, der eine manische Beschleunigung und Zusammenhanglosigkeit des Gedankenablaufs ausdrückt. Er war ständig mit viel zu vielen Dingen gleichzeitig beschäftigt. Ich glaube, er kämpfte mit einer Art Unfähigkeit, sich längere Zeit intellektuell auf ein Thema zu konzentrieren.«

Um von Zeit zu Zeit zur Ruhe zu kommen, zog sich Van Breda immer öfter nach Vaalbeek bei Leuven zurück, wo tief im Wald von Heverlee verborgen ein weiteres Kloster der Minderbrüder steht. Dort versuchte er, wieder Ruhe und ein frohes Gemüt zu finden, als ob Vaalbeek ein Sanatorium wäre. Im Sommer zog es ihn auch oft für sechs bis acht Wochen in Franziskanerklöster in anderen europäischen Ländern, vor allem nach Irland. Das war jedes Mal heilsam für ihn, aber die Wirkung war nicht von langer Dauer. Sobald er zurück in Leuven war, verfiel er wieder in seine alten Gewohnheiten.

Auch das Alltagsgeschäft in Leuven schien ihn zunehmend anzuwidern. Immer öfter tauchte er in Umgebungen auf, die nichts mit dem HIW oder dem Husserl-Archiv zu tun hatten. Bei Freunden in Rotselaar wurde er sogar auf dem Tennisplatz beobachtet. Außerdem nutzte er jede Gelegenheit, sich in die weite Welt aufzumachen. Mit Jan Patočka reiste er nach Prostějov / Prossnitz, an Husserls Geburtsort, und nach Olomouc / Olmütz, wo der Begründer der Phänomenologie das Gymnasium besuchte.

Den größten Eindruck aber hinterlässt bei Van Breda seine Israelreise im April 1965, wo er mit etwa sechzig anderen Philosophen an einer internationalen Diskussionsreihe teilnimmt, den *Entretiens de Jérusalem*, den Jerusalemer Gesprächen. Er darf dem israelischen Präsidenten Salman Schasar die Hand schütteln und auch der späteren Premierministerin Golda Meir, damals noch Außenministerin, mit der sich Van Breda sehr gut verstand. Die Gesellschaft besucht auch den jüdischen Philosophen und Theologen Martin Buber, kaum zwei Monate vor dessen Tod. Einer der wunderbarsten Augenblicke im Leben des Paters ereignet sich am 6. April bei einem Besuch der gesamten Gruppe in Yad Vashem, dem Museum zur Geschichte des Holocausts und dem Internationalen Institut zur Erforschung des Holocausts. Dort werden fünf ausländische Teilnehmer der Tagung, darunter Van Breda, für ihre Verdienste um die Rettung von Juden geehrt und gefeiert. Ihnen wird jeweils ein Exemplar der Sonderausgabe der Gedenkmedaille überreicht, die der Staat Israel 1962 zum Gedenken an den Aufstand im Warschauer Getto 1942 hat prägen lassen. Van Breda ist glücklich und bewegt, vor allem, als er die Widmung in seinem Exemplar liest: *Sacerdotes tui induantur iustitiam*, ein Bibelzitat (Psalm 132, Vers 9), zu Deutsch »Deine Priester, Herr, sollen sich kleiden in Gerechtigkeit«.

In diesen Jahren zieht es Van Breda auch noch nach Kanada, Japan und Australien sowie in die Vereinigten Staaten. Mit seinem Freund Frans Dierckx aus Lier fliegt er kurz darauf zu einem Kongress auf Hawaii. Wieder zu Hause, zeigt er seinen erstaunten Verwandten voller Stolz eine Reihe von Fotos, auf denen er strahlend mit ein paar Blumenmädchen posiert.

Dass sich in den Sechzigerjahren der Kontakt zu Frans Dierckx so sehr intensiviert, liegt an Van Bredas Liebe zu seiner Heimatstadt. Mit zunehmendem Alter kehrt er immer öfter nach Lier zurück. Sonntags ist er häufig auf den Tribünen des Fußballvereins Lyra zu finden; Studenten aus Lier haben bei Van Breda automatisch einen Stein im Brett, und er nimmt jede Einladung in den Heimatort an. Er unterstützt auch gerne neue Initiativen, etwa die Gründung der Felix-Timmermans-Gesellschaft in den frühen Siebzigerjahren – wo man ihn prompt zum Ehrenmitglied ernennt.

38

Van Breda hat nicht eine, sondern zwei Berufungen – Gott und Husserl. Und er dient seinen zwei Herren mit gleichem Eifer.

In seiner Jugend schien nichts auf eine Berufung zum Priesteramt hinzuweisen. Der junge Leo Van Breda war fröhlich, beliebt, immer zum Lachen aufgelegt und mehr am Vergnügen als am geistigen Leben interessiert. Mit zunehmendem Alter setzte eine Veränderung ein. Seine Entscheidung für den Glauben erwies sich nicht als Laune, und seit seiner Priesterweihe am 19. August 1934 in Sint-Truiden bekannte er sich immer mit Überzeugung zu dieser Berufung. Dennoch blieb der extravagante, nicht unattraktive Van Breda bei Frauen beliebt. Er wirkte athletisch, lediglich seine hässlichen Zähne störten sein Erscheinungsbild, bis ein Gebiss Abhilfe brachte. Gelegentlich erzählt man sich noch in und um Leuven köstliche Geschichten über die besonderen Beziehungen zwischen Van Breda und gewissen Damen (in der Regel handelte es sich um eine große Anhänglichkeit der fraglichen Dame an Van Breda, weniger häufig umgekehrt), doch das scheint nie seine geistliche Berufung gefährdet zu haben.

In den Jahren nach dem Zweiten Weltkrieg beobachtet Van Breda, wie sich die Kirche immer schneller verändert. In Frankreich ist die Nouvelle Théologie (im deutschsprachigen Raum Neue Theologie genannt) auf dem Vormarsch. Sie stützt sich auf die Erkenntnisse der existenzialistischen Philosophen, die Van Breda fast alle persönlich kennt und mit denen er in ständigem Kontakt steht. Diese ökumenisch inspirierte Bewegung sieht vor allem die Gemeinsamkeiten der einzelnen Religionen und versucht dennoch, »vom Subjekt her« zu denken. Das ist nicht im Sinne des Vatikans. Papst Pius XII. veröffentlicht 1950 die Enzyklika *Humani generis*, in der er sich ausdrücklich gegen den Relativismus, Historizismus, Naturalismus und Existenzialismus des modernen Denkens wendet. 1953 ernennt der Papst Kardinal Alfredo Ottaviani zum Leiter der Glaubenskongregation. Dieser setzt unter anderem das Verbot durch, bestimmte Lehrmeinungen an katholischen Universitäten und Bildungsstätten zu unterrichten. Es ist auch kein Zufall, dass Sartres *Opera Omnia* bereits seit 1948 als verbotene Literatur auf dem katholischen Index stehen.

Monsignore De Raeymaeker, der im Juli 1948 die Nachfolge Noëls als Direktor des HIW angetreten hat, geht vorsichtig damit um. Er ist sehr thomistisch orientiert, mit einem gewissen Interesse am Werk Schelers, versieht aber Husserl und die Phänomenologie mit einem großen Fragezeichen. Dennoch versucht er sich schützend vor Van Breda und das Archiv zu stellen, denn er hat große Hochachtung vor den Managementqualitäten des Paters. Van Breda sorgt schließlich dafür, dass die Leuvener Philosophische Fakultät auch außerhalb der katholischen akademischen Welt weit und breit bekannt ist. Allerdings möchte De Raeymaeker - aus taktischen Gründen - einen Konflikt mit Rom vermeiden; weil er es auch selbst für richtig hält, will er eine klare Trennung herbeiführen - zwischen der Universität Leuven einerseits, wobei er auf die große thomistische Reputation der Alma Mater verweist, und dem Husserl-Archiv andererseits. Das HIW darf kein phänomenologisches Zentrum werden. Deshalb verweigert er beispielsweise auch die Aufnahme eines alljährlich stattfindenden Seminars Leo Van Bredas in das HIW-Studienprogramm.

Dass De Raeymaeker Druck aus Rom spürt, ist keine Einbildung. Im August 1951 erhält er einen Brief von seinem Rektor Van Waeyenbergh, der ihm mitteilt, er schreibe im Auftrag der belgischen Bischöfe: »Die Bischöfe haben den Eindruck, dass sich der Anteil, der dem direkten Studium der thomistischen Philosophie beigemessen wird, deutlich zugunsten des Studiums zeitgenössischer Philosophen verringert hat; sie wünschen, die Tradition des Instituts so weit wie möglich erhalten zu sehen.« Van Waeyenbergh fügt ausdrücklich hinzu, dass es sich hier um eine »simple remarque«, eine einfache Bemerkung, handle und dass der Brief »aucun reproche«, keinerlei Vorwürfe, beinhalte. Dennoch verfasst Rektor De Raeymaeker ein ausführliches Begleitschreiben zu Angebot, Ausrichtung und Lehrplan des Philosophischen Instituts, die er den belgischen Bischöfen und dem päpstlichen Nuntius in Brüssel zukommen lässt. Da seine Institution nicht unter die Zuständigkeit der Universität fällt, entgeht Pater Van Breda einer direkten Einmischung seitens Rom, und De Raeymaeker muss sich auch nicht für die Existenz eines solchen phänomenologischen Archivs und Studienzentrums im Rahmen seines Instituts verantworten. Die praktischen Implikationen dieser administrativen Trennung sind weniger angenehm. Sie bedeuten beispielsweise, dass die Reinigungskräfte des Philosophischen Instituts nicht im Archiv putzen dürfen. Das heißt, jeden Samstag müssen die Archivmitarbeiter zum Putzdienst antreten.

Erst 1966 wird De Raeymaeker in einem Fernsehinterview mit dem Journalisten Joos Florquin auch in aller Öffentlichkeit zugeben, dass Van Breda einen wichtigen Beitrag zum internationalen Ansehen der Universität Leuven in der philosophischen Welt geleistet habe. »Husserls Erbe hat wesentlich zu diesem Ruf beigetragen. Husserl war kein Katholik. Zwar hätte er es wie seine Frau werden können, doch das ist nicht geschehen. Die ganze Welt staunt darüber, dass wir das gesamte Archiv dieses jüdischen Protestanten aufgenommen haben und dass wir seine Werke veröffentlichen. Aus der ganzen Welt kommen inzwischen Studenten und Wissenschaftler hierher, um über Husserl zu arbeiten, und jedes Jahr werden eigens dafür eine ganze Reihe von Fulbright-Stipendien zuerkannt. Protestanten und Andersgläubige kommen nach Leuven, um zu sehen, wie man sich hier um die moderne Philosophie bemüht. So etwas gibt es sonst nirgendwo, und die Kirche hat es auch niemals verurteilt, obwohl man das manchmal befürchten konnte. Dieses Institut ist daher kein Priesterseminar, sondern ein wissenschaftliches Zentrum, in dem in der ehrlichsten Form die reine Philosophie studiert wird.«

Allein aus all dem, was er für Husserl und dessen Nachlass getan hat, und wegen seiner vielen Kontakte, die er mit Philosophen höchst verschiedener Denkungsart unterhält, wird bereits klar, dass Van Breda kein konservativer Kleriker ist. Selbst mit Merleau-Ponty, der sich Ende der Vierzigerjahre vorübergehend als Stalin-Anhänger entpuppt, bleibt er weiterhin in Verbindung. Seit Ende der Fünfzigerjahre lässt er immer öfter seinen Habit im Schrank hängen und entscheidet sich für den Anzug: ein *clergyman,* ein Geistlicher. Er zeigt sich sehr offen gegenüber der Welt und dem Glauben. Rudolf Boehm: »Nach meiner Anstellung im Husserl-Archiv kam ein Brief, in dem jemand Van Breda vorwarf, dass er mich statt eines Katholiken eingestellt habe. Worauf der Pater mich fragte: ›Wissen Sie, was ich damit mache?‹ Und er hat den Brief vor meinen Augen zerrissen.«

»Ich glaube nicht, dass sich Van Breda für einen großen Denker hielt«, sagt Boehm weiter. »Ich sagte einmal, nur halb im Scherz, dass er viele der vom Archiv veröffentlichen Werke niemals gelesen habe. Das hatte er meiner Meinung nach auch gar nicht vor. Ich habe manchmal gedacht, dass er im Grunde eigentlich ein Heiliger sein wollte. Dass das sein großer Traum war. Ich meine das ganz positiv. Er wollte ein bescheidener, sich selbst verleugnender Wohltäter sein, der Dinge übernahm, die sonst keiner tun wollte. Sein Glaube war ihm dabei immer das Wichtigste. Man kannte Van Breda auch nicht richtig, wenn man ihn nie hat predigen hören. In der Fastenzeit ging ich regelmäßig zu seinen Predigten, die er in der kleinen Klosterkirche an der Vlamingenstraat hielt. In solchen Momenten wuchs er wirklich über sich hinaus, es wirkte, als sei er in Ekstase. Dann wurde er gewissermaßen von seinen eigenen Glaubensbildern mitgerissen, von seiner Überzeugung. Im täglichen Umgang sprach er nicht viel darüber, aber es war sehr präsent. Ich war ungläubig, hatte aber Hochachtung vor Menschen, die gläubig waren. Deshalb besuchte ich am Festtag des heiligen Thomas, des Schutzheiligen des HIW, regelmäßig die Gottesdienste. Ich wollte nicht aus dem Rahmen fallen, und ich wollte niemanden brüskieren. Van Breda schätzte das sehr. Für mich verkörperte er eine wahrhaft positive Strömung des flämischen Glaubenslebens. Hätte die Kirche hundert Van Bredas gehabt, dann wäre die Geschichte vielleicht anders verlaufen. Nur, es gibt keine hundert solcher Männer. Ich denke, dass er sich im Grunde genommen nicht an die Ordensregeln gebunden fühlte, sondern als guter Franziskaner nach den Worten des Evangeliums leben wollte.«

Im Lauf der Fünfziger- und Sechzigerjahre lässt sich auch die Kirchenhierarchie vom Sog der Erneuerung mitreißen. Leo Suenens, der Nachfolger des autoritären, konservativen Erzbischofs Van Roey, will dem Kurs seines Vorgängers, der seiner Meinung nach »die Tugenden der Vorsicht, der Immobilität und der Wahrung von Tradiertem zu seinem Credo gemacht hatte«, ein Ende bereiten. Auch Papst Johannes XXIII., der 1958 an die Spitze der römisch-katholischen Kirche tritt, hat große Erneuerungspläne. Nach dem ersten Vaticanum im Jahr 1870 will er ein Zweites Vatikanisches Konzil (Vaticanum II) organisieren und sämtliche 2540 Bischöfe aus der ganzen Welt nach Rom rufen, um die römisch-katholische Kirche auf die neue Zeit einzustimmen. Der Papst hat vor, die Kirche vor allem zu demokratisieren und autokratische Strukturen zu überwinden.

Über den Wandel der Kirche im Lauf der Sechzigerjahre äußert sich Pater Van Breda kaum öffentlich. Wenn es überhaupt vorkommt, befindet er sich weit von Belgien entfernt, wie etwa 1969 bei einem Interview mit dem *Honolulu-Advertiser,* das Van Breda anlässlich einer Konferenz in Hawaii gibt, auf der er einer der Hauptredner ist. »Viele, die unsere Kirche reformieren wollen«, sagt Van Breda, »sind in der gleichen Stimmung wie Luther, als er seine Thesen anschlug – *Ich bin gegen dies, das und jenes.*« Er sagt, er sei glücklich über Bewegungen, die Wohltätigkeit und persönliche Verantwortung über das Gesetz und kirchliche Institutionen stellen, er äußert jedoch auch die Furcht, dass »viele dieser neuen Bewegungen ein wenig leer sind – hinter ihnen verbirgt sich nicht immer echtes Wissen«. Als die ökumenische Bewegung zur Sprache kommt, erklärt er, dass »es eine Lüge ist, eine tiefe Überzeugung aufzugeben, um einem anderen Menschen näherzukommen«. Van Breda erklärt, er habe großen Respekt vor anderen Religionen, »aber ich kann doch nicht den zweiten Teil einer Dreifaltigkeit aufgeben, um ihnen einen Gefallen zu tun. Wir sind keine Geschäftsleute, wir dürfen nicht wie Politiker sein, die die Kunst des Kompromisses beherrschen.« Wer sich in religiösen Dingen nicht treu bleibe, bekäme dafür die Rechnung präsentiert.

Er schließt mit: »Als Grundlage für Reformen brauchen wir vor allem ein tiefreligiöses Empfinden, aber niemand sieht einen heiligen Franziskus oder einen Calvin bereitstehen. Ich mag Calvin nicht, aber er war wenigstens prinzipiell gläubig.

Die Kirche, das Priestertum oder einen Klosterorden reformiert man nicht, indem man die Kleidung ändert oder die Art und Weise, in der wir die Messe feiern. Wir brauchen dringend einen Mann wie Gandhi oder Papst Johannes XXIII., der uns auf neue Wege geleitet.«

Auf jeden Fall wirken sich die Veränderungen und Reformen in der katholischen Kirche auch für Van Breda positiv aus. Zum Beispiel war es bis weit in die Fünfzigerjahre hinein ein ungeschriebenes Gesetz, dass Regularklerikern, also Priestern, die in einen Klosterorden eingetreten sind, eine ordentliche Professur hermetisch verschlossen blieb. Mehrere Jesuiten waren von dieser Vorschrift betroffen, so auch Van Breda. Erst im Juli 1967 wurde er zum ordentlichen Professor berufen, jedoch nicht am HIW, sondern an der Naturwissenschaftlichen Fakultät, wo er bereits seit Jahren Vorlesungen hielt. Zweifellos war das ein Bruch mit der Tradition, aber er war doch sehr glücklich darüber.

39 Lange Zeit befürchtete Van Breda, der Kalte Krieg werde zu einer Konfrontation der Supermächte führen und damit das Archiv erneut gefährden. Doch Mitte der Sechzigerjahre zeigt sich, dass die größte Bedrohung der Nachkriegszeit für das Archiv aus einer völlig anderen Ecke kommt – von der Universität Leuven selbst. Zwar existieren die französisch- und die niederländischsprachigen Lehrveranstaltungen gleichwertig nebeneinander, doch werden die Forderungen nach einer Spaltung der Universität immer lauter. Van Breda hat eine Heidenangst, auch das Archiv könnte in die hitzigen Debatten hineingezogen werden. Selbst seine seit einem Vierteljahrhundert bestehende Freundschaft mit Vaast Leysen wird dabei einer großen Belastung ausgesetzt.

Leysen hat in den zurückliegenden Jahren die Bank J. Van Breda von einem Familienunternehmen zu einer soliden Bank ausgebaut, die sich an Selbstständige und Freiberufler richtet. Bereits Ende 1944 wurde er zum Direktor ernannt, seit 1948 ist er »werkend vennoot«, mitarbeitender Gesellschafter. Im weiteren Verlauf kauft er zusammen mit Frans Van Antwerpen die Familie Van Breda aus. Bis dahin pflegt er immer einen engen Kontakt mit ›dem Pater‹. »Wir waren wirklich sehr gute Freunde«, so Leysen. »In der Zeit, als ich mich mit immer größerem Engagement in der Bank einbrachte, wurde ich auch gefragt, ob ich als Assistent mit Lehrverpflichtung an der Universität arbeiten wolle. Konkret bedeutete das, dass ich jeden Montag nach Leuven fuhr, um die Teilnehmer des Notariatsstudiengangs zu unterrichten. Daraufhin haben wir vereinbart, uns von nun an jeden Montag in Leuven zum Mittagessen zu treffen. Als ich später Hochschullehrer wurde, haben wir das beibehalten.«

Im Lauf der Sechzigerjahre wird die Freundschaft von Leysen und dem Pater plötzlich einer großen Belastung ausgesetzt – wegen eines Konflikts, den keiner von beiden hat kommen sehen. Der Grund dafür sind die Spannungen an der Universität in Sachen Sprachenstreit. Wie Leysen ist Van Breda ›vlaamsgezind‹, ein Anhänger der flämischen Bewegung, doch als die Spannungen zunehmen, erweist er sich als viel pragmatischer und konservativer.

Die »Leuven-Frage« kann nicht unabhängig vom belgischen Sprachenstreit gesehen werden, der seit fast einem Jahrhundert die Beziehungen zwischen Flamen und Wallonen vergiftet hatte. Seit der Gründung Belgiens im Jahr 1830 dominierte Französisch im Bildungswesen, im Justiz- und Staatsapparat. Folglich hatte der durchschnittliche Flame (dessen Muttersprache bekanntlich Niederländisch ist) immer einen Rückstand zu überwinden. Im Laufe des zwanzigsten Jahrhunderts konnte die flämische Bewegung nach Jahren des politischen Kampfes eine Reihe großer Erfolge erringen, die 1962 schließlich zur Einführung einer echten Sprachgrenze führten: Brüssel ist seitdem zweisprachig, der Rest des Landes in zwei große Sprachzonen aufgeteilt. Nördlich der Sprachgrenze wird Niederländisch, südlich davon Französisch zur Amtssprache. Und Leuven wird zum Stachel im Fleisch – eine zweisprachige Universität in der flämischen Region, in der die offizielle Amtssprache Niederländisch ist.

Ende der Fünfzigerjahre hat Monsignore Van Waeyenbergh die Universität Leuven mit zunehmendem Erfolg international bekannt gemacht und das Niederländische dominiert inzwischen mehr und mehr in der Region. Die Universitätsverwaltung ist vollständig zweisprachig, alle Seminare und Vorlesungen werden in Niederländisch und in Französisch angeboten, gleichzeitig wurden immer mehr niederländische Muttersprachler zu Professoren ernannt. Unterschwellig sind dennoch starke Spannungen zu spüren, weil die meisten französischsprachigen Professoren kein Wort Niederländisch verstehen. Auch immatrikulierten sich in jüngster Zeit mehr niederländischsprachige als französischsprachige Studenten, und man geht davon aus, dass ihr Anteil noch weiter zunehmen wird. Die Zeitbombe beginnt zu ticken.

Der neue belgische Erzbischof Suenens steht vor einer überaus schwierigen Aufgabe: Er muss nach Van Roeys Tod eine Trendwende herbeiführen und die einschneidenden Veränderungen umsetzen, die vom Zweiten Vatikanischen Konzil beschlossen wurden. Die Frage »Leuven Vlaams« – Soll Leuven flämisch werden? – erscheint ihm damals als die geringste seiner Sorgen. Selbst als die Forderung nach einer Verlegung der französischsprachigen Abteilungen der Universität nach Wallonien immer lauter ertönt, scheint er die Sprengkraft der Forderung nicht zu erfassen. Wie prekär die Situation ist, wird ihm erst schmerzlich bewusst, als die belgischen Bischöfe am 13. Mai 1966 in ihrem Hirtenbrief von Amts wegen autoritär verkünden, dass die Universität Leuven eins und unteilbar sei und dies auch bleibe. Von einer Verlegung der französischsprachigen Abteilungen nach Wallonien könne nicht die Rede sein. Die französischsprachige Presse nimmt das begeistert auf, die flämische öffentliche Meinung empfindet den Hirtenbrief als schallende Ohrfeige. Selbst Abgeordnete der CVP, der flämischen Christdemokraten, räumen im Parlament ein, dass die Bischöfe ihr religiöses Amt missbrauchen, um den Status quo zu wahren. Die Politik scheint die Stimmung in der Bevölkerung, auch die der Katholiken, besser zu erfassen als die kirchliche Hierarchie. Es ist ein Kampf, den die Kirche wohl oder übel verlieren muss.

Umso mehr, als die Protestbewegung Ende der Sechziger-jahre ihr gesamtes Potenzial entfaltet und sich Studenten in ganz Westeuropa gegen Autoritäten und Eliten erheben. In Flandern konzentriert sich die Studentenrevolte zunächst fast ausschließlich auf die bereits seit zwei Jahren schwelende Frage einer Teilung der Universität Leuven, die sich als wichtiger Faktor für die Säkularisierung Flanderns erweisen solle. Selbst die überzeugt katholisch orientierte Presse plädiert plötzlich mit Leidenschaft für Pluralismus und den Aufbruch aus der weltanschaulichen Erstarrung des »versäulten« Systems. Bis weit in die Fünfzigerjahre hinein konnte man Van Breda als progressiv bezeichnen, inzwischen scheint er von den sich überschlagenden Ereignissen überholt zu werden. Eine Erneuerung um der Erneuerung willen, das ist nichts für ihn. Er hat nur wenig Verständnis für eine mögliche Trennung der französischsprachigen und der niederländischsprachigen Abteilungen verbunden mit einem Umzug der französischsprachigen Studenten und Hochschullehrer an einen anderen Ort.

Die Vereinigung der flämischen Professoren lehnt die Entscheidung der Bischöfe ab und spricht sich für eine Trennung aus. Für Pater Van Breda ist diese Vorstellung unerträglich, obwohl er im Grunde den Gedanken befürwortet, der niederländischen Sprache an der Universität einen größeren Raum zuzugestehen. Darunter leidet aber die Stimmung beim montäglichen Mittagessen mit Vaast Leysen. Leysen ist nämlich ein ausgesprochener Befürworter der Trennung. »Vielleicht sollte man es nicht als Streit bezeichnen, aber es war schon eine sehr ernste Meinungsverschiedenheit«, sagt Leysen. »Wir haben uns trotzdem weiter getroffen, aber nach einer Weile haben wir das Thema ausgeklammert. Vermutlich war es auch eine Generationenfrage. Monsignore Van Waeyenbergh, der bis 1962 Rektor war und später Suenens Weihbischof blieb, konnte beispielsweise absolut nicht begreifen, weshalb diese Niederlandisierung gefordert wurde. Obwohl er im Grunde ein sehr sanfter, feiner Mann war, der sich meist ziemlich gut in so etwas einfühlen konnte. Er war von intellektuell sehr hohem Niveau, konnte aber bei verschiedenen Anlässen buchstäblich zu Tränen gerührt sein. Doch dieses Problem konnte er nun wirklich nicht begreifen, ebenso wenig wie Van Breda. Piet De Somer, Professor an der Medizinischen Fakultät, der begriff es hingegen sehr wohl. Und ich ebenfalls. Wir schlossen uns dem Antrag der flämischen Professoren an – zur Verblüffung des Paters. Hätten Sie mir fünf Jahre vorher gesagt, dass ich einmal für eine Trennung wäre, ich hätte Ihnen vermutlich nicht geglaubt. Doch allmählich war ich zu der Einsicht gelangt, dass wir für Leuven ein anderes Konzept finden mussten.«

Leysen hat dennoch Verständnis für Van Bredas Einstellung. »Ich denke, dass seine Haltung zu einem Großteil von Angst motiviert war. Von der Angst, dass eine solche Spaltung katastrophale Folgen für das Husserl-Archiv haben könnte. Stellen Sie sich das vor: Er sorgt dafür, dass all diese Manuskripte den Krieg überleben, und dann wird das Archiv, in dem sie aufbewahrt werden, durch einen endlosen Streit innerhalb der Universität auseinandergerissen. Das war seine große Befürchtung. Diese Angst kann ich gut nachvollziehen.«

Doch das ist nicht das einzige Problem. Van Breda befürchtet außerdem, dass eine rein niederländischsprachige Universität es viel schwerer hätte, auf internationaler Ebene weiterhin eine wichtige Rolle zu spielen. Französisch ist eine Weltsprache, Niederländisch nicht. Es ist kein Zufall, dass selbst Dozenten und Professoren der niederländischsprachigen Lehrgänge im Ausland ihre Vorträge in der Regel auf Französisch halten. Van Breda befürchtet, dass mit dem Abgang der französischsprachigen Abteilungen, Studenten und Lehrkräfte auch ein großer Teil des Ansehens der Universität nach Wallonien wechseln würde. In einem Radiointerview sagte er am 5. Juni 1966: »Solange das Philosophische Institut dreißig Nationalitäten die Möglichkeit bietet, hier zu studieren, wie es derzeit der Fall ist, kann ich von dort auch weiterhin Mitarbeiter rekrutieren. Beispielsweise ist es für Mitarbeiter vor allem wichtig, Deutsch als Muttersprache zu haben. Damit ist das Husserl-Archiv von der Versorgung mit Menschen und Wissenschaftlern aus dem Ausland abhängig. Manchmal fühle ich mich ein bisschen wie der Mann in dem Gedicht von Guido Gezelle, der allein auf einem Berg sitzt und betet und hofft, dass eine Lösung gefunden wird.«

Die Spaltung der Universität wird mit der Zeit unvermeidlich, insbesondere, nachdem am 7. Februar 1968, nach einem turbulenten Januar, die Regierung Vanden Boeynants/De Clercq wegen der ungelösten Leuven-Frage stürzt. Im Juli 1968 schlagen die belgischen Bischöfe den Knoten durch – die französischsprachigen Abteilungen sollen möglichst schnell in eine neue Universitätsstadt in der Nähe von Ottignies verlagert werden. Der neue Campus soll Louvain-la-Neuve heißen und 1975 vollständig bezugsfertig sein. Der für die niederländischsprachige Abteilung verantwortliche Piet De Somer, der bereits 1966 zum Prorektor ernannt worden war, wird 1968 zum Rektor der Universität Leuven gewählt. Er ist nicht nur der erste Nicht-Kleriker an der Spitze der Universität, sondern war auch schon seit Längerem ein großer Befürworter der Trennung. Nun entwickelt er für die Universität Leuven eine Zukunftsperspektive. Dabei baut er auf das große Vertrauen, das ihm im Lauf der Jahre von den Studenten entgegengebracht worden war. De Somer kann den gesamten Ablösungsprozess verfolgen und steuern, denn er wird in den Jahren 1971, 1976 und 1981 wiedergewählt. Bis zu seinem Tod 1985 bleibt er Rektor der Universität.

Auch das Philosophische Institut wird in zwei Teile auseinandergerissen, aber immerhin vereinbaren die neuen Abteilungen, die wissenschaftliche Zusammenarbeit der beiden Institute fortzusetzen. Ein wissenschaftlicher Abschluss oder eine Promotion soll für die Studenten sowohl in Leuven als auch in Louvain-la-Neuve beim Hochschullehrer ihrer Wahl möglich sein. Professoren, die in beiden Sprachen unterrichten, müssen sich allerdings für einen Arbeitsort entscheiden – unter anderem wechselt Alphonse De Waelhens nach Louvain-la-Neuve. In seinem Fall führt das jedoch nicht zum endgültigen Bruch mit Leuven. Auch nach der Trennung hält dort von Zeit zu Zeit Vorlesungen auf Niederländisch.

Die rechtlich völlige Unabhängigkeit des Husserl-Archivs vom Philosophischen Institut HIW erweist sich nun als Segen. André Wylleman, damals gerade Präsident des Archivs, und Van Breda besprechen diese Frage mit Jacques Taminiaux. Taminiaux ist nicht nur Mitarbeiter des Archivs und Redakteur der *Husserliana* und der *Phaenomenologica*, sondern wird in Kürze auch das *Centre d'Études Phénoménologiques à l'Université Catholique de Louvain* leiten, die neue wallonische Schwesterinstitution des Archivs. Taminiaux kennt weltweit alle Filialen des Husserl-Archivs und will aus Louvain-la-Neuve mehr machen als eine reine Zweigstelle, in der nur die Transkriptionen aufbewahrt werden, wie in New York. Wie in Köln soll sein Institut eine echte Arbeitsstätte werden. Er will eigene Transkriptionen erstellen lassen und Editionen herausgeben. Von Anfang an hat Taminiaux Van Bredas persönliche Verdienste um die Geschichte des Husserl-Archivs anerkannt. Er ist der Garant dafür, dass von einer Teilung des erhaltenen Archivs keine Rede sein wird.

40 Als Albert Dondeyne, der Gründer der katholischen Bewegung *Universitas*, 1966 zum Vorsitzenden der Philosophischen Fakultät ernannt wird – beziehungsweise zum Dekan, wie es jetzt immer öfter heißt –, ist Van Breda zufrieden. Sie sind seit dreißig Jahren befreundet. Dondeyne versucht ebenfalls, einen goldenen Mittelweg zwischen der römischen Kirchenlehre und den neuen philosophischen Strömungen zu finden. Er lenkt das HIW während seiner Zeit im Institutsrat (1966–1971) durch die schwierige Zeit der Trennung. Seine ausgezeichneten Beziehungen zu Rektor Piet De Somer, seinem ehemaligen Studenten und Freund, ermöglichen eine vertrauensvolle Zusammenarbeit. Seit 1952 hat Dondeyne Van Bredas Husserl-Seminare regelmäßig besucht. Durch den Pater lernt er auch mehrere ausländische Philosophen kennen, die oft nach Leuven kommen, um im Husserl-Archiv zu arbeiten. Dondeyne ist beeindruckt, denn es handelt sich um die wichtigsten Gelehrten ihrer Zeit. Van Breda kennt jeden, und jeder kennt Van Breda.

Dennoch kann Pater Van Breda im Lauf der Sechzigerjahre auch bei philosophischen Fragen anscheinend oft nicht mehr mithalten. Junge Philosophen bewegen sich in Richtungen, die er nicht versteht und die weit von der Art Philosophie entfernt sind, an die er glaubt und für die er steht. Zum Poststrukturalismus beispielsweise scheint er nur schlecht einen Zugang zu finden. Diese neue Art des Denkens, mit Jacques Derrida als zentraler Figur, baut wie der Existenzialismus auf gewissen Erkenntnissen Husserls auf. Im Zentrum des Denkens von Derrida und dessen Anhängern steht der Begriff *Dekonstruktion,* ein subversives Lektüreverfahren, bei dem die Bedeutung eines Textes sich nur schwer fassen lässt, da ständig neue Bedeutungen generiert werden. Derrida konzentriert seine Aufmerksamkeit auf das mikroskopische, sehr aufmerksame Lesen von Texten, in denen er nach verborgenen Bedeutungsverschiebungen und implizierten Hierarchien sucht. Dass er sich viel mit Literatur beschäftigt, ist daher natürlich nicht zufällig.

In jungen Jahren war Derrida fasziniert vom Denken Husserls. Im März 1954 kam er sogar für einige Wochen nach Leuven, um im Archiv das Werk des Philosophen zu studieren. Van Breda hielt sich damals einige Monate in den Vereinigten Staaten auf, hatte aber seinen Mitarbeiter Rudolf Boehm beauftragt, den jungen Franzosen zu unterstützen. Es war Derridas erste Auslandsreise.

Wochenlang arbeitete er von morgens bis abends im Archiv auf dem Dachboden des HIW. Trotz seiner nur geringen Deutschkenntnisse versuchte er doch recht und schlecht, Husserls Texte zu entziffern. Viele Kontakte fand Derrida in Leuven nicht, aber mit Rudolf Boehm verstand er sich gut. »Häufig machten wir Spaziergänge durch die Stadt und den Leuvener Stadtpark, der gleich um die Ecke war«, erinnert sich Boehm. »Wir sprachen oft über Husserl, aber auch über Sartre, Merleau-Ponty und die Existenzialisten. Und über Heidegger, für den sich Derrida damals sehr interessierte.« Derrida entdeckte in Leuven auch Husserls Text *Der Ursprung der Geometrie.* Während seiner Zeit in der flämischen Stadt legte er die Grundlagen seiner späteren Examensarbeit *Le problème de la genèse dans la philosophie de Husserl* (dt. 2013 als *Das Problem der Genese in Husserls Philosophie*), in der er sich an einigen Stellen mit Husserl misst.

Gut zwanzig Jahre später kehrt Derrida noch einmal nach Leuven zurück. Diesmal nicht als Forscher, sondern um dort die angesehene Kardinal-Mercier-Vorlesung zu halten. Derridas Vortrag ist im Grunde eine Generalprobe für das später legendäre Nietzsche-Kolloquium, das im Herbst in der Normandie in Cérisy-la-Salle stattfinden wird, wo auch Jean-François Lyotard und Gilles Deleuze sprechen werden. Er will seinen Text an den Zuhörern testen, und die Mercier-Vorlesung bietet ihm hierfür eine ausgezeichnete Gelegenheit.

Der Titel seines Vortrags lautet *Die Frage des Stils*, und er stellt ein aus dem Zusammenhang gelöstes, scheinbar belangloses Zitat Nietzsches ins Zentrum seiner Ausführungen: »Ich habe meinen Regenschirm vergessen.« Derrida spricht über das Frauenbild bei Nietzsche, über die Frau als Symbol für »die Wahrheit, die keine Wahrheit ist«, die Frau, hinter deren Schleier sich keine Wahrheit verbirgt, sondern eine Illusion. Es ist die Aufgabe des Philosophen, in seinem Schreiben den Schleier (und die Illusion) wegzureißen, um so die Wahrheit enthüllen zu können.

Derrida geht vor allem auf Sprache und Bedeutung ein. Wir verstehen jedes Wort des Nietzsche-Zitats, wissen aber dennoch nicht, was er damit sagen möchte. Weil jeder Kontext fehlt, weil das Netz von Bedeutungen und Absichten fehlt, in dem der Text ausgesprochen oder geschrieben wurde. Und warum hat Nietzsche die Worte in Anführungszeichen gesetzt? Das wissen wir nicht, und wir können es auch nicht wissen. Damit steht dieser Text für Derrida beispielhaft für die Unmöglichkeit einer eindeutigen Sprache und Interpretation.

Die etwas älteren Professoren der Universität Leuven halten das für baren Unsinn. Van Breda steht offenbar in derselben konservativen Ecke. Während Derrida mit seinen Ausführungen voranschreitet, schwillt dem Pater immer mehr der Kamm. Van Breda ist sowieso ziemlich unruhig, doch dann kann er es wirklich nicht mehr ertragen, springt auf und stürmt aus dem

Saal. Sein Urteil ist eindeutig: Das hat nichts mehr mit Philosophie zu tun. Wenn es überhaupt etwas ist, dann Literatur.

Von nun an zieht sich Van Breda lieber auf das zurück, was er bereits kennt. Zu vielen Philosophen der vorherigen Generation hat er in all den Jahren eine gute Beziehung aufgebaut, für das Denken der jüngeren Wissenschaftler scheint er sich nicht mehr besonders zu interessieren. Die Werke Lyotards, der Husserl und die Phänomenologie bewunderte, findet er gerade noch lesbar, aber er ignoriert eine ganze Generation neuer französischer Philosophen: Roland Barthes, Michel Foucault, Gilles Deleuze und den viel älteren Philosophen und Psychoanalytiker Jacques Lacan. Er zieht die Rückschau vor und sucht die Gesellschaft von Menschen, die er seit Jahren kennt. Er strahlt, als Eugen Fink und Ludwig Landgrebe Anfang April 1971 nach Leuven kommen, um dort gemeinsam mit der Ehrendoktorwürde für ihren Beitrag bei der Gründung und dem Aufbau des Leuvener Husserl-Archivs geehrt zu werden. In einer feurigen Laudatio gibt Van Breda einen umfassenden Rückblick auf die Leuvener Jahre der beiden und ihre Beziehung zu Husserl. Diese Laudatio hat die Qualität, das Feuer und den Esprit seiner besten Predigten.

41

Seit fünfzehn Jahren ist Rudolf Boehm Pater Van Bredas wichtigster wissenschaftlicher Mitarbeiter. Niemand hat je so lange und so eng mit ihm zusammengearbeitet. »Für mich war Van Breda das leuchtende Vorbild eines guten Arbeitgebers«, sagt er. »Er ließ mir völlige Freiheit, solange ich meine Arbeit gut machte. Ich plante selbst meine Termine, außer wenn der Pater mir sagte, dass sich ein oder mehrere Besucher angemeldet hätten. Andererseits wusste er auch, dass ich bei schönem Sommerwetter manchmal zum Schwimmen nach Kessel-Lo radelte. Er fand, dass ich bei Sonnenschein sofort aufbrechen solle. ›Denn morgen ist es vielleicht schon wieder vorbei‹, war sein Argument. Alle zwei Wochen hatten wir eine Arbeitsbesprechung, und wenn es etwas gab, das mir nicht passte, oder wenn ich etwas auf dem Herzen hatte, konnte ich das dort loswerden. Es war fast nie nötig.«

Dennoch entschied sich Boehm 1967, seine Arbeit im Archiv aufzugeben. Nicht aus Unzufriedenheit, sondern weil ihm die Universität von Gent eine große Chance bietet. Boehm wird dort Hochschullehrer.

Boehm und Taminiaux waren viele Jahre lang Stütze und Stab des Archivs, sie waren vor allem für die Forschung und Schriftleitung verantwortlich. Nun muss sich Van Breda nach einem neuen Archivleiter umsehen. Die bisherigen Angehörigen des Archivs hat Van Breda fast immer aus Deutschland und der Schweiz rekrutiert. Gute Deutschkenntnisse sind ein Nonplusultra für jeden, der an den Handschriften in Husserls Gabelsberger-Steno und an den Textausgaben mitarbeiten möchte.

Iso Kern ist Schweizer, Gerhard Maschke stammt aus Damburg in der DDR, Eduard Edi Marbach aus dem schweizerischen Willisau und Karl Schuhmann aus dem bundesdeutschen Hausen-Steinfeld (bei Würzburg). Sie alle arbeiteten kürzer oder länger für das Archiv. Für Boehms Nachfolge als verantwortlicher Assistent des Archivs fällt die Entscheidung schließlich auf Iso Kern. »Ich glaube, das war die naheliegendste Lösung und zugleich die richtige«, meint Boehm, »neben Marly Biemel und mir kannte Iso Kern das Archiv am besten und war am meisten von allen mit Husserl und dessen Werk vertraut.«

Rudolf Bernet ist ebenfalls ein Schweizer, der als Student nach Leuven kam, um dort Französisch zu lernen. Van Breda war »der zuständige Betreuer« seiner Magisterarbeit; später wurde Bernet dann, mit einer halben Stelle, Assistent von Taminiaux, bis er 1970 auf einen Arbeitsplatz im Husserl-Archiv wechselt. »Obwohl er der Betreuer meiner Abschlussarbeit war, kannte ich Van Breda jedoch, wie viele andere Schweizer Studenten, die damals nach Leuven kamen, nicht besonders gut. Er unterrichtete schließlich in der niederländischen Abteilung«, berichtet Bernet. »Es hat sogar eine Weile gedauert, bis ich begriff, dass dieser sonderbare Pater, der manchmal im Hof des HIW herumlief, der berühmte Van Breda war.« Für seine Magisterarbeit arbeitete Bernet hauptsächlich mit Iso Kern zusammen, was allerdings vor Van Breda geheim gehalten werden musste, erzählt Bernet: »Er war auch schrecklich eifersüchtig. Er konnte es nicht vertragen, wenn sich ausländische Besucher mit ihren Fragen direkt an Boehm oder Kern wandten, statt ihn um Rat zu fragen. Obwohl er natürlich sehr wohl wusste, warum das so war – sie waren in der Materie oft viel besser bewandert als der Direktor.«

»Alle Assistenten mussten zweimal pro Woche an einer Arbeitssitzung im Archiv teilnehmen, immer am frühen Abend zwischen sechs und sieben«, erzählt Bernet. »Van Breda saß dann hinter seinem Schreibtisch, alle Assistenten davor. Zuerst zündete er sich eine Zigarette an, sah nach, ob Post gekommen war, öffnete die Briefe, und wenn etwas Interessantes dabei war, las er es laut vor. Man kann es ruhig eine Art Hochamt nennen, er zelebrierte seinen Direktorenposten. Wir wohnten damals in Heverlee, und ich musste zweimal in der Woche mit dem Rad hinfahren, ohne dass es etwas brachte. Es war eigentlich mehr als lächerlich.«

Ansonsten macht Van Breda seinen Assistenten nur wenig Vorschriften. Ihm reicht es, wenn sie einmal im Monat einen Tätigkeitsbericht vorlegen. Dann weiß er, woran sie arbeiten, welches Manuskript sie gerade für welche Edition redigieren. Nur seine Sekretärinnen, die ihn in praktischen und administrativen Fragen unterstützen, sind viel häufiger im Archiv. Er schläft noch immer im Kloster, die restliche Zeit verbringt er im Archiv. Er lebt dort nicht nur, er *ist* das Archiv geworden. Sein Zimmer nimmt mehr Raum ein, als an Platz für seine vier Mitarbeiter vorgesehen ist.

Im Kloster an der Vlamingenstraat gilt Van Breda als Außenseiter. Sein Amtsbruder Walter Verhelst konstatiert, dass die Haltung der meisten seiner Konfratres gegenüber ihrem berühmtesten Mitbruder zwiespältig war. Man sieht zwar zu ihm auf, aber es gibt auch andere Gefühle ihm gegenüber. Verhelst: »So viele Jahre später wage ich es auszusprechen – ein paar seiner Mitbrüder konnten es nur schlecht vertragen, dass er in einer höheren Liga spielte. Natürlich hatte er auch seine kleinen Schwächen, aber der Hauptkritikpunkt war sein offenkundig völlig anderer Lebensstil als der von vielen Konfratres. Er ging fast jeden Mittag mit irgendjemandem in ein Restaurant in der Nähe des Instituts essen – eine Gelegenheit, die er dazu nutzte, bestimmte Fragen zu besprechen. Das gab schon gelegentlich böses Blut. Ich fürchte, dass Van Breda mit der Zeit das Gefühl bekam, einige seiner Mitbrüder seien ein bisschen engherzig.«

Je älter er wird, desto mehr zieht er sich aus den Klostermauern zurück – zu seiner Familie und zu seinen Freunden in Lier, an erster Stelle zu Frans Dierckx. Auf Kosten von Dierckx geht er oft Hummer essen, und in seiner sehr großen Verwandtschaft lässt er keine Hochzeit, keine Beerdigung und keine Kommunion aus. »Auf Familienfeiern predigte er, bis meine Großmutter Tränen in den Augen hatte, dann erst fand er seine Predigt gelungen«, erinnert sich Leo Peeraer. Für Peeraer war Van Breda der ›nonkel pater‹, der Pater-Onkel, obwohl er ja eigentlich gar nicht sein Onkel war. »Er war ein Cousin meiner Großmutter mütterlicherseits. Jahrelang kannte ich ihn nur von Erstkommunionfeiern, bis wir in die Vlamingenstraat in Leuven zogen. Vom Husserl-Archiv zum Kloster waren es keine zweihundert Meter, und von dort wohnten wir ungefähr auf halber Strecke. Zwei-, dreimal in der Woche schaute Van Breda vorbei. Er setzte sich bei meiner Mutter in den Sessel und trank zwei Bier. Meistens Jupiler. Gegen neun Uhr abends kam er an, eine Dreiviertelstunde später war er schon wieder weg, dann ging er zum Schlafen ins Kloster. Es kam gelegentlich vor, dass ihm meine Mutter in der Zwischenzeit die Socken stopfte.«

In seiner Verwandtschaft spielt er den Vermittler, genau wie in Lier. Wenn eine Familie Probleme mit den Kindern hat oder es Streit wegen einer Erbschaft gibt, wird Van Breda hinzugezogen, um zuerst die Situation zu entspannen und später eine Lösung vorzuschlagen. Jeder kennt ihn als Organisator und Vermittler, als einen, der überall einen kennt und für jedes Problem eine Lösung findet. Leo Peeraer: »Er war ein unglaublich guter Diplomat. Das hatte damit zu tun, dass er seine Mitmenschen durchschaute, aber es lag auch an seinem Erzähltalent. Seine

Begeisterung wirkte entwaffnend. Auf Festen und Feiern wollte jeder mit ihm am Tisch sitzen.«

Obwohl seine Geselligkeit auch gelegentlich die Effizienz bremsen konnte. »Ich erinnere mich an eine Sitzung des damals so genannten Institutsbüros«, weiß der Philosophieprofessor Samuel IJsseling zu berichten. »Man könnte sagen, des geschäftsführenden Ausschusses des HIW, ich gehörte damals dazu. André Wylleman war Vorsitzender. Die Sitzung begann um zehn Uhr und Wylleman bat alle, mit Ausnahme von Van Breda, eine halbe Stunde früher da zu sein. Dann konnten die wichtigen Themen besprochen werden, bevor Van Breda mit seinen amüsanten Geschichten über vergangene Zeiten dazukam. Ich denke, er konnte nicht damit umgehen, dass sich sein Gesundheitszustand verschlechterte, und schwärmte deshalb immer expliziter von den guten alten Zeiten.«

42

Das Frühjahr 1974 ist eine hektische und aufregende Zeit für den Leuvener christdemokratischen Senator Paul De Vlies. Er nimmt am Sonntag, dem 10. März, an den Wahlen teil. Aber er verzichtet nicht auf seine Verabredungen mit Leo Van Breda. Sie gehen fast nie ins Restaurant, sondern der Pater kommt samstagabends oft zu De Vlies und setzt sich dort mit an den Tisch. So auch am 2. März 1974. Der Gesundheitszustand Van Bredas, der knapp einen Monat vorher 63 Jahre wurde, verschlechtert sich. Aber er isst auch weniger frugale Gerichte noch immer mit großem Appetit. Bei seinem Lebensstil hat er nie groß Rücksicht auf seine Krankheit genommen. Er raucht Kette, genehmigt sich gern einen Schluck und geht außerdem tagtäglich zum Mittagessen in die Stadt. Daneben hat er die Tagesgeschäfte des Archivs fest im Griff, er unterrichtet seine Studenten und er trifft sich beispielsweise mit Roman Jakobson und Karl Popper, wenn sie das HIW besuchen. Und er setzt sich dafür ein, dass Martin Heidegger in Leuven die Ehrendoktorwürde verliehen werden soll.

Van Breda kennt die Veröffentlichungen des Schweizer Publizisten Guido Schneeberger, der in den frühen Sechzigerjahren als Erster die unbequeme Wahrheit über Heideggers mitunter sehr enge Verbindung mit den Nationalsozialisten offengelegt hat. Schneebergers Fazit war eindeutig: Heideggers Verstrickung war noch viel schlimmer, als man unmittelbar nach dem Krieg angenommen hatte. Doch für eine eventuelle Ehrendoktorwürde stellt diese Vergangenheit offenbar kein Hindernis dar. An Heidegger, für den Van Breda nach wie vor wenig

Sympathien hegt, schien damals in der philosophischen Welt kein Weg vorbeizuführen. Einmal mehr zeigt sich Van Breda von seiner pragmatischsten Seite. Aus Freiburg gibt Heidegger zu verstehen, sich von dieser Absicht geehrt zu fühlen und die Ehrung annehmen zu wollen. Nur, teilt er wenig später mit, könne er nicht nach Leuven reisen, um sich dort ehren zu lassen. Das verbiete ihm sein Gesundheitszustand. Das allerdings ist für Van Breda wie für die Universität ein No-Go. Es ist der Sinn und Zweck der Verleihung dieser Ehrendoktorwürde, dass sie sich auch auf das Prestige der verleihenden Universität positiv auswirkt, und das wäre bei einer Auszeichnung in Freiburg nicht genügend gegeben. Also wird die Ehrendoktorverleihung auf Eis gelegt.

Was zur wohlwollenden Haltung der Universität Leuven und Van Bredas gegenüber Heidegger beigetragen haben mag, ist der Umstand, dass der Philosoph anscheinend sein Bestes tut, um sich mit seiner Einstellung während der Nazijahre auseinanderzusetzen. Er scheint sein Andenken von unerwünschten Makeln reinigen zu wollen. So gibt er im September 1966 den Journalisten Rudolf Augstein und Georg Wolf ein Interview über sein Verhalten in dieser Zeit, das erst nach seinem Tod (letztendlich im Frühjahr 1976) im Wochenmagazin *Der Spiegel* erscheinen durfte. Darin erklärt er, dass es die Husserls gewesen seien, die 1933 formell den Bruch vollzogen hätten, und nicht er. »Der Vorwurf, daß ich meine Beziehungen zu Husserl abgebrochen hätte, ist unbegründet. Meine Frau hat im Mai 1933 an Frau Husserl in unser beider Namen einen Brief geschrieben, in dem wir unsere unveränderte Dankbarkeit bezeugten, und schickte diesen Brief mit einem Blumenstrauß zu Frau Husserl. Frau Husserl antwortete kurz mit einem formellen Dank und schrieb, daß die Beziehungen zwischen unseren Familien abgebrochen seien«, sagt er. Dennoch räumt er Schuld ein. Als Mensch hat er versagt. »Daß ich beim Krankenlager und Tod von Husserl nicht noch einmal meinen Dank und meine Verehrung aussprach, ist ein menschliches Versagen, um das ich Frau Husserl in einem Brief um Entschuldigung bat.« Ob de Vlies und Van Breda an diesem Samstagabend über Heidegger gesprochen haben, wissen wir nicht. Aber wohl, dass es Van Breda, der seit Jahresbeginn kaum noch arbeitsfähig war, weil er sich müde und schwach fühlte, im Lauf des Abends immer schlechter geht und er sich kurz auf einen Sessel legt. Dort fühlt er sich gleich viel besser. Van Breda redet seinem Gastgeber die Bedenken aus und macht sich eine halbe Stunde später zu Fuß auf den Weg ins Kloster in der Vlamingenstraat, wo er gleich nach seiner Ankunft ins Bett will. Sobald er in seiner Zelle angekommen ist, verschlechtert sich sein Zustand erneut. Seine Mitbrüder beschließen, ihn ins nahe gelegene Krankenhaus in der Naamsestraat bringen zu lassen. Van Breda ist kurzatmig, hat Atembeklemmungen und klagt über Brustschmerzen. Die Diagnose der Ärzte lautet Lungenembolie.

Am Sonntagmorgen bittet Van Breda, man möge einige Freunde und Verwandte über seinen Krankenhausaufenthalt informieren. Es sei nichts Ernstes, lautet die Nachricht. Leo Peeraer wird von seiner Mutter umgehend losgeschickt, um Van Breda ein Transistorradio zu bringen, damit er trotz allem noch ein wenig Kontakt zur Welt halten kann. »Ob meine Mutter wusste, wie ernst sein Zustand war, weiß ich nicht. Ich bezweifle es«, meint Leo Peeraer. »Während ich mit dem Radio auf dem Weg zum Krankenhaus war, war ich ziemlich guter Laune. Als ich im Krankenhaus ankam und man mir dort sagte, dass Van Breda gerade eben gestorben sei, traf es mich wie ein Hammerschlag. Ich kam zu spät, deshalb hatte ich noch lange Schuldgefühle.« Unmittelbar nach dem Tod des Paters wird auch ein Blumengesteck zugestellt, mit dem Frans Dierckx seinem Freund Mut machen wollte. »Hochwürden, lieber Freund, ich muss Ihnen nicht versichern, wie mich die weniger guten Nachrichten über Sie getroffen haben. Ich werde Sie so schnell wie möglich besuchen«, steht auf der beigelegten Karte. »Mit aufrichtigen Wünschen für eine baldige, dauerhafte Genesung«.

Die Nachricht vom Tod Van Bredas verbreitet sich wie ein Lauffeuer in der Stadt, später in ganz Belgien. Die Geschwindigkeit, mit der dies geschieht, und welche Auswirkungen diese Nachricht hat, das hätte Van Breda gefallen. Mittags ist die Todesnachricht bereits eines der Hauptthemen in den Zwölf-Uhr-Nachrichten im Radio. Einige Archivmitarbeiter, die Van Breda am Donnerstag oder Freitag davor noch recht gut gelaunt gesehen haben, hören auf diesem Weg davon. Sie rufen sich gegenseitig an und treffen sich dann im Archiv. Keiner hat eine Ahnung, was genau zu tun ist, deshalb beschließen sie, die Pressemitteilungen in mehreren Sprachen zu verfassen. Die Nachricht vom Tod des Gründers des Husserl-Archivs wird in den nächsten Tagen in ganz Europa in den Zeitungen zu lesen sein. Logischerweise in katholischen Blättern, aber auch *Le Monde*, *NRC Handelsblad* und die *Frankfurter Allgemeine Zeitung* bringen eine Todesmeldung. Sowohl das Kloster als auch die Familie und das Husserl-Archiv verschicken Nachrufe in die ganze Welt, wichtige in- und ausländische Kontakte des Archivs werden telefonisch benachrichtigt.

»Einige Leute sagten schon damals, es sei vielleicht ganz gut, dass er recht früh gestorben ist«, meint Urbain Dhondt, ein ehemaliger Student des Paters, der 1975 Verwaltungsratspräsident und Präsident des Leuvener Philosophischen Instituts war. »Van Breda war immer sehr aktiv gewesen, doch seine anfällige Gesundheit machte alles viel komplizierter. Ich denke, er hätte es nicht ertragen, wenn er seine Tätigkeiten aus gesundheitlichen

Gründen hätte einstellen müssen. Das hätte er ganz schrecklich gefunden.« In einem *in memoriam* spricht Dhondt sogar von Van Bredas »epischer Kampfeslust«.

»Nun war Pater Van Breda kein Philosoph, der Wichtiges zur philosophischen Literatur des 20. Jahrhunderts beigetragen hätte. Er war ein sehr intelligenter Mann der Tat, und als solcher war er in Europa vermutlich der allererste Gelehrte eines neuen Typs – eine Art Wissenschaftsmanager. Ein bisschen Glück, aber vor allem ein entschlossener Enthusiasmus haben ihm dabei geholfen«, schreibt der Journalist Guido Van Hoof im Nekrolog für die flämische Tageszeitung *De Standaard*. Sein »alter, untröstlicher Freund« Jan Patočka informiert die Mitarbeiter des Archivs, wie schrecklich er es finde, für die Beerdigung keine Ausreisegenehmigung zu bekommen. »Mit ihm verschwindet eine ganze Welt«, schreibt er. »Dass Husserl heute in der französischsprachigen Welt und im Nachkriegseuropa ein Klassiker ist, das ist allein sein Verdienst.«

Am Freitag, dem 8. März, versammeln sich die gesamte belgische Philosophenwelt und ein großer Teil der Leuvener Bourgeoisie in der überfüllten Sint-Pieterskerk am Grote Markt. André Wylleman, der Präsident des Philosophischen Instituts, ergreift im Namen der Universität das Wort. »Er war keineswegs immer umgänglich«, sagt er. »Das entsprach nicht seinem Temperament und auch nicht seinem Charakter. Aber man konnte sich immer, auch im schlimmsten Fall, auf seine Hilfsbereitschaft und seine grenzenlose Großherzigkeit verlassen.« Besonders wahrgenommen werden ausländische Gäste wie Paul Ricœur und Emmanuel Levinas, beide auf dem Höhepunkt ihres Ruhms und damit im Fokus der Aufmerksamkeit aller Anwesenden. Außerdem sind Weggefährten aus allen Lebensabschnitten des Paters gekommen: Chaim Perelman, Maria Verstraeten, ein zutiefst trauriger und gebrochener Frans Dierckx, Paul De Vlies,

Stephan Strasser und einige Schwestern aus dem Turnhouter Heilig-Graf-Kloster.

Nach dem Gottesdienst werden die Gäste mit dem Bus nach Vaalbeek gebracht, wo Van Breda beerdigt wird. Still defilieren Freunde, Verwandte, Kollegen und Bekannte des Paters an seinem Sarg entlang und bekreuzigen sich. Nur Levinas nicht. Er kauert sich hin, nimmt nach altem jüdischem Brauch ein wenig Sand und streut ihn auf den Sarg. Entsprechend der jüdischen Tradition müsste er jetzt auch einen Spruch aus dem Buch Prediger des Alten Testaments aufsagen, aber niemand steht nahe genug bei ihm, um zu hören, ob er es auch tut: »Und der Staub kehrt zur Erde zurück, so wie er gewesen, und der Geist kehrt zu Gott zurück, der ihn gegeben hat.«

Herman Leo Van Bredas rastloses Leben ist nun zu Ende.

Nachwort

Die Geschichte von Pater Van Breda könnte genauso gut der Plot eines Romans von Umberto Eco sein. Ein Geistlicher im Habit, der mit drei mit 40000 vollgekrakelten Manuskriptseiten gefüllten Kabinenkoffern im Zug durch Nazideutschland fährt, um diese Papiere später nach Belgien zu schmuggeln und sich anschließend der Veröffentlichung dieser Texte zu widmen. Den handschriftlichen Manuskripten eines Philosophen, die zuerst noch entschlüsselt werden müssen, als wären sie in einer Geheimsprache verfasst. Samuel IJsseling, der nach dem Tod Van Bredas dessen Nachfolger an der Spitze des Husserl-Archivs wurde, muss lachen, als ich diesen Vergleich äußere. »Wissen Sie«, sagt er, »bevor Eco mit seinem Roman *Il nome della rosa* (dt. *Im Namen der Rose*) weltberühmt wurde, kam er oft nach Leuven. Er war ein überaus intelligenter Semiotiker und hat am HIW mehrere Vorträge gehalten. Die Geschichte von Husserls Nachlass interessierte ihn brennend, und er kam deshalb zu mir ins Archiv. Ich zeigte ihm daraufhin ein paar Handschriften, er fand sie allesamt gleichermaßen phantastisch.«

Van Breda stirbt völlig unerwartet. Für seine Nachfolge ist nichts geregelt. IJsseling ist wahrscheinlich der am wenigsten naheliegende Kandidat als neuer Archivdirektor. Er kennt zwar Heideggers Werk sehr gut, doch über Husserl weiß er so gut wie nichts. Karl Schuhmann, der im Juli 1971 zum Hochschullehrer am HIW ernannt worden war, hat gute Karten. Er ist sehr intelligent, war Van Bredas Lieblingsmitarbeiter und ein ehemaliger Schüler Wyllemans, der gerade zum Verwaltungsratspräsidenten ernannt worden ist. Allerdings ist er auf sozialem und zwischenmenschlichem Gebiet viel weniger geschickt. Das bringt ihn am Ende um die Berufung. Boehms Name wird ebenfalls genannt; er zieht es allerdings vor, einen Ruf nach Gent anzunehmen. Seiner Kandidatur ist es auch nicht gerade förderlich, dass er sich inzwischen als Freidenker mit Sympathien für den Marxismus geoutet hat. Am Ende fällt die Wahl auf IJsseling. Boehm zeigt sich wohl bereit, die Textausgaben und Editionen weiterhin aufmerksam im Blick zu behalten – eine Notwendigkeit, denn diese Aufgabe kann IJsseling nicht allein tragen.

Van Breda hätte sich vermutlich sehr gewundert, wenn ihm jemand gesagt hätte, dass IJsseling sein Nachfolger würde. IJsseling:»In dieser Zeit gab es Husserlianer und Heideggerianer, und das führte gelegentlich zu unterschwelligen Konflikten. Viele Phänomenologen, Verteidiger von Husserl, waren Juden und Heidegger gegenüber eher feindselig eingestellt, weil er sich mit den Nationalsozialisten eingelassen hatte. Van Breda nahm in dieser Frage eine eher zwiespältige Haltung ein. Ich glaube, dass er Heidegger zwar bewunderte, sich das aber nicht anmerken lassen durfte, sonst hätte er die andere Fraktion gegen sich aufgebracht. Ich persönlich habe ihn nie ein schlechtes Wort über Heidegger sagen hören. Als ich Heidegger zum ersten Mal aufsuchte, fragte er mich zu meiner großen Überraschung sofort: ›Sie kommen aus Leuven. Wie geht es Van Breda?‹ Als ich kurz vor seinem Tod noch einmal bei ihm war, sagte er: ›So ein Archiv werden sie für mich nicht aufbauen ...‹ Ein paar Jahre später, nach Heideggers Tod, gab es in Deutschland große Differenzen darüber, wie mit seinem Nachlass umzugehen sei. Zuerst zeigten sich Heideggers Söhne nicht interessiert und es ging zwischen den Universitäten Köln und Freiburg hin und her ... Ich war auf einer großen Veranstaltung zu dieser Frage und stellte irgendwann einmal fest: ›Wenn ich jetzt vorschlagen würde, alles nach Leuven mitzunehmen, würde dieser Vorschlag vermutlich sogar angenommen werden.‹ Aber es schien mir keine besonders gute Idee zu sein. Nicht allein wegen des enormen Arbeitsaufwands, den so etwas mit sich brächte, sondern auch, weil wir in einer richtigen Schlangengrube gelandet wären. Eigentlich ist es nur gut, dass sich am Ende einer von Heideggers Söhnen um die ganze Sache gekümmert hat.«

Vor allem verwaltungstechnisch und finanziell findet IJsseling ein Chaos vor. Husserls Manuskripte sind, wie es sich gehört, geordnet. Das lässt sich über die Bibliothek allerdings nicht sagen. Es ist nicht herauszufinden, welche Bücher von Husserl stammen und welche von Van Breda. IJsseling:»Auch in finanzieller Hinsicht war es eine Katastrophe. Es gab eine doppelte Buchhaltung, mit echten Rechnungen, aber auch mit Rechnungen, bei denen nicht klar war, welche Leistung dabei erbracht worden war. Wer nun der Eigentümer wovon war, das war ebenfalls eine knifflige Frage. Was gehörte dem Archiv, was der Universität und was Van Breda selbst? Van Breda bezahlte anfangs seine Mitarbeiter aus der eigenen Tasche. Wie er zu dem Geld gekommen war, blieb ein Rätsel. Später war alles ein bisschen besser organisiert, aber wirklich transparent war es nie. Wohl muss ich ergänzen, dass Van Breda das alles für die gute Sache getan hat. Er hatte vielleicht ein großes Ego, aber er war kein Egoist. In dieser Hinsicht ist er immer ein armer Mönch geblieben. Er selbst hätte vermutlich gesagt, dass er keinen eigenen Besitz habe. Alles gehörte dem Archiv. Wie zum Beispiel all die anderen Nachlässe, meist von Philosophen, deren Witwen dachten: ›Mein Mann war ein großer Philosoph. Sein Werk gehört ins Husserl-Archiv.‹ Heute liegen diese Nachlässe in einem Schrank, der nie wieder geöffnet wird. Bis auf Husserl sind alle vergessen.«

IJsseling bleibt bis zu seiner Emeritierung Direktor des Archivs, sein Nachfolger wird Rudolf Bernet. Er wird es am Ende zehn Jahre lang bleiben. Rudolf Bernet:»Als ich eingestellt wurde, sagte ich: ›Einverstanden, aber lasst es uns so halten wie in Frankreich, für fünf Jahre. Verlängerbar um weitere fünf Jahre.‹ Ich hatte meine Lektion gelernt. Van Breda hat Großartiges geleistet, aber seine letzten Jahre waren, ich drücke mich vorsichtig aus, nicht gerade brillant. IJsselings letzte Jahre als Archivleiter ebenfalls nicht. Es kommt so unendlich viel zusammen, auch in Verwaltungsangelegenheiten. Gleichzeitig möchte man sich natürlich als Hochschullehrer und Forscher beweisen. Das hält man durch, bis man bewiesen hat, dass man es kann, dann wird es Routine. Meinen Direktorenposten zeitlich zu begrenzen, hat sich als vernünftige Entscheidung erwiesen.«

Van Breda hat das Archiv in beispielhafter Weise aus den Händen der Nazis gerettet. Die Aufgabe, die er sich nach dem Krieg gestellt hatte – die Handschriften zu transkribieren und die wichtigsten unveröffentlichten Schriften Husserls in einer Textedition herauszubringen –, erwies sich als mindestens ebenso schwierig. Und zwar, weil er für diese Aufgabe geeignetes Personal finden musste. »Sehr oft stellte sich heraus, dass Personen, die sich besonders gut mit Husserls Philosophie auskannten, keine große Lust hatten, sich mit rein philologischen Problemen auseinanderzusetzen und diese mühselige Geduldsarbeit auf sich zu nehmen«, berichtet Urbain Dhondt. »Je fähiger diese Leute waren, desto schneller hatten sie es satt. Was darauf hinauslief, dass die Editionsarbeit oft stagnierte.« Im Grunde kämpfte das Husserl-Archiv hier mit demselben Problem wie vor ihm schon Husserl. Auch er war sein Leben lang bemüht, einen Mitarbeiter und Nachfolger zu suchen, der unabhängig und intelligent genug wäre, sein Werk fortzusetzen, der sich aber gleichzeitig dazu verpflichten sollte, der Lehre seines Meisters treu zu bleiben. Das war ein schier unmöglicher Spagat, der Husserl mehrere schwere persönliche Enttäuschungen eingebracht hatte.

Zu den Entscheidungen, die Van Breda damals traf, lässt sich einiges kritisch anmerken. Dass in der zweiten Hälfte der Vierzigerjahre ein enorm großer Druck auf Van Breda und dem Husserl-Archiv lastete, möglichst schnell Publikationen herauszubringen, hatte Konsequenzen. Van Breda begann mit den naheliegendsten Texten, weil sie eben schon publikationsreif waren. Die ersten Veröffentlichungen waren nahezu zufällige Zusammenstellungen, ohne ein zugrunde liegendes System. Alles war sehr pragmatisch.

»Man hat diese Vorgehensweise vor sich selbst legitimiert, indem man sich sagte: ›Es handelt sich nur um eine vorläufige Fassung. Sobald das hier abgeschlossen ist, nehmen wir sie uns noch einmal vor und dann machen wir die endgültige Ausgabe‹«, sagte Ullrich Melle, Rudolf Bernets Nachfolger als Archivdirektor, 2013 in einem Interview. »Total verrückt und utopisch, wenn Sie mich fragen. Aber gut, andernfalls wäre natürlich kein Buch herausgekommen. Am besten wäre es gewesen, wenn man sich erst einmal zwanzig Jahre Zeit gelassen hätte, um herauszufinden, wie man die Manuskripte am besten erschließen kann, indem man sich zuerst einen Überblick über alles verschafft und alles ordnet. Das war natürlich utopisch.«

Noch immer sind nicht alle Husserl-Texte, die sich in Leuven befinden, transkribiert. Von vielen Manuskripten gibt es zudem nur eine erste grobe Transkription. Und auch das Editionsprogramm ist noch nicht abgeschlossen, obschon inzwischen – dank der Aktivitäten Ullrich Melles, der heute noch als einer der wenigen Gabelsberger-Steno lesen kann und bis zu seiner Pensionierung im Sommer 2017 das Archiv leitete – die Gesamtzahl auf inzwischen sechzig Publikationen mit Transkriptionen aus dem Nachlass angewachsen ist. Die Wahrscheinlichkeit, dass eines Tages noch eine neue, definitive Werkausgabe erscheinen wird, scheint gering. Das heißt eine neue gedruckte Ausgabe, denn derzeit laufen die Vorbereitungen für ein großes digitales Husserl-Projekt, das der Forschung mittelfristig alle Texte in Form zuverlässiger Transkriptionen zur Verfügung stellen soll. Im Prinzip könnte dann, wer immer es möchte, die Möglichkeit haben, sich seine eigenen Editionen der Texte zusammenstellen. So zumindest der Plan, denn das Husserl-Archiv (seit den frühen Sechzigerjahren ein »gemeinnütziger Verein«, also eine Stiftung) hat oft mit finanziellen Problemen zu kämpfen. Mitunter erweist es sich als schwierig, die Behörden von der Notwendigkeit eines solchen Archivs zu überzeugen. Man findet den Output, wie das heute genannt wird, eines solchen Instituts zu gering. Wissenschaftler dafür zu bezahlen, damit sie hundert Jahre alte philosophische Handschriften transkribieren und edieren, steht im Widerspruch zu dem oft auch in akademischen Kreisen üblichen Management- und Effizienzdenken. Dass die Phänomenologie inzwischen in erster Linie als etwas Historisches gilt, das schon lange nicht mehr im Mittelpunkt der aktuellen philosophischen Praxis und des heutigen Denkens steht, ist dabei natürlich nicht gerade hilfreich. Auch wenn diese Phänomenologie noch immer ab und zu völlig unvorhergesehen und in unerwarteter Weise wieder einmal auf der Tagesordnung landet. Paul Ricœur, um ein Beispiel zu nennen, kam im Sommer 2017, zwölf Jahre nach seinem Tod, in fast alle französischen Schlagzeilen. Der hochbetagte Ricœur hatte sich seit Frühjahr 1999 beim Verfassen und Redigieren seines Buches *La mémoire, l'histoire, l'oubli* von einem damals 24-jährigen Assistenten unterstützen lassen und eine herzliche Beziehung zu ihm entwickelt. Als es dieser junge Assistent von damals, Emmanuel Macron, im Juni 2017 zum jüngsten französischen Präsidenten aller Zeiten brachte, wurde in aller Offenheit die Frage gestellt, inwieweit sein Denken und seine Weltanschauung von Paul Ricœur beeinflusst seien, dem letzten großen Phänomenologen.

Inzwischen gibt es im HIW einen Husserl-Raum, in dem Husserl und auch Van Breda gewürdigt werden. Die Manuskripte sind in der zentralen Universitätsbibliothek der Universität Leuven untergebracht. Ob es jemals eine endgültige, möglicherweise digitale Edition der Husserl-Schriften geben wird? Dann müsste vermutlich zuerst ein neuer Van Breda auf den Plan treten. Ein Mann oder eine Frau, dem oder der es gelänge, die notwendigen finanziellen Mittel aufzutreiben, die geeigneten Mitarbeiter einzustellen und genügend Begeisterung für Husserl und dessen Vermächtnis zu wecken, um so ein neues Projekt anzustoßen, es nicht in Vergessenheit geraten zu lassen – und es am Ende auch zum Abschluss zu bringen.

* * *

Was mit dem Foto eines Paters und meiner Großmutter begann, wuchs sich schließlich zu der Geschichte aus, die Sie gerade gelesen haben. Zu der Geschichte eines Helden, eines Opportunisten, eines Mannes, der alles organisieren und regeln konnte, eines im Grunde tiefreligiösen Priesters, eines Netzwerkers und akademischen Managers – das alles war Herman Leo Van Breda. Es ist die Geschichte eines Mannes, der Möglichkeiten sah, wo andere nur Probleme sahen. Es ist auch die Geschichte einer Besessenheit.

Dieses Buch ist das Ergebnis einer langen Suche in Bibliotheken, Buchhandlungen und vor allem in Archiven. Eine Suche, die mich manchmal weit von zu Hause wegführte, die mich aber mitunter auch sehr nah an meinen Ausgangspunkt zurückbrachte. Wie damals, als ich im Antwerpener *Letterenhuis*, dem zentralen Literaturarchiv Flanderns, einen Brief Pater Van Bredas an Schwester Maria Beata von den Kanonissen des Heiligen Grabs (Heilig Graf) in Turnhout fand. Während des Krieges hatte er ihr geholfen, als Stephan Strasser, der an dieser Schule Lehrer war, nach der Veröffentlichung eines heftigen Angriffs in der antisemitischen Wochenzeitung *Volksche aanval* mit seiner Familie plötzlich untertauchen musste. In einem Brief vom 15. Juni 1946 erinnerte Pater Van Breda Schwester Maria Beata, einst eine hinreißende Schönheit, die in und um Turnhout viele Herzen höherschlagen ließ, an die erwiesenen Dienste. »Ich glaube, wir können sagen, dass unsere Zusammenarbeit und wechselseitige Hilfe zu glücklichen Ergebnissen geführt hat; ich meine daher auch, dass es notwendig ist, in diesem Sinne weiterzuarbeiten«, schreibt ihr Van Breda und macht deutlich, dass der Moment für eine erneute Unterstützung da ist. Und er kommt gleich zur Sache. »In Wortel leben ein Cousin und eine Cousine von mir, Herr und Frau Emiel Horsten-Van Breda«, schrieb er. Es folgt ein kleines Porträt meiner Großeltern. »Horsten ist zweifellos einer der prominentesten Dorfbewohner. Er ist ein großer Bauunternehmer und ein durch und durch katholischer Mann, genau wie seine Frau. Sie haben eine große Familie und erziehen ihre Kinder ausgezeichnet, einfach und solide und mit einem gewissen Stil. Ihre älteste Tochter ist jetzt 11 Jahre alt und soll ins Internat gehen. Im nächsten Jahr sollte auch eine zweite Tochter außerhalb von Wortel in die höhere Schule gehen und in zwei Jahren eine dritte. Die Kinder tragen die schönen Namen Maria, Gemma und Cecilia. Beide Eltern wünschen sehr, dass ihre kleinen Töchter in der Heilig-Graf-Schule aufgenommen werden. Man hat ihnen jedoch mitgeteilt, dass kein Platz mehr frei sei.«

Van Breda bittet Schwester Maria Beata, alles zu tun, was in ihrer Macht stehe, um den Horsten-Töchtern eine Aufnahme in ihre Schule zu ermöglichen. »Sie würden mir persönlich eine sehr große Freude machen, wenn Sie diese Familie aus meiner Verwandtschaft, die ich wirklich sehr schätze und für die ich eine große Zuneigung und Hochachtung empfinde, unterstützen wollten«, schließt er. Offenbar mit Erfolg, denn die Türen der angestrebten Schule taten sich auf. Cecilia, die jüngste der drei Schwestern, trat später in die Fußstapfen Schwester Maria Beatas und ins Turnhouter Kloster ein. Später wurde sie sogar geschäftsführende Direktorin des Schulverbands Heilig Graf.

Offenbar ist die Dankbarkeit groß, denn als Van Breda 1960 sein 25-jähriges Priesterjubiläum feiert, überweist Emiel Horsten aus Wortel tausend Francs für den Hilfsfonds des Paters, den Vaast Leysen ins Leben gerufen hat. Damals ein kleines Kapital. Viel mehr Schriftliches gibt es nicht. Wie sich die Beziehung zwischen meinen Großeltern und Pater Van Breda entwickelt hat, lässt sich nicht mehr zurückverfolgen. Doch seit ich mit der Rekonstruktion der Lebensgeschichte des Paters begonnen habe, wird in meiner Familie wieder über ihn erzählt, zum Beispiel, wie die Brüder Van Breda im Sommer von Lier nach Merksplas geschickt wurden, um dort ein paar Ferientage zu verbringen. Und wie damals und dort lebenslange Freundschaften entstanden.

Als Jos und Maurice die Bank gründeten, sollen sie meine Großmutter, ihre Cousine, gebeten haben, sich an dem neuen Unternehmen zu beteiligen. Sie hat es nicht getan. Ihr Vater, also mein Urgroßvater, war in finanziellen Schwierigkeiten und hatte Selbstmord begangen, als sie sechs Jahre alt war. Ihr Bruder hatte schließlich die Windmühle der Eltern übernommen. Als die Brüder Van Breda ihre Bank gründeten, dankte meine Großmutter daher bestens für die Ehre und steckte stattdessen ihr Geld ins Geschäft ihres Bruders. Am Ende geriet auch er in finanzielle Turbulenzen, und die Mühle wurde an Anco verkauft, einen Teigwarenproduzenten aus Turnhout. Ihr investiertes Geld sah meine Großmutter nie wieder.

Diese Geschichte habe ich sicher tausendmal gehört, immer, wenn es bei Familienfeiern ein wenig später wurde. Wie wir fast Besitzer einer erfolgreichen Bank geworden wären. Fast, aber eben nicht ganz.

Über Pater Van Breda, den jüngeren Bruder von Jos und Maurice, wurde kein Wort verloren. Keiner kannte seine Geschichte. Bis ich vor fünf Jahren meinen Vater fragte, wer denn dieser Franziskaner sei, dort auf dem Foto mit meiner Großmutter.

Dieses Buch ist die ein wenig ausgeuferte Antwort auf diese Frage.

Hoogstraten-Hasselt, Oktober 2013–Januar 2018

Dank

Dieses Projekt wäre ohne die Hilfe von Dutzenden Menschen, Organisationen und Institutionen nicht möglich gewesen.

Mein ausdrücklicher Dank gilt allen, die sich für dieses Projekt Zeit genommen und mir bei meinen Recherchen geholfen haben. Einige haben Pater Van Breda noch gekannt und erzählten mir ihre persönliche Geschichte. Andere stellten mir ihre Archive zur Verfügung, lieferten wertvolle Informationen, halfen beim Zustandekommen dieser Publikation oder brachten mich mit anderen Informanten in Verbindung. Dafür bedanke ich mich bei Lidar Artzi, Chris Boudewijns, Rudolf Bernet, Ivo Billiaert, Rudolf Boehm, Luc Coenen, Dirk de Geest, Urbain Dhondt, Marcel Ficheroux und Eva van Leeuwen, Diana Herz und Gerhard Verfaillie, Dries Horsten, Frans Horsten und Timi Mertens, Raf Horsten und Lutgart Janssens, Leen Huet, Samuel IJsseling, Haye Koningsveld, Mark Leysen, Vaast Leysen, Anna Marinower-Katz, Claude Marinower, Marc Nelissen, Johan Ooms, Jeroen Overstijns, Kris Peeraer, Leo Peeraer, Benoit Peeters, Carole Pelchat und Dominique Philibert, Jan Ryckeboer und Betty Valvekens, Ria Smits und Rob Merhottein, Robert Stouthuysen, Frans Theeuwes, Gommaar und Mariette Timmermans, Maria Van Breda und Constant Smits, Frans Van Dongen und Hanna Kirsten, Bert Van Roy, Pater Walter Verhelst und Inge Wagemans. Einige von ihnen sind inzwischen verstorben – und dieses Buch ist auch ihrem Andenken gewidmet.

Mitarbeiter der Bibliothek Limburg Hasselt, der Universitätsbibliotheken von Leuven und Amsterdam, des Universitätsarchivs in Leuven, des Letterenhuis in Antwerpen, der kanadischen Université de Saint-Boniface, des Heilig-Graf-Instituts in

Turnhout, des Stadtarchivs von Lier, der Abtei von Postel, von Van Breda Risk & Benefits in Antwerpen, von Yad Vashem in Jerusalem und des kulturellen Archivs Kadoc in Leuven halfen, wo immer möglich, den Zugang zu ihren Sammlungen zu ermöglichen und ihre Bestände und Sammlungen zu erschließen. Mein herzlicher Dank gebührt auch Stroom Literair Limburg, einer Initiative der Provinzverwaltung von Limburg, und Sabam for Culture für die Unterstützung. Auch gegenüber meinen Freunden von der TEG (Turnhouts Epibreer Genootschap) ist mein Dank groß.

Ein weiteres Dankeschön gilt auch meinen ersten Lesern, die das im Entstehen begriffene Manuskript (oder Teile davon) mit Kommentaren versahen: Gaston Durnez, Ann und Jan Opsomer, Noël Slangen und Geert Swaenepoel. Inspirierenden Beistand boten mir die Verlagsmitarbeiter von Uitgeverij Vrijdag – Lore Piers, Rudy Vanschoonbeek, Karl Drabbe, Sophie Verbist, mein Verleger Ronald Grossey und Hannah Lingier, eine höchst engagierte Lektorin, die das Manuskript mit großer Sorgfalt und kritischem Blick auf ein höheres Level hob. Marlene Müller-Haas war nicht nur eine engagierte und geistreiche Übersetzerin, sondern auch die beste Faktencheckerin, die ich je hatte. Die Zusammenarbeit mit Wolfgang Hörner, Alice Herzog und Lisa Kaiser vom Verlag Galiani Berlin war ebenso angenehm.

Im Husserl-Archiv stand mir Thomas Vongehr mit Rat und Tat zur Seite, ebenso Emanuele Caminada, Julia Jansen und vor allem Ullrich Melle, der mich in Husserls Gedankenwelt einführte und mich vor einigen schwerwiegenden Fehlern bewahrte. Immer wieder musste er über seinen Schatten springen, wenn er meinen nächsten Versuch las, das Universum von Husserls Denken in einem kurzen, verständlichen Text zusammenfassen.

Mein besonderer Dank gilt Ann Opsomer, die mehrere Jahre mit einem Pater und einem Philosophen zusammenleben musste - obwohl sie nie darum gebeten hatte.

Bei der Profess meiner Tante Cecilia Horsten 1958 im Turnhouter Heilig-Graf-Kloster war Pater Van Breda einer der Ehrengäste. Mit breitem Lächeln sieht man ihn auf dem Bild mit meinen Großeltern und deren Kindern stehen (von links nach rechts): Theresia Van Breda und Emiel Horsten, Cecilia Horsten, Hilda de Cock (hinten, Klassenkameradin von Cecilia Horsten), Frans Horsten (vorn), Leo Horsten, Joos Horsten (weitgehend verdeckt), mein Vater Raf Horsten, Pater Van Breda, Milia Horsten, Gemma Horsten und Jan Horsten. Nur die älteste Tochter Maria Horsten fehlt, vermutlich, weil sie gerade alle fotografiert.

Namensregister

Bibliographie

Die Einträge in Klammern wurden bei der Übersetzung herangezogen.
Kursive deutsche Begriffe in Zitaten wurden im fremdsprachigen Ori-
ginaltext auf Deutsch gebraucht.

Abel, Olivier, Paul Ricœur, Jacques Ellul, Jean Carbonnier, Pierre Chaunu. *Dialogues*, Labor et Fides, Genf, 2012.

Abensour, Miguel, und Catherine Chalier, *L'Herne: Emmanuel Lévinas*, Editions de l'Herne, Paris, 1991.

Abicht, Ludo, *De Joden van België*, Atlas, Amsterdam, 1994.

Améry, Jean, *Örtlichkeiten*, Klett-Cotta, Stuttgart, 1980.

Améry, Jean, *Schuld en boete voorbij*, Atlas, Amsterdam, 2000.
[Améry, Jean: *Jenseits von Schuld und Sühne. Bewältigungsversuche eines Überwältigten*. München 1966. Originalausgabe.
Améry, Jean: *Jenseits von Schuld und Sühne, Unmeisterliche Wanderjahre, Örtlichkeiten*. Band 2, Stuttgart, 2002. Werkausgabe.]

Anonym, *Belgian Priest Enlivens E-W Philosopher's Meeting*, in: De Netestad, 25. Jg. (1969), Nr. 29.

Anonym, *E. P. Herman Leo Van Breda, O. F. M.*, in: Palfijn. Maandelijks tijdschrift uitgegeven door Medica, fakulteitskring Vlaamse studenten geneeskunde Leuven, 24. Jg. (1965), Nr. 5-6, S. 170-171.

Anonym, *Fenomenologen bekijken Husserl met kritisch oog*, in: De Standaard, 2. April 1971.

Anonym, *Husserl-kenner prof. Van Breda overleden*, in: NRC-Handelsblad, 5. März 1974.

Anonym, *Koningin Wilhemina dankt België voor steun aan Nederland. Talrijke landgenoten en Nederlanders gedecoreerd*, in: Het Nieuwsblad, 26. Oktober 1946.

Anonym, *Mönch und Manager*, in: Frankfurter Allgemeine Zeitung, 20. März 1974.

Anonym, *Pater Van Breda overleden*, in: Gazet van Antwerpen, 5. März 1974.

Anonym, *Vijftig jaar Husserl-archief*, in: De Standaard, 24. September 1988.

Arendt, Hannah, »Martin Heidegger ist 80 Jahre alt«. In Merkur, Oktober 1969, 23. Jahrgang, Heft 258, S. 893–902.

Aron, Raymond, *Mémoires. 50 ans de réflexion politique*, Julliard, Paris, 1983. [Aron, Raymond, *Erkenntnis und Verantwortung. Lebenserinnerungen* (»Mémoires«). Aus dem Franz. von Kurt Sontheimer Piper, München, 1985.]

Bair, Deirdre, *Simone de Beauvoir. Biografie*, Anthos / Lannoo, Baarn / Tielt, 1990. [Bair, Deirdre, *Simone de Beauvoir. Eine Biographie*. Aus dem Amerikan. von Sabine Lohmann, Goldmann, München, 1998. Genehmigte Taschenbuchausg., 1. Aufl.]

Bakewell, Sarah, *At the Existentialist Café. Freedom, Being and Apricot Cocktails*, Chatto & Windus, London, 2016. [Bakewell, Sarah, *Das Café der Existenzialisten: Freiheit, Sein und Aprikosencocktails mit Jean-Paul Sartre, Simone de Beauvoir, Albert Camus, Martin Heidegger, Edmund Husserl, Karl Jaspers, Maurice Merleau-Ponty und anderen*. Aus dem Engl. von Rita Seuß, Beck, München, 2018.]

Barth, Thimotheus & Valens Heyck, *Rapport sur l'état des archives Husserl*, in: *Franziskanische Studien*, 31. Jg. (1949), S. 429–430.

Bernet, Rudolf, *Filosofie en het natuurlijke leven bij Van Breda en De Waelhens*, in: *Tijdschrift voor Filosofie*, 77. Jg. (2015), Nr. 3, S. 463–493.

Bernstein, Carl, und Marco Politi, *Zijne Heiligheid. Johannes Paulus II en de verborgen geschiedenis van onze tijd*, Jan Mets / Van Halewyck, Amsterdam / Leuven, 1996. [Bernstein, Carl, und Marco Politi, *Seine Heiligkeit Johannes Paul II. Macht und Menschlichkeit des Papstes*. Goldmann, München, 1997.]

Bervoets, Marcel, *La liste de Saint-Cyprien*, Alice editions, Brüssel, 2006.

Billiaert, Ivo (Hg.), *De norbertijnen van de O.-L.-Vrouwabdij van Mol-Postel – Biografisch Lexicon 12de – 21ste eeuw*, Studium Generale, Balen, 2013.

Borre, Jos, *Gerard Walschap. Een biografie*, De Bezige Bij, Antwerpen, 2013.

Boterman, Frits, *Cultuur als macht. Cultuurgeschiedenis van Duitsland 1800-heden*, De Arbeiderspers, Amsterdam, 2013.

Brouwers, Jeroen, *Oefeningen in nergens bij horen. Over Jean Améry*, Atlas, Amsterdam, 1995.

Bultinck, Bert, *Moeten we dankbaar zijn?*, in: *De Standaard*, 23. Mai 2015.

C. E., *Leuvens Husserl-archief geniet wereldfaam*, in: *De Standaard*, 16. März 1962.

Caestecker, Frank, *Ongewenste gasten: Joodse vluchtelingen en migranten in de dertiger jaren*, VUBPress, Brüssel, 1993.

Cohen-Solal, Annie, *Jean-Paul Sartre, zijn biografie*, Van Gennep, Amsterdam, 1987.
[Cohen-Solal, Annie, *Sartre. 1905-1980*. Aus dem Franz. von Annie Groepler, Rowohlt, Reinbek b. Hamburg, 1988.]

Cox, Gary, *Existentialism and Excess. The Life and Times of Jean-Paul Sartre*, Bloomsbury, London, 2016.
[Cox, Gary, *Jean-Paul Sartre. Existentialismus und Exzess*. Aus dem Engl. von Andrea Graziano di Benedetto, wbg Theiss, Darmstadt, 2018.]

De Beauvoir, Simone, *Het afscheid. Een kroniek van Jean-Paul Sartre's laatste jaren & Gesprekken over literatuur, filosofie, politiek, vriendschap, liefde*, Bijleveld, Utrecht, 1981.
[Simone de Beauvoir, *Die Zeremonie des Abschieds und Gespräche mit Jean-Paul Sartre*. Aus dem Franz. von Uli Anmüller und Eva Moldenhauer, Rowohlt TB. 2012. In: August bis September 1974.]

De Beauvoir, Simone, *La force de l'âge*, Gallimard, Paris, 1960.

De Boer, Theo, *Van Brentano tot Levinas: studies over de fenomenologie*, Boom, Amsterdam, 1989.

De Ceulaer, Joel, *Denken als ambacht. De levenswijsheid van tien Vlaamse filosofen*, De Bezige Bij, Antwerpen, 2012.

De Ceulaer, Jose, *In memoriam Prof. Dr. H. L. Van Breda, O. F. M.*, in: *Getuigenissen. Jaarboek 1974 van het Felix Timmermans-genootschap*, Orion/Desclee De Brouwer, Brugge, 1974, S. 191.

De Ceulaer, Jose, *Lierse profielen: Prof. Dr. Herman Leo Van Breda*, in: *'t Land van Ryen*, 16. Jg. (1966), S. 114-117.

De Raeymaeker, Louis, *In memoriam Léon Noël*, in: *Revue Philosophique de Louvain*, 51. Jg. (1953), Nr. 32, S. 521-526.

De Schryver, Reginald, Bruno de Wever, Gaston Durnez, Lieve Gevers, Pieter van Hees en Machteld de Metsenaere (Hg.), *Nieuwe encyclopedie van de Vlaamse Beweging* (3 Bde.), Lannoo, Tielt, 1998.

De Visser, Jacques, Marc Van den Bossche & Maurice Weyembergh (Hg.), *Hannah Arendt en de moderniteit*, Kok Agora, Kampen, 1992.

De Vleminck, Jens, *Husserls fenomenologie als dam tegen het reductionisme van de positieve wetenschappen: In gesprek met Ullrich Melle*, in: *De Uil van Minerva*, 26. Jg. (2013), Nr. 1 (PDF).

De Vleminck, Jens und Henk Vandaele, ›*Ginds is het donker.‹ Beschouwingen bij een fenomenologisch-filosofisch project. In gesprek met Rudolf Böhm*, in: *De uil van Minerva*, 27. Jg. (2014), Nr. 1 (PDF).

Delfgaauw, Bernard, *De wijsbegeerte van de 20e eeuw*, Het Wereldvenster, Baarn, 1962.

Delfgaauw, Bernard, *Redder van het Husserl-archief Herman Van Breda overleden*, in: *De Tijd. Dagblad voor Nederland*, 7. März 1974.

Derckx, Peter, *H. J. Pos, 1898-1955: Objectief en partijdig. Biografie van een filosoof en humanist*, Verloren, Hilversum, 1994.

Derrida, Jacques, *Sporen. De stijlen van Nietzsche*, Uitgeverij SUN, Amsterdam, 2005. (Ingeleid, vertaald en geannoteerd door Ger Groot) [Derrida, Jacques, *Das Problem der Genese in Husserls Philosophie*. Aus dem Franz. von Johannes Kleinbeck, Diaphanes, Zürich 2013.]

Dhondt, Dr. Urbain, *Prof. Herman-Leo Van Breda, in memoriam*, in: *Alumni Leuven*, 5de jaargang, Nr. 1 (März 1974).

Doorman, Maarten, *Denkers in de grond. Een homerun langs 40 graven*, Bert Bakker, Amsterdam, 2010.

Dosse, Francois, *Paul Ricoeur. Les sens d'une vie (1913-2005)*, La Decouverte, Paris, 2008.

Dosse, Francois, *Paul Ricoeur. Un philosophe dans son siècle*, Armand Colin, 2012.

Dumoulin, Michel, *Spaak (deuxième édition revue, préface d'Etienne Davignon)*, Racine, Brüssel, 1999.

Durnez, Gaston, *De Standaard. Het levensverhaal van een Vlaamse krant 1914-1948*, Lannoo, Tielt, 1985.

Durnez, Gaston, *Felix Timmermans. Een biografie*, Lannoo, Tielt, 2000.

Duraffour, Annick, & Pierre-Andre Taguieff, *Céline, la race, le juif*, Fayard, Paris, 2017.

Eribon, Didier, *Michel Foucault, een biografie*, Van Gennep, Amsterdam, 1990. [Eribon, Didier, *Michel Foucault, eine Biographie*. Aus dem Franz. von Hans-Horst Henschen, Suhrkamp, Frankfurt/a. M., 1993.]

Evinger, Jane, *Belgian Priest Enlivens E. W. Philosopher's Meeting*, in: *Honolulu-Advertiser*, 29. Juni 1969.

Farias, Victor, *Heidegger en het nazisme* (Met een voorwoord van Prof. Dr. Willem van Reijen), Gooi en Sticht, Hilversum, 1988. [Farias, Victor, *Heidegger und der Nationalsozialismus*. Aus dem Span. u. Franz. von Klaus Laermann, S. Fischer, Frankfurt a. M., 1989. (Mit einem Vorwort von Jürgen Habermas)]

Faye, Emmanuel, *Heidegger. Die Einführung des Nationalsozialismus in die Philosophie*, Matthes & Seitz, Berlin, 2009. Aus dem Französischen von Tim Trzaskalik.

[ersatzweise: Emmanuel Faye, *Heidegger. La introducción del nazismo en la filosofía*. Ediciones AKAL, Apr 13, 2009. Deutsch S. 532 in Fußnote 3.]

Florquin, Joos, *Ten huize van Mgr. Louis De Raeymaeker*, in: Florquin, Joos, *Ten huize van* ... 17, Davidsfonds, Leuven, 1981, S. 316-347 (Verschriftlichung eines Fernsehinterviews, gesendet am 4. Februar 1966).

Friedman, Friedrich G., *Heimkehr ins Exil. Jüdische Existenz in der Begegnung mit dem Christendum* (Hg. und mit einem Nachwort von Christian Weise), Beck, München, 2001.

Gelber, Lucy, *Encyclopedie van het levende Vlaamse volkslied*, Aurelia, Sint-Martens Latem, 1983.

[*Geschichte des Husserl-Archivs*. *History of the Husserl-Archivs*, Hg. Husserl-Archiv Leuven, Springer, Dordrecht, 2007.]

Gevers, Lieve, *Kerk in de kering*, Pelckmans, Kalmthout, 2014.

Govaerts, Bert, *Ernest Claes. De biografie van een heer uit Zichem*, Houtekiet, Antwerpen, 2016.

Govaerts, Bert, *Ik alleen! Een biografie van Albert De Vleeschauwer (1897-1971)*, Houtekiet, Antwerpen, 2012.

Graef, Hilda, *Leben unter dem Kreuz. Eine Studie über Edith Stein*, Verlag Josef Knecht / Carolusdruckerei, Frankfurt a. M., 1955.

Groot, Ger, *Dankbaar en aandachtig. In gesprek met Samuel IJsseling*, Klement / Pelckmans, Zoetermeer / Kapellen, 2013.

Groot, Ger, *De geest uit de fles. Hoe de moderne mens werd wie hij is*, Lemniscaat, Rotterdam, 2017.

Groot, Ger, *Plato in tijden van Photoshop*, Lemniscaat, Rotterdam, 2014.

Heidegger, Gertrud (Hg.), *›Mijn lieve zieltje!‹ Brieven van Martin Heidegger aan zijn vrouw Elfride 1915-1970*, Ten Have, Kampen, 2007.

[Heidegger, Martin, »Mein liebes Seelchen!« Briefe Martin Heideggers an seine Frau Elfride. 1915-1970. Hrsg. von Heidegger, Gertrud. BTB, München, 2007.]

Heidegger, Martin, *Zijn en Tijd*, SUN / Kritak, Nijmegen / Leuven, 1998. (Vertaald en van een nawoord voorzien door Mark Wildschut)

[Heidegger, Martin, *Sein und Zeit*. Hrsg. von Friedrich-Wilhelm von Herrmann. Vittorio Klostermann, Frankfurt a. M., 1977. (Heidegger-Gesamtausgabe, Bd. 2, Abt. 1, Veröffentlichte Schriften 1914-1970)]

Herzberg, Joseph G., *Husserl's Archives Dedicated Here*, in: *The New York Times*, 6. April 1969.

Heyrman, Peter, *›Slimme Vaast‹. Een katholiek, Vlaams ondernemer*, in: *Kadoc Nieuwsbrief, Jg.* 2016, Nr. 3, S. 4-9.

Homolka, Walter und Arnulf Heidegger (Hg.), *Heidegger und der Antisemitismus. Positionen im Widerstreit* (mit Briefen von Martin und Fritz Heidegger), Herder Verlag, Freiburg, 2016.

Humbeeck, Kris und Ernst Bruinsma, *Een scharlakenrode mol in het literaire veld. Omtrent Nico Rost, Louis Paul Boon en uitgeverij Het Kompas*, in: *Jaarboek Letterkundig Museum*, Jg. 10 (2001), S. 109-141.

Hurlimann, Thomas, *Nietzsches Regenschirm*, Fischer, Frankfurt a. M., 2015.

Husserl, Edmund, *Notes sur Heidegger* (mit einem Nachwort von Denise Souche-Dagues), Minuit, Paris, 1993.
[Breeur, Roland, Randbemerkungen Husserls zu Heideggers *Sein und Zeit* und *Kant und das Problem der Metaphysik. Husserl Studies*, Vol. 11 (1994), S. 3-63.]

Husserl, Edmund, *Over de oorsprong van de meetkunde* (ingeleid en geannoteerd door dr. Rudolf Boehm), Het Wereldvenster, Baarn, 1977.
[Husserl, Edmund, *Studien zur Arithmetik und Geometrie. Texte aus dem Nachlass (1886-1901)*. Hrsg. von Ingeborg Strohmeyer, Springer Netherlands, Den Haag / Boston / Lancaster, 1983. (*Hua* XXI: 1983)]

Imelman, Jan Dirk, *Wetenschap en visie in leefwereld en opvoeding: tussen relativisme en universalisme. Stephan Strasser (1905-1991)*, in: Vittorio Busato, Mineke van Essen und Willem Koops (Hg.), *Vier grondleggers van de pedagogiek*, Prometheus / Bert Bakker, Amsterdam, 2015, S. 241-315.

Inwood, Michael, *Heidegger*, Lemniscaat, Rotterdam, 2005.
[Inwood, Michael, *Heidegger*. Aus dem Engl. von David Bernfeld, Panorama, Wiesbaden, (2004).]

Judocus, *Toenadering tussen Noord en Zuid. Rede van Dr. Van Breda OFM te Lier*, in: *De Standaard*, 15. Januar 1948.

Kerremans, Ilse, *Edith Stein. Leven aan Gods hand*, Halewijn / Adveniat, Antwerpen / Baarn, 2014.

Kortooms, A., und C. Stuyker Boudier, *Een bijdrage tot de geschiedenis van de Husserl-receptie in België en Nederland*, in: *Algemeen Nederlands tijdschrift voor wijsbegeerte*, Jg. 81 (1989), Nr. 1 (S. 1-20) und 2 (S. 79-101).

Ladriere, Jean, *In memoriam le professeur Joseph Dopp*, in: *Revue Philosophique de Louvain*, 76. Jg. (1978), Nr. 30, S. 273-282.

Landgrebe, Detlev, *Kückallee 37. Eine Kindheit am Rande des Holocaust*, CMZ, Rheinbach, 2009.

Laureys, Dirk, *De Mindere Broeders van Franciscus 1842-1992. 150 jaar min-*

derbroeders in Vlaanderen, De Minderbroeders, provincie van Sint-Jozef in Belgie, Mechelen, 1992.

Levinas, Emmanuel, *Noms propres*, Fata Morgana, s.l., 1976.

[Levinas, *Eigennamen. Meditationen über Sprache und Literatur*. Textauswahl u. Nachwort von Felix Philipp Ingold. Aus dem Franz. von Frank Miething. (Hrsg. von Michael Krüger). Hanser, München, 1988. Edition Akzente.]

Levinas, Emmanuel, *Totaliteit en Oneindigheid*, Boom, Amsterdam, 2012. (Met vertaling, annotaties en nawoord van Theo de Boer en Chris Bremmers)

[Lévinas, Emmanuel, *Totalität und Unendlichkeit*. Versuch über die Exteriorität. Aus dem Franz. von Wolfgang Nikolaus Krewani, Alber Verlag, 5. Aufl. 2016.

Lévinas, Emmanuel, *Husserls Theorie der Anschauung*. Aus dem Franz. von Philippe P. Haensler und Sebastien Fanzun, Turia + Kant, Wien, 2019.]

Luft, Sebastian & Maren Wehrle (Hg.), *Husserl Handbuch. Leben – Werk – Wirkung*, J. B. Metzler, Stuttgart, 2017.

Lyotard, Jean-Francois, *La phénoménologie*, Presses Universitaires de France, Paris, 2015.

[Lyotard, Jean-Francois, *Die Phänomenologie*. Mit einem Nachwort von Christoph von Wolzogen. Aus dem Franz. von Karin Schulze, Junius, Hamburg, 1993.]

Maniet, Albert, *In memoriam Albert Carnoy*, in: *L'antiquité classique*, 29. Jg. (1960), Nr. 2, S. 305–311.

Mann, Golo, *Deutsche Geschichte des 19. und 20. Jahrhunderts*, S. Fischer Verlag, Frankfurt a. M., 1992.

Mayer, Verena, *Edmund Husserl*, Beck, München, 2009.

Mehring, Walter, *Wir müssen weiter. Fragmente aus dem Exil*, Claassen, Düsseldorf, 1979.

Meinen, Insa, *De Shoah in Belgie*, De Bezige Bij, Antwerpen, 2009.

[Meinen, Insa, *Die Shoah in Belgien*, WBG (Wissenschaftliche Buchgesellschaft), Darmstadt, 2010.]

Melis, Jan, *Op bezoek bij pater Hugo Van Breda*, in: *Algemeen Belang (Tongeren)*, 27. August 1932.

Melle, Ulrich, *Short History of the Husserl-Archives and Status Report on the Edition of Husserl's Work*, in: Chan-Fai Cheung, Ivan Chvatik, Ion Copoeru, Lester Embree, Julia Iribarne & Hans Rainer Sepp (Hg.), *Essays in*

Celebration of the Founding of the Organization of Phenomenological Organizations (webpublicatie), www.o-p-o.net, 2003.

Merleau-Ponty, Maurice, *Fenomenologie van de waarneming*, (Vertaald en ingeleid door Douwe Tiemersma en Rens Vlasblom), Boom, Amsterdam, 2009.
[Merleau-Ponty, Maurice, *Phänomenologie der Wahrnehmung*. Aus d. Franz. übers. u. eingef. durch eine Vorrede v. Rudolf Boehm. De Gruyter, 1966. Phänomenologisch-psychologische Forschungen, Bd. 7.]

Merleau-Ponty, Maurice, *Oeuvres*, Gallimard, Paris, 2010. (Edition etablie et prefacee par Claude Lefort)

Mettepenningen, Jürgen, & Karim Schelkens, *Godfried Danneels. Biografie*, Polis, Antwerpen, 2015.

Michielsen, Stefaan, *In memoriam Vaast Leysen, 1921–2016*, in: *De Tijd*, 24. März 2016.

Mora, Jose Ferrater, *Inleiding tot de moderne filosofie*, Prisma, Utrecht / Antwerpen, 1962.

Moran, Dermot, *Edmund Husserl. Founder of Phenomenology*, Polity, Cambridge, 2005.

Morgenstern, Soma, *Joseph Roths Flucht und Ende*, in: Daniel Keel & Daniel Kampa, *Joseph Roth. Leben und Werk*, Diogenes, Zürich, 2010, S. 104–158.

O'Brien, Mahon, *Heidegger, History and the Holocaust*, Bloomsbury, London, 2017.

Ott, Hugo, *Martin Heidegger. Unterwegs zu seiner Biographie*, Campus Verlag, Frankfurt a. M. und New York, 1992.

Paquet, Philippe, *Simon Leys. Navigateur entre les mondes*, Gallimard, Paris, 2016.

Patočka, Jan, *Erinnerungen an Husserl*, in: *Schweizer Monatshefte: Zeitschrift für Politik, Wirtschaft, Kultur*, 57. Jg. (1977–1978), Nr. 4, S. 266–276.

Patzig, Gunther, *Edmund Husserl: Logische Untersuchungen*, in: *Die Zeit*, 6. April 1984.

Payen, Guillaume, *Martin Heidegger. Catholicisme, révolution, nazisme*, Perrin, Paris, 2016.

Peeters, Benoit, *Derrida*, Flammarion, Paris, 2010.
[Peeters, Benoit, *Derrida: Eine Biographie*. Aus dem Franz. von Horst Brühmann, Suhrkamp, Berlin, 2013.]

Peeters, Benoit, *Trois ans avec Derrida. Les carnets d'un biographe*, Flammarion, Paris, 2010.

Poire, Francois, & Philippe Nemo, *Emmanuel Levinas aan het woord. 11 gesprekken*, Ten Have / Pelckmans, Kampen / Kapellen, 2006.

Reynaert, Peter (Hg.), *Husserl. Een inleiding*, Pelckmans / Klement, Kapellen / Kampen, 2006.

Reynebeau, Marc, *Een geschiedenis van Belgie*, Lannoo, Tielt, 2003.

Reynebeau, Marc, *Katholiek Vlaanderen. Een beeldverhaal*, Lido, Antwerpen, 2012.

Rottiers, Arthur-Kamiel, *U is meneer Amter, zei ik*, in: *De Zondagochtend*, 19. Oktober 1947.

Saerens, Lieven, *Van vergeten naar gegeerd. Dossin en de Joodse herinnering*, in: *Belgisch Tijdschrift voor Nieuwste Geschiedenis*, 42. Jg. (2012), Nr. 2-3, S. 138-169.

Safranski, Rüdiger, *Heidegger en zijn tijd*, Contact, Amsterdam, 1995.

[Safranski, Rüdiger, *Ein Meister aus Deutschland: Heidegger und seine Zeit*. Fischer Taschenbuch Verlag, Frankfurt a. M., 2001.]

Schaevers, Mark, *Orgelman. Felix Nussbaum – Een schildersleven*, De Bezige Bij, Amsterdam, 2014.

[Schaevers, Mark, Orgelmann: Felix Nussbaum – ein Malerleben. Aus dem Niederl. von Marlene Müller-Haas, Galiani, Berlin, 2016.]

Schuhmann, Karl, *Husserl and Masaryk*, in: Josef Novak (Hg.), *On Masaryk: Texts in English and German*, Rodopi, Amsterdam, 1988, S. 129-156.

Sebrechts, Frank, *De weggevoerden van mei 1940*, De Bezige Bij, Antwerpen, 2014.

Simons, Ludo, *Het boek in Vlaanderen sinds 1800. Een cultuurgeschiedenis*, Lannoo, Tielt, 2013.

Smets, Irene, *Maria Verstraeten en de Hogeschool voor Vrouwen: de ware adel van verstand en gemoed*, Garant, Leuven, 1991.

Spiegelberg, Herbert, *The Phenomenological Movement. A historical introduction. Third revised and enlarged edition (Phaenomenologica 5/6)*, Martinus Nijhoff, Den Haag, 1984.

Steiner, George, & Antoine Spire, *Barbarie de l'ignorance*, Editions de l'Aube, La Tour d'Aigues, 2000.

Steiner, George, *Martin Heidegger*, Kok Agora / Pelckmans, Kampen / Kapellen, 1994.

[Steiner, George, *Martin Heidegger*. Aus dem Engl. von Martin Pfeiffer, Hanser Verlag, München, 2011.]

Steiner, George, *Heidegger, abermals*. In: Merkur, Heft 480, 1. Februar 1989.

Zitiert nach https://www.merkur-zeitschrift.de/1989/02/01/heidegger-abermals/

Stijns, L., *Het Husserl-archief. Uit de handen van de Duitsers gered*, in: *Het Laatste Nieuws*, 15. Oktober 1947.

Strasser, Stephan, *De kennis van den tijd en de zielzorg. I. De burgerlijke mentaliteit*, in: *Sacerdos*, 6. Jg. (1939), Nr. 5, S. 513-520.

Strasser, Stephan, *De kennis van den tijd en de zielzorg. II. De demonische mens*, in: *Sacerdos*, 6. Jg. (1939), Nr. 6, S. 641-646.

Strasser, Stephan, *Fenomenologie en empirische menskunde. Bijdrage tot een ideaal van wetenschappelijkheid*, Van Loghum Slaterus / W. de Haan, Arnhem / Zeist, 1962.

[Strasser, Stephan, *Phänomenologie und Erfahrungswissenschaft vom Menschen: Grundgedanken zu einem neuen Ideal der Wissenschaftlichkeit*, De Gruyter, Berlin / Boston, Reprint 2015.]

Struycker Boudier, C. E. M., *Wijsgerig leven in Nederland en België 1880-1980* (8 Bde.), Ambo, Nijmegen / Baarn, 1985-1991.

Struycker Boudier, H., *'s Bergbeklimmers einder. Een schets van het leven en werk van prof. dr. S. Strasser*, in: C. Struyker Boudier (Hg.), *De eindige mens? Essays over de grenzen van het menselijk bestaan*, Ambo, Bilthoven, 1975, S. 174-185.

Suenens, Kardinaal L. J., *Terugblik en verwachting: herinneringen van een kardinaal*, Lannoo, Tielt, 1991.

Taminiaux, Jacques, *Les Archives de Husserl à Louvain-la-Neuve*, in: *La Gazette des Archives de l'UCL*, Herbst 2001, Nr. 4.

Taylor, Ronald, *Literature & Society in Germany. 1918-1935*, The Harvester Press / Barnes & Noble Books, Sussex / New Jersey, 1980.

Tollebeek, Jo, *De magazijnen, of het verlangen van Orpheus*, in: *Ex officina*, 13. Jg. (2000), Nr. 1, S. 15.

Trawny, Peter, *Heidegger en de mythe van de Joodse wereldsamenzwering*, Klement / Polis, Zoetermeer / Antwerpen, 2015.

[Trawny, Peter, *Heidegger und der Mythos der jüdischen Weltverschwörung*, 3., überarb. und erw. Aufl., Klostermann, Frankfurt a. M., 2015.]

Valvekens, Dr. J. B., O. Praem, *Edith Stein, een vooraanstaande vrouw van onze tijd*, in: *Gazet van Antwerpen*, 2. Januar 1952.

Van Aalderen, Maarten, *Paus Johannes Paulus II. Een revolutionair conservatief*, BZZTOH, 's Gravenhage, 2005.

Van Breda, Herman Leo, *Academisch hulp- en bemiddelingscomité te Leuven. Werking in de jaren 1945 en 1946*, Arta, Leuven, o. D.

Van Breda, Herman Leo, *Cultuurphilosophie*, Em. Warny, Leuven, 1943.

Van Breda, Herman Leo, *De samenwerking op universitair gebied, mogelijkheden en moeilijkheden*, in: *Academische sociale studiedagen Leuven 1947, Bd. IV, Noord en zuid groeien naar elkaar*, 't Groeit, Antwerpen, S. 34–70.

Van Breda, Herman Leo, *De sociale en ekonomische geschiedenis van Lier en een planning voor het Lier van morgen*, in: '*t Land van Ryen*, 12. Jg. (1962), Nr. 3–4, S. 107–129.

Van Breda, Herman Leo, *Discussions: les archives Husserl à Louvain: Leur état actuel*, in: *Theoria. A Swedish journal of philosophy*, 13. Jg. (1947), Nr. 1, S. 65–70.

Van Breda, Herman Leo, *God als laatste fundament van het zedelijk leven*, Hoogeschool voor Vrouwen, Antwerpen, o. D.

Van Breda, Herman Leo, *Grondbeginselen van de cosmologie. Deel 1 (tweede afdruk)*, Hoger Instituut voor Wijsbegeerte, Leuven, 1967.

Van Breda, Herman Leo, *Het Husserl-archief te Leuven*, in: *Algemeen Nederlands tijdschrift voor wijsbegeerte en psychologie*, 38. Jg. (1946), Nr. 5, S. 150–155.

Van Breda, Herman Leo, *Hulde aan Monseigneur Augustin Mansion: Leuven 28 april 1955*, in: *Onze Alma Mater*, 9. Jg. (1955), Nr. 3, S. 11–15.

Van Breda, Herman Leo, *La gilde et la Saint-Vincent*, in: *Revue Belge des vins et spiritueux*, 23. Jg. (1967), Nr. 3, S. 88–90.

Van Breda, Herman Leo, *La phénoménologie*, in: Raymond Klibansky (Hg.), *Philosophy in the Mid-Century. A Survey / La Philosophie au Milieu du Vingtième Siècle. Chroniques*, La Nuova Italia Editrice, Florenz, 1958.

Van Breda, Herman Leo, *Laudatio für Ludwig Landgrebe und Eugen Fink*, in: Walter Biemel (Hg.), *Phänomenologie Heute. Festschrift für Ludwig Landgrebe*, Martinus Nijhoff, Den Haag, 1971.

Van Breda, Herman Leo, *Les entretiens de Jérusalem de l'Institut international de philosophie*, in: *Revue philosophique de Louvain*, 63. Jg. (1965), November 1965, S. 613–630.

Van Breda, Herman Leo, *Les entretiens de Varsovie (17-20 juillet 1957)*, in: *Revue Philosophique de Louvain*, 55. Jg. (1957), S. 487–518. (Niederländische Zusammenfassung in *Tijdschrift voor Philosophie*, 19. Jg. [1957], Nr. 4, S. 713–721)

Van Breda, Herman Leo, *Leuven nu en morgen 1: Leuven en het buitenland*, De Vlaamse drukkerij NV, Leuven, 1967.

Van Breda, Herman Leo, *Lichamelijke opleiding en moreele vorming*, in: *Olympia: maandblad van het instituut voor lichamelijke opleiding te Leuven*, 1. Jg. (1942), Nr. 1, S. 19–21.

Van Breda, Herman Leo, *Maurice Merleau-Ponty et les Archives-Husserl à Louvain*, in: *Revue de métaphysique et de morale*, 67. Jg. (1962), Nr. 4, S. 410–430.

Van Breda, Herman Leo, *The actual state of the work on Husserl's inedita: achievements and projects*, in: Anna-Teresa Tymieniecka & Lawrence Haworth (Hg.), *The Later Husserl and The Idea of Phenomenology. Idealism-realism, Historicity and Nature*, Reidel Publishing Company, Dordrecht, 1972, S. 149–159.

Van Breda, Herman Leo (Hg.), *Edmund Husserl 1859–1959. Recueil commemorative publié à l'occasion du centenaire de la naissance du philosophe (Phaenomenologica 4)*, Martinus Nijhoff, Den Haag, 1959.

Van Breda, Herman Leo, & Jacques Taminiaux (Hg.), *Husserl et la Pensée Moderne / Husserl und das Denken der Neuzeit (Phaenomenologica 2)*, Martinus Nijhoff, Den Haag, 1959.

Van Breda, Herman Leo, & L. Van Haecht, *De studiedagen van het wijsgeerig gezelschap te Leuven over »het vraagstuk van den persoon«*, in: *Streven*, 11. Jg. (1943–1944), Oktober 1943, S. 30–34.

Van Breda, Herman Leo, & Rudolf Bohm, *Les archives Husserl à Louvain*, in: *Les etudes philosophiques: nouvelle série*, 9. Jg. (1954), Nr. 1 (Sonderdruck).

Van der Plas, Michel, *Abdijen in de Lage Landen*, Lannoo / Arbor, Tielt / Baarn, 1990.

Van der Plas, Michel, *Daarom, mijnheer, noem ik mij katholiek. Biografie van Anton van Duinkerken*, Anthos / Lannoo, Amsterdam / Tielt, 2000.

Van Dijck, Marc, *Wat het lichaam levend maakt*, in: *Trouw*, 30. März 2012. (Interview mit Theo de Boer)

Van Doorslaer, Rudi (Hg.), Emmanuel Debruyne, Frank Seberechts und Nico Wouters, *Gewillig België. Overheid en Jodenvervolging tijdens de Tweede Wereldoorlog*, Meulenhoff-Manteau & Soma, Antwerpen und Brüssel, 2007.

Vanhaverbeke, A., *Is Leuven nog internationaal centrum?*, in: *De spectator*, o. D.

Van Hoof, Guido, *Filosoof-smokkelaar gaf Leuven Husserl-archief*, in: *De Standaard (De Standaard der Letteren)*, 3. Juni 1967.

Van Hoof, Guido, *Pater Van Breda, 63, overleden*, in: *De Standaard*, 5. März 1974.

Van Luyk, H., *Ook de filosofie heeft geen schone handen. Martin Heidegger wordt 80 jaar*, in: *De Tijd. Dagblad voor Nederland*, 20. September 1969.

Van Nieuwenborgh, Marcel, *Een filosoof zonder grenzen. Paul Ricœur (1913–2005)*, in: *De Standaard*, 23. Mai 2005.

Van Osch, Henk, *Kardinaal De Jong. Heldhaftig en behoudend*, Boom, Amsterdam, 2016.

Verbeeck, Th. H. M., *Levensbericht K. J. Schuhmann*, in: *Levensberichten en herdenkingen*, Amsterdam, 2004, S. 84–89.

Verleyen, Misjoe und Marc De Meyer, *Mei 1940. België op de vlucht*, Manteau, Antwerpen, 2010.

Verschiedene Autoren, *De universiteit te Leuven, 1425–1985*, Universitaire Pers Leuven, Leuven, 1986.

Visser, Hans, *Simon Vestdijk. Een schrijversleven*, Kwadraat, Utrecht, 1987.

Wylleman, Andre, *Herman-Leo Van Breda en het Husserl-Archief te Leuven. Een kroniek 1938–1974*, unveröffentlichtes Manuskript (aufbewahrt im Husserl-Archiv), Leuven, 1994.

Young-Bruehl, Elisabeth, *Hannah Arendt. Een biografie*, Atlas, Antwerpen und Amsterdam, 2005.
[Young-Bruehl, Elisabeth, *Hannah Arendt. Leben, Werk und Zeit. Erweiterte Ausgabe mit neuem Vorwort.* Aus dem Amerikan. von Hans Günter Holl, Fischer, Fischer Taschenbuch Verlag, Frankfurt a. M., 2004.]

Bildnachweis

Pater Van Breda und Theresia Van Breda (S. 8): Sammlung Frans Horsten
Familienfoto (S. 269): Sammlung Leo Horsten

Bildteil
Edmund Husserl (S. 1), Jan Patočka, Edmund Husserl und Eugen Fink (S. 2), Edmund Husserl mit Martin Heidegger (S. 3), Pater Van Breda und Malvine Husserl (S. 4), Edith Stein (S. 5), Stephan Strasser (S. 5), Walter und Marly Biemel (S. 6), Rudolf Boehm (S. 6), Van Breda mit Ingarden und Levinas (S. 7), Van Breda im Archiv (S. 7), Van Breda mit Golda Meir (S. 8), Van Breda beim Tennisspielen (S. 8): © Husserl-Archiv, KU Leuven.
Widmungen in *Sein und Zeit* (S. 3): © Husserl-Archiv, KU Leuven. Quelle der Transkriptionen: Roland Breeur: »Randbemerkungen Husserls zu Heideggers *Sein und Zeit* und *Kant und das Problem der Metaphysik*«, *Husserl Studies* 11: 3–63, 1994.
Ludwig Landgrebe und Ilse Goldschmidt (S. 5), Karikatur von Pater Van Breda (S. 7): © NHVP-Sammlung.

FSC
www.fsc.org
MIX
Papier aus verantwortungsvollen Quellen
FSC® C014496

Verlag Kiepenheuer & Witsch, FSC-N001512

1. Auflage 2021

Titel der Originalausgabe De pater en de filosoof.
De redding van het Husserl-archief
© Toon Horsten and Uitgeverij Vrijdag, Antwerp, Belgium
All rights reserved
Aus dem Niederländischen von Marlene Müller-Haas
Verlag Galiani Berlin
© 2021, Verlag Kiepenheuer & Witsch, Köln
Alle Rechte vorbehalten
Covergestaltung Manja Hellpap und Lisa Neuhalfen, Berlin
Covermotiv © Husserl-Archiv, KU Leuven
Lektorat Alice Herzog / Wolfgang Hörner
Gesetzt aus der Skolar, entworfen von David Březina
Satz Wilhelm Vornehm, München
Druck und Bindung GGP Media GmbH, Pößneck
ISBN 978-3-86971-211-6

Weitere Informationen zu unserem Programm finden Sie unter *www.galiani.de*